정대영의
금융 바로 보기

동전에는
옆면도
있다

정대영 지음

한울

이 도서의 국립중앙도서관 출판시도서목록(CIP)은 서지정보유통지원시스템 홈페이지
(http://seoji.nl.go.kr)와 국가자료공동목록시스템(http://www.nl.go.kr/kolisnet)에서 이
용하실 수 있습니다. (CIP제어번호 : CIP2013021741)

CONTENTS
차 례

세 번째 이야기

[은행]

네 번째 이야기

[국제금융]

머 리 말

이 책은 사람들이 금융에 대한 관심과 이해를 높이는 데 도움이 되었으면 하는 생각으로 쓴 것이다. 금융은 우리의 일상생활과 점점 밀접해지고 있지만, 한편으로는 더 복잡해지고 전문화되어 일반인이 접근하기 어려운 영역이 되고 있다. 여기에는 금융에 관심이 있는 사람이 쉽게 읽을 만한 책이 없는 것도 중요한 이유인 것 같다. 시중의 금융 관련 서적은 화폐금융론, 국제금융론, 금융기관경영론 등을 다룬 어려운 전공서적이거나 주식·펀드·채권·외환 등을 이용해 재테크하는 방법을 알려주는 책이 대부분이다. 그리고 일부는 음모론에 기초해 현실과 상상을 재미있게 섞어놓은 판타지 소설류의 책과 금융을 위기나 탐욕의 원천으로만 보는 책도 있다. 이렇다 보니 사람들은 금융을 잘 알지 못할 뿐 아니라 금융의 나쁜 면만 보는 경우가 많아졌다.

그런 예로 먼저 들 수 있는 것이 금융은 농업이나 제조업에 기생해 이러한 산업에서 창출한 부가가치를 빼앗아 가는 산업이며, 금융산업이 발전하면 오히려 실물 부문이 위축되고 더 쉽게 금융위기가 발생한다는 생각이다. 따라서 금융은 가능한 한 많은 규제와 감독을 통해 잘 돌아가지 않게 해야 국민경제가 안정적으로 발전한다는 것이다. 이는 2008년 세계 금융위기 과정에서 미국 월가의 고삐 풀린 금융이나 현재 한국에서 금융이 금융업 종사자와 금융관료만을 위한 산업이 되어가는 상황을 생각하면 공감되는 부분이 많다. 하지만 금융이 유통업, 교육산업, 부동산업 등 다른 서비스산업과 비교할 때 그렇게 나쁘기만 한 산업일까 하는 의문도 있다. 또 금융이 감독과 규제를 통해 실물경제를 잘 지원하면서 계속 발전하는 방안은 없을까 하는 생각도 해볼 수 있다. 이러한 물음에 대한 답은 사람마다 많이 다르고 결론을 내리기가 쉽지 않은 논쟁거리일 것이다.

논쟁의 결과가 어떻게 나오더라도 하나는 확실하다. 금융이 나쁜 산업이라도 미국, 유럽, 일본, 중국 등 세계 주요 국가가 모두 같이 잘 안 돌아가게 해야지 한국만 잘 안 돌아가게 해서는 안 된다는 것이다. 현재도 한국의 금융산업은 국제경쟁력이 부족하고 자금융통 기능도 제대로 수행하지 못하는 데다 국내 금융시장이 외국인의 놀이터가 되고 있다. 한국만 금융이 잘 안 돌아가면 이러한 상황이 더 악화될 것은 확실하다. 한국의 금융산업이 미국 수준은 아니더라도 프랑스, 독일 정도와 엇비슷하게 돌아갈 정도의 경쟁력을 갖출 수 있게 해야 한다. 이 과정에서 어떻게 하면 원활한 자금 지원과 고용 확대 등 금융의 긍정적인 역할이 커질 수 있을지를 고민하는 것이 금융을 내버려두는 것보다 훨씬 바람직할 것이다.

다음으로 금융에 대한 잘못된 생각은 세계 금융의 움직임을 음모론적 시각에서 이해하는 것이다. 즉, 유태계 등의 세계 금융재벌은 엄청난 돈과 정보를 이용해 국제금융시장을 좌지우지할 뿐 아니라 미국 중앙은행Fed이나 국제결제은행BIS까지 뒤에서 마음대로 조정한다는 것이다. 이에 따라 한국 등 많은 나라는 이들의 손아귀에서 놀아날 수밖에 없고 이들의 먹잇감이 된다는 것이다. 한국은 그간 금융위기 등을 거치면서 여러 번 국제 투기세력에 큰 피해를 본 것이 사실이고 이런 사례는 다른 나라에도 많다. 그러나 이것이 음모를 꾸미는 세계적 금융재벌이나 투기세력의 능력 때문인지 아니면 당하는 측의 잘못 때문인지는 잘 따져봐야 한다. 독일, 프랑스, 네덜란드 등 유럽 국가와 일본, 대만, 싱가포르 등은 개방 국가이면서도 제2차 세계대전 이후 금융위기가 없었고 국제 투기자본의 먹잇감이 쉽게 되지도 않았다. 그런 국가를 유태계 금융재벌이 봐줘서일까? 먹을 만한 것이 없어서일까? 아마 둘 다 아니고, 먹으려고 했는데도 먹기 어려워서가 답일 것 같다. 국제금융시장의 큰손들은 국내주식시장의 큰손들과 마찬가지로 돈을 벌려고 온갖 노력을 다한다. 여기에 작전이나 음모도 있을 수 있다. 그러나 그들도 인간인지라 성공할 때도 있고 실패할 때도 있다.

2008년 세계금융위기 과정에서 국제금융시장을 주름잡던 세계 5대 투자은행 중 베어스턴스, 메릴린치, 리먼브러더스 3개가 도산했다. 그리고 프라이빗뱅크 중 유럽에서 가장 크고 200년 이상의 역사를 가진 살오펜하임도 한두 번 잘못된 투자로 도산 위기에 빠져 도이치뱅크에 흡수·합병되었다. 이 은행은 유럽의 부자들이 가장 거래하고 싶어 하는 은행이었고 로스차일드 가문과도 관계가 있는 독일의 대표적인 유태계 은행이었다.

세계적 금융재벌은 많은 정보와 자금력을 가지고 있겠지만 이것이 시장에서의 승리를 보장하는 것은 아니다. 내일의 주가와 환율이 오를지 내릴지 모르기는 모두 마찬가지다. 전쟁에서 천시, 지리, 인화가 갖춰져야 승리하듯 국제금융시장에서 벌어지는 싸움도 비슷할 것이다. 우리가 음모론에 빠지면 패배의식에 사로잡히거나 현실도피적이 되기 쉽다. 그리고 음모론이 자동차산업, 전자산업, 조선산업 등에서는 작동하지 않고 금융산업에서만 성행하는 이유도 찾기 어렵다. 자동차산업이나 전자산업 등에서도 기존의 주도권을 지키기 위한 계획이나 음모는 있었겠지만 시장을 주도하는 기업과 국가는 바뀌고 있다. 금융산업도 크게 보면 큰 차이가 없을 것이다. 한국의 금융산업도 지금과 달리 외국인에게 일방적으로 당하지 않고 국민경제에 더 많이 기여할 수 있어야 한다. 이를 위해서는 여러 가지 정책적·제도적 변화가 필요하다. 그리고 이와 더불어 많은 시민이 금융에 대해 좀 더 많이 알고 관심을 기울이는 것도 중요하다.

　이 책은 돈, 투기와 투자, 은행, 국제금융, 위험과 위기관리, 생활 금융 등 여섯 가지 이야기로 구성되어 있다.

　첫째, 돈 이야기에서는 경제생활에서 중요한 돈이란 무엇인가로 시작해 돈의 종류에 어떤 것이 있는지, 양적완화 정책을 비롯해 돈의 흐름을 조절하는 방법에는 무엇이 있는지 등을 살펴본다. 그리고 돈의 값은 어떻게 평가할 수 있는지를 따져보고, 역사적으로 유명했던 독일의 초고인플레이션과 한국의 화폐개혁 등에 관해서도 알아본다.

　둘째, 투기와 투자 이야기에서는 먼저 도덕의 잣대가 아닌 경제적 의미로 투기와 투자를 구분해보고, 시장에서 불법이나 탈법을 하지 않고 돈을 버는 투기가 국민경제에 도움이 되는 투기라는 것도 알아본다. 그리고 주식시장에서 과연 돈을 벌 수 있는지, 한국 부동산 투기의 특징은 무엇인지 살펴보고, 투기의 대상 및 방법과 함께 역사적으로 유명한 투기 사례인 로스차일드가의 투기, 유럽 통화위기 시 조지 소로스의 투기, LTCM 사태에 관해 설명한다.

셋째, 은행 이야기에서는 금융제도의 중추적 역할을 하는 은행업의 뿌리를 찾아보고, 은행과 금융에 대한 인식이 나쁜 원인과 함께 은행과 금융이 좋은 역할을 할 수는 없는지 알아본다. 그리고 한국에서 꼭 필요한 관계금융과 협동조합은행의 활성화 방안을 살펴보고 그 제약 요인인 은행업의 위험성에 관해서도 짚어본다. 이어서 상업은행과 투자은행의 관계, 그림자금융, 은행의 국제화 등 은행과 관련해서 관심을 끄는 주제에 대해 설명한다.

넷째, 국제금융 이야기에서는 전문가의 영역이면서도 경제의 개방화로 관심이 커지고 있는 국제간 자금 흐름과 국제통화제도에 관해 알아보고, 변화무쌍한 환율의 움직임을 예측할 수 있는지와 함께 적절한 대응방안이 무엇인지 찾아본다. 또 뉴욕과 런던 등의 국제금융시장과 헤지펀드 등 국제금융시장의 큰손에 관해 살펴보고, 세계금융에 큰 영향을 미치는 미국 중앙은행FED, 유럽중앙은행ECB, 국제결제은행BIS 등의 개요와 일부의 시각처럼 과연 이들이 음모론적 시각에서 운영되는지도 따져본다.

다섯째, 위험과 위기관리 이야기는 전문적이고 정책적인 성격이 강하지만 여러 번의 금융위기를 거치면서 중요성이 커지고 있어 추가했다. 먼저 위험의 본질과 신용위험 등 위험의 여러 종류와 함께 위험관리 방식의 발전 과정에 관해 알아보고, 위험관리 수단이면서도 아주 위험한 금융상품이기도 한 파생상품에 관해 간략히 살펴본다. 다음으로 인플레이션위기, 재정위기, 외환위기, 은행위기 등 금융위기의 역사를 짚어보고 이러한 금융위기 발생 원인과 관리 방안에 관해서도 알아본다.

여섯째, 생활 금융 이야기에서는 금리, 예금과 대출, 신용카드, 채권·주식·펀드, 보험에 관해 그 기본적 개념과 개인 경제활동과의 관계, 주의할 점을 중심으로 설명한다. 특히 대출, 신용카드, 펀드, 보험 등은 금융소비자 입장에서 금리와 수수료 등 부담하는 비용과 이에 따른 수익 및 혜택을 비교할 수 있게 하고, 여러 가지 피해나 손실을 줄일 방안도 제시한다.

금융은 대상이 광범위하고 계속해서 새로운 상품과 기법이 나오고 있어 이 책에서 다루지 못한 내용이 더 많다. 또한 독자가 편하게 읽을 수 있도록 이야기 형식으로 쓰다 보니 주석 등 자료의 엄밀성이 다소 떨어지는 면도 있고, 필자의 다른 저서와 일부 중복되는 부분도 있다. 이렇게 부족한 점이 많은 책이지만 이 책을 완성하는 과정에서 많은 사람의 도움을 받았다. 한국은행의 이홍모 국장은 바쁜 와중에도 원고 전체를 읽고 소중한 조언을 해주었으며, 류상철 박사, 양동성 팀장, 정유성 팀장, 이승환 박사, 안성봉 팀장, 한영철 팀장, 윤경수 박사, 박진호 차장도 원고의 여러 오류와 문제를 지적해주었다. 전영실 과장은 원고 정리와 통계 조사뿐 아니라 자료의 잘못된 부분까지 바로잡아 주었다. 금융소비자원의 이화선 실장은 생활 금융 이야기를 집필하는 데 필요한 사례와 기초자료를 제공해주었을 뿐 아니라 원고를 꼼꼼히 읽고 유익한 조언을 해주었다. 모든 이에게 깊은 고마움을 전한다. 이렇게 많은 도움에도 불구하고 이 책에 오류가 남아 있다면 그것은 전적으로 필자의 책임이다.

그리고 필자의 책을 흔쾌히 내주신 도서출판 한울의 김종수 사장님과 편집 등 출판 과정에서 많은 수고를 해주신 최규선 대리에게도 깊은 사의를 표한다. 끝으로 재미없는 책 쓰기 작업을 성원하고 지지해준 아내와 딸, 아들과 함께, 오랫동안 생각해온 책을 완성한 기쁨을 같이하고 싶다.

2013년 10월

정대영

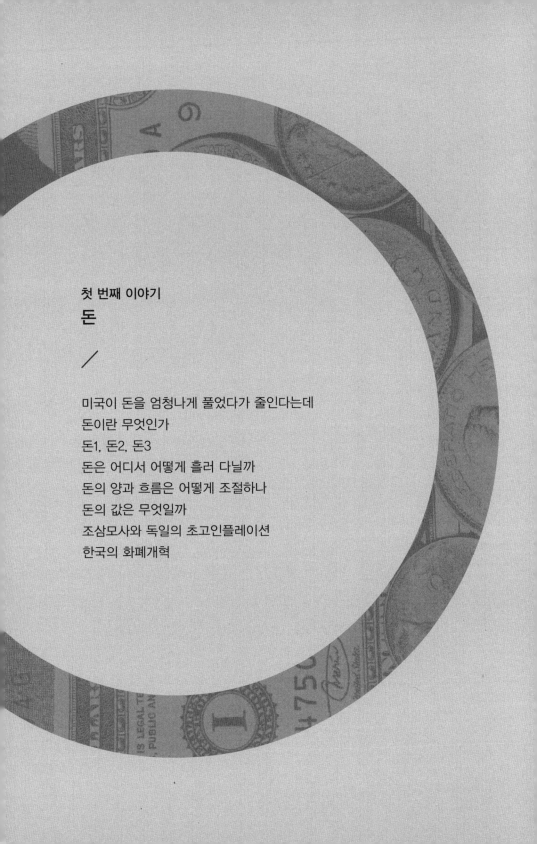

첫 번째 이야기
돈

/

미국이 돈을 엄청나게
풀었다가 줄인다는데

2008년 세계 금융위기 이후 미국 중앙은행 Fed®이 하늘에서 뿌리듯 돈을 많이 풀었다고 해서 중앙은행 총재인 벤 버냉키 Ben Bernanke 의 별명이 '헬리콥터 벤'이 될 정도였다. 미국은 이렇게 돈을 풀어대고 또 돈을 값싸게 쓰라고 정책금리를 제로 수준(0~0.25%)으로 내렸다. 그럼에도 미국에서 일반인의 주머니에 달러가 넉넉해진 것 같지는 않다. 미국의 민간 소비, 즉 일반인의 돈 씀씀이는 쉽게 살아나지 않고 있다. 또 한국은 달러 구하기가 더 어려워졌는지 2008년 이후 수출이 잘되고 있는데도 미 달러당 원화 환율이 2007년 900원에서 2009년 한때 1,570원까지 오르고

● 　미국 중앙은행의 공식 명칭은 연방준비제도(Federal Reserve System)이고 한글 약칭으로는 '연준', 영문 약칭으로는 'Fed'를 주로 사용한다. 미국 중앙은행 본부는 연방준비제도이사회라 하고 워싱턴에 있다. 미국 중앙은행 총재는 이 이사회 의장이기 때문에 연준 의장으로 많이 불린다.

2013년에도 1,100원을 넘나들고 있다.

미국에서 돈을 풀어댈 때마다 일부 언론이나 학자는 돈이 너무 많아져 곧 엄청난 인플레이션이 닥칠 것이라고 걱정하기도 한다. 일본은 1990년대 중반부터 금리를 제로에 가깝게 낮추고, 중앙은행이 채권을 대규모로 매입해 돈을 풀어대는 방식인 양적완화quantitative easing: QE 조치도 2001년부터 수시로 시행했다. 일본은 2013년 정책금리가 미국보다 낮은 0~0.1%이며 양적완화 정책의 원조국답게 더 다양하고 적극적인 방식으로 돈을 풀고 있다. 일본은 과거 중앙은행이 주식도 매입해 주식시장에 직접 돈을 푼 적도 있으며 2012년 말 아베 정권 출범 이후에는 온갖 방법을 동원해 돈을 풀어대고 있다. 유럽도 정책금리를 영국과 유로 사용국의 경우 0.5%까지 내리고, 미국보다는 적지만 비슷한 방식으로 돈을 풀고 있다.

그러나 미국, 유럽, 일본 어느 나라에서도 인플레이션은 없고, 오히려 일본은 물가가 떨어지는 디플레이션에 깊이 빠져 아직 헤어나지 못하고 있다. 일본 중앙은행의 필사적인 목적은 돈을 풀어 물가를 적절한 수준까지 올리는 것이다. 물가가 떨어지면 좋을 것 같지만, 실제 계속 떨어지면 많이 오르는 것 못지않게 국민경제에 큰 피해를 준다. 가계가 소비를 뒤로 미룸에 따른 소비 위축과 경기 둔화, 실질채무상환 부담 증가와 기업 재무 상황 악화, 통화정책의 무력화와 금융의 자금 중개 기능 위축 등의 부작용이 대표적이다. 일반적으로 물가는 소비자물가 기준 1.5%에서 2% 정도 오르는 것이 경제에 가장 좋다고 한다. 물가는 잡기도 어렵지만 나라에 따라서는 알맞게 올리기가 더 어려운 모양이다.

일반적으로 인플레이션은 실물경제에 비해 돈이 너무 많을 때, 디플레이션은 돈이 너무 적을 때 발생한다. 노벨경제학상을 수상하고 통화주의 경제학자의 거두인 밀턴 프리드먼Milton Friedman은 인플레이션이 통화적 현상이며 돈의 양, 즉 통화량이 늘어나면 인플레이션이 나타난다는 것을 다양한 이론적·통계적·역사적 근거를 바탕으로 주장했다. 이러한 통화주의 경제학은 1970년대 이후 세계 경제학의 한 축을 차지한다.

　미국, 유럽, 일본은 중앙은행이 돈을 그렇게 풀었는데도 인플레이션이 나타나지 않는 것은 돈이 풀리자마자 어디로 사라져버렸다는 말인가? 아니면 통화주의자의 주장이 잘못된 것인가? 그것도 아니면 중앙은행이 돈을 푸는 척만 하고 실제로는 안 풀었다는 것인가? 여러 가지가 헷갈린다. 그리고 2013년 7월에는 미국 중앙은행 총재인 버냉키가 돈을 막 풀어대는 양적완화 조치를 조만간 중단할 수도 있다는 말을 하자 세계 금융시장은 주가 폭락, 금리 상승 등 한바탕 요동을 치고, 일부 국가는 금융위기 가능성도 나타났다. 잘 모르지만 돈이 어딘가에 있기는 있었던 것 같다.

　이런 것을 좀 더 잘 안다는 것은 당장 돈 버는 것과 관계가 있는 것은 아니다. 그러나 사람에 따라서는 돈 버는 일에 활용할 수도 있고, 최소한 남의 잘못된 말에 속지 않고 재산을 지키는 데에는 조금 도움이 될 수도 있다. 이를 위해 '돈이란 무엇인가'를 알아보는 것으로부터 이야기를 시작하고자 한다.

돈이란 무엇인가

'돈이란 무엇인가'는 '인생이란 무엇인가' 또는 '역사란 무엇인가'처럼 심오하고 거창하지는 않지만 한번 잘 따져볼 필요가 있는 질문이다. 돈은 어린이부터 노인까지 누구나 매일 접한다. 또 돈에 울고 돈에 웃고 관심이 많아 잘 아는 것 같지만 곰곰이 생각해보면 돈의 의미는 다양하고 모호하기도 하다. 지갑에 돈이 없다, 돈이 안 벌린다, 저 사업은 돈이 된다, 돈이 너무 많이 풀렸다, 돈 많은 사람, 시중에 돈이 안 돈다, 세상을 돈으로만 본다, 돈이 원수다 등등의 말에서 쓰이는 돈의 의미는 조금씩 다르다. 사람에 따라, 또는 쓰는 때에 따라서도 돈이라는 말의 의미가 달라지기도 한다. 이처럼 다양한 돈의 의미를 종합해보면 크게 세 가지로 구분해볼 수 있다.

첫째로, 돈은 일상생활에서 사용하는 지폐나 동전과 같은 현찰cash을 가리킨다. 현찰은 지갑 속의 돈이나 은행에서 찾는 돈으로 일차적인 돈의 개념이다. 돈의 여러 다른 개념은 여기에서 파생된 것으로 볼 수도 있다. 그러나 주머니 속의 돈인 현찰도 시간이 흐르면서 바뀌고 있다. 예전에는 금화나 은화 또는 동전 등이 많이 쓰이다가 지폐로 바뀌고 이제는 신용카드나 휴대폰에 충전된 칩으로 진화하고 있다. 앞으로는 몸의 일부분에 돈을 충전하고 다녀 지갑이 필요 없고 몸이 바로 돈이 될지도 모른다. 그러면 누구의 몸값이 비싸다는 말이 더 현실에 와 닿는 말이 될 것이다. 한편으로 먼 옛날에는 주머니나 지갑에 넣기 어려운 조가비, 쌀, 베, 가축, 소금 등이 현찰의 기능을 했다.

둘째로, 돈은 재산이나 부 또는 이익의 개념으로 사용된다. 돈이 많아 보인다, 돈을 벌어봤으면 좋겠다, 이 사업은 돈이 안 된다 등에서 사용하는 돈의 의미가 대표적이다. 이때 돈은 현찰도 포함되겠지만 예금·주식 등의 금융자산, 빌딩·아파트·토지 등의 부동산, 귀금속이나 골동품, 운영하고 있는 사업체 등 여러 가지 형태의 재산과 부를 의미한다. 일상생활에서 가장 많이 사용되는 돈의 개념일 것이다. 첫째와 둘째 돈의 개념은 구체적이고 현실적이어서 이해하기 쉽다.

셋째는 첫째나 둘째와는 달리 추상적·포괄적 개념으로 사용되는 돈이다. 시중에 돈이 많이 풀렸다, 시중에 돈이 넘쳐난다, 시장에서 돈이 말랐다, 돈이 안 돈다 등의 말에서 사용되는 돈은 현찰이나 재산과는 거리가 조금 있다. 개념도 알 듯 말 듯하다. 미국 중앙은행 총재는 돈을 많이 풀었다고 해서 별명이 헬리콥터 벤이 되었지만, 실제 헬리콥터를 타고 현찰을 하늘에서 뿌린 것은 아니다. 또 돈이 안 돈다거나 말랐다는 것도 현찰이 어디에 고정되어 있어 움직이지 않거나 말라 없어졌다는 것을 의미하지 않는다. 이때의 돈은 현찰이나 재산과는 다른, 눈에 보이지 않는 어떤 것, 즉 시중 자금 사정이나 유동성 상황 등과 비슷한 개념이다. 추상적이고 손에 잡히지 않아 개념화하기는 좀 어렵지만 구체적 사례를 이용해 짚어보면 대략 머릿속에 그림을 그려볼 수 있다.

돈의 첫째 개념인 현찰이 있으면 물건을 사거나 빚을 갚는 데 돈을 쓸 수 있다. 그러나 현찰이 꼭 있어야 돈을 쓸 수 있는 것은 아니다. 은행에서 바로 찾을 수 있는 예금(즉, 요구불예금)이 있으면 신용카드, 직불카드, 계좌이체, 수표 등을 이용해 돈을 바로 쓸 수 있다. 요구불예금이 아닌 정기예금이나 정기적금을 갖고 있어도 돈이 꼭 필요하면 해약해서 사용할 수 있다. 또 주식, 채권, 펀드 등을 갖고 있어도 이를 팔거나 환매해서 사용할 수 있고, 보험계약도 손해를 감수하고 해약해서 현금화할 수 있다. 나아가 부동산, 골동품 등도 시간이 걸리겠지만 팔아서 쓸 수 있다. 부동산 가격이 오르고 거래가 잘되면 사람들의 돈 씀씀이가 커지고 반대로 부동산 가격이 내려가고 거래가 안 되면 돈이 안 돌고 쓸 돈도 줄어드는 것은 이와 관계가 있다. 특히 한국에서 2007년 이전까지는 인기 지역의 아파트는 현찰과 큰 차이가 없었다. 조금만 깎아주면 바로 팔렸기 때문이다.

그리고 현금이나 예금, 주식, 부동산 등의 자산뿐 아니라 빚을 낼 수 있는 능력이 있으면 돈을 쓸 수 있다. 대출을 받아 자동차나 집을 사는 것이 대표적이다. 빚을 낼 수 있는 능력은 보유자산, 사업체나 직장의 상태, 사람의 신뢰성, 경제 상황 등 여러 가지 요인의 영향을 받는다. 빚을 낼 사람뿐 아니라 빚을 내주는 사람, 즉 은행 등 금융기관의 자금 공급 능력도 쓸 수 있는 돈의 양에 큰 영향을 미친다. 돈을 빌려줄 금융기관이 부실하면 돈을 빌리려는 사람의 조건이 좋아도 돈을 빌려주기 어렵기 때문이다. 그리고 개인 간 또는 기업 간 자금거래나 외상거래도 현찰 없이 돈을 쓸 수 있게 하기 때문에 돈의 양에 영향을 준다.

　이렇게 여러 가지 요인이 세 번째 돈의 개념을 결정한다. 즉, 현찰과 예금의 규모뿐 아니라 주식, 채권 등 증권시장 상황, 부동산시장 상황, 금융기관의 건전성과 대출 행태, 기업과 개인의 신용 상태, 사업이 잘되는지 여부, 국내외 경기 상황 등이 시중 자금 사정이나 유동성 상황에 영향을 준다. 이 세 번째 개념의 돈을 잘 아는 것이 경제를 이해하거나 경제정책을 수립·집행하는 데 매우 중요하다. 그러나 불행하게도 통계 수치나 지식을 통해 세 번째 개념의 돈의 전체 규모를 측정하는 것은 불가능하다. 다만, 좋은 말로는 경제에 대한 통찰력, 보통 쓰는 말로 경제에 대한 감은 세 번째 개념의 돈을 파악하는 데 도움이 될 수 있을 것 같다. 경영에 관한 지식이 많다고 사업을 잘하는 것이 아니듯이 경제에 관한 지식이 많다고 경제정책을 잘하는 것이 아닌 것과 비슷하다.

돈1, 돈2, 돈3

정책당국(중앙은행)은 세 번째 개념의 돈(이하 시중 총유동성이라 하자)의 전부를 측정할 수 없지만 일부를 측정하고 지표화하여 이를 통해 전체 시중 총유동성의 흐름을 대략 알고 관리해보려는 노력을 오래전부터 해왔다. 즉, M1, M2, M3 또는 L 등의 통화지표라는 통계를 만들어 시중 돈의 양을 측정하고 때에 따라서는 직간접적으로 통제 또는 관리하기도 했다. M1, M2, M3가 어려워 보이지만 우리말로 하면 돈1, 돈2, 돈3이다.

M1은 협의의 통화라 하며 현찰과 은행 등 예금 취급 기관의 요구불예금을 합한 돈의 양이다. M2는 광의의 통화라 하며 M1에다 정기예금, 적금(2년 이내), 외화예금, 펀드 등 실적배당형 금융상품 등을 포함한 돈의 양이다. M3는 유동성이라 하며 M2에 2년 이상 장기 금융상품, 보험회사 보험계약준비금, 증권사 고객예탁금, 기업어음, 국채, 지방채, 회사채 등을 합한 것이다. 요즈음은 M3 대신 L이라는 말을 주로 사용한다.

M3나 L이 M1, M2보다 범위가 넓지만 앞에서 설명한 세 번째 개념의 돈인 시중 총유동성과 비교하면 일부분에 지나지 않는다. 주식과 부동산 시장의 상황, 기업과 개인의 차입 능력, 금융기관 건전성 등 많은 부분이 포함되지 않았기 때문이다. 이러한 것의 일부를 더 포함하여 새로운 통화지표를 만든다면 돈4나 돈5가 나올 수 있다.

M1, M2, M3 또는 L 이외에 돈의 양을 측정하는 중요한 통화지표로 본원통화monetary base가 있다. 본원통화는 글자 그대로 돈의 근원이 되는 통화로 중앙은행이 만든 일차적 돈이다. 즉, 본원통화는 현찰인 현금통화와 금융기관이 중앙은행에 예치한 예금의 합계다. 시중의 돈은 중앙은행이 만든 본원통화를 기초로 은행 등 금융기관이 대출을 하고 예금을 받고 금융상품을 팔면서 M1, M2, M3로 늘어난다. 경제 상황이 안정적일 때는 본원통화와 M1, M2, M3 그리고 시중 총유동성 관계도 안정적이어서 본원통화나 M1 등의 관리를 통해 시중 총유동성을 어느 정도 관리할 수 있다.

그러나 때에 따라서는 본원통화가 늘어나도 M1, M2, M3, 나아가서는 세 번째 돈의 개념인 시중 총유동성은 늘지 않거나 오히려 줄어들 수도 있다. 2008년 이후 2013년 중반까지 미국 상황이 이와 유사하다. 미국 중앙은행은 달러가 넘쳐흐르도록 본원통화를 풀고 있는데, M2는 조금 늘고 M3는 거의 늘지 않았다. 2008년 6월 대비 2013년 6월까지 5년간 본원통화는 285% 증가했는데, M2는 38% 증가했고 M3는 대략 9% 정도 증가하는 데 그쳤다. 측정은 안 되지만 더 넓은 의미의 돈인 시중 총유동성은 줄었을지도 모른다. 미국은 중앙은행이 돈(본원통화)을 풀면서 중앙은행 주변에는 돈이 많아졌지만, 은행의 구조조정, 주택 가격의 폭

■ **미국의 M1, M2, M3**(단위: 10억 달러)

	2008년		2009년	2010년	2011년	2012년	2013년
	6월	12월	12월	12월	12월	12월	6월
본원통화	832	1,659	2,022	2,014	2,614	2,674	3,202(5월)
M2	7,703	8,169	8,472	8,766	9,618	10,476	10,599
M3	13,750	14,050	14,100	13,960	14,400	14,900	15,010

주: 미국의 M3는 2006년 이후 공식적으로 발표하지 않아 신뢰성이 떨어지지만, SGS(Shadow Government Statistics)에서 보여주는 그래프를 기초로 수치를 추정했다.

락, 높은 실업률 등으로 시중 총유동성은 넉넉하지 않았다는 것이다. 즉, 돈을 많이 풀었는데도 돈은 부족한 셈이고, 미국 등에서 돈이 많이 풀렸다고 하는데 인플레이션이 나타나지 않는 것도 이 때문이다.

돈의 양을 적절히 유지하는 것은 국민경제가 안정적이고 지속적으로 발전하는 데 필수적이다. 돈의 양이 너무 많으면 물가 상승(인플레이션)과 함께 돈을 빌리기가 쉬워 가계나 기업의 빚이 증가하고 부동산의 거품이 발생하며 경상수지 적자 등의 부작용이 생긴다. 돈의 양이 너무 적으면 물가 하락(디플레이션)과 함께 가계나 기업이 자금난을 겪고 소비 위축, 부동산 등 자산가격 하락 등을 초래한다. 물론 모든 경제 현상이 그렇듯 이런 문제가 돈의 많고 적음 때문으로만 발생하는 것은 아니다. 다른 요인도 영향을 주지만 돈의 양이 상당히 중요한 역할을 한다.

그러나 국민경제 전체의 돈은 측정하기 쉽지 않고 미국의 예에서 보듯 조절하기도 어렵다. 2013년 상반기까지는 미국은 본원통화의 양이 많이 늘어났지만 시중 총유동성은 부족한 상황인데 언젠가 경제 여건이 변하면 갑자기 본원통화의 양도 많고 시중 총유동성의 양도 많은 상태가 될 수 있다. 이 상태로 가기 전에 돈의 양을 줄이지 못하면 돈의 양이 너무 많아서 생기는 부작용이 나타난다. 2009년 말~2010년 초에는 2008년 세계 금융위기를 어느 정도 극복했다고 생각해 돈의 양을 줄이는 것을 출구전략Exit strategy이라는 이름으로 시행하려 했다. 당시 국제결제은행 Bank for International Settlements: BIS 중앙은행 총재회의(1년에 6회 개최)에서는 미국 중앙은행의 벤 버냉키 총재와 유럽중앙은행European Central Bank: ECB의 장클로드 트리셰Jean-Claude Trichet 총재 등이 모여 출구전략을 시행할지 말지, 언제 어느 정도의 속도로 할지를 논의하고 고민했다. 그러나 2009년 말의 경기회복은 일시적인 것이었고 곧이어 유럽 재정위기가 확대되면서 세계경제는 더 어려운 상황으로 빠져들었다. 이에 따라 출구전략 논의도 사라졌다.

그러다가 2013년 들어 미국의 실업률이 떨어지고 주택 가격이 조금씩 회복하는 등 시중 총유동성이 늘어날 조짐을 보이자 미국 중앙은행은 다시 양적완화를 중단하고 돈의 공급을 줄이는 출구전략을 검토하게 되었다. 이러한 경기회복과 시중 총유동성의 증가가 지속되면 지나치게 늘어난 본원통화가 미국 경제의 커다란 짐*이 될 수 있기 때문이다. 경

---

* 돈의 양이 많아서 생기는 인플레이션, 자산거품 등이 나타나고 이를 선제적으로 통제하지 않으면 수습에 시간과 비용이 많이 든다. 그리고 미국의 양적완화 중단은 미국의 경기가 살아나고 시중 총유동성이 늘어났다는 것을 의미하기 때문에 미국 경제나 금융시장에는 장기적으로 볼 때 나쁘지 않다. 그러나 미국 이외의 국가들에서는 부정적 효과가 클 수 있다. 미국의 양적완화로 늘어난 돈이 미국 밖으로 많이 흘러 나갔고 이 돈이 줄어들면 경제 기초여건이 나쁜 국가는 유동성 부족 등의 사태가 발생할 수 있기 때문이다. 특히 국내에 돈이 충분한 상태에서 미국의 돈이 들어와 돈이 너무 많아 생기는 부정적 효과가 있었던 국가는 거품 붕괴 등의 후유증도 생길 수 있다.

기회복과 돈이 도는 조짐이 앞으로도 지속될지, 아니면 2009년 말처럼 일시적인 현상으로 끝날지는 미리 알기 어려운 미래의 일이다. 경기 판단과 돈 관리 모두 불확실한 미래를 보고 해야 하기 때문에 인간에게는 몹시 어려운 과제다.

돈은 어디서 어떻게
흘러 다닐까

제목이 요즘 인터넷에서 유행하는 낚시용 같다. 돈이 어디서 어떻게 흘러 다니는지를 알면 길목을 미리 지켜 쉽게 돈을 벌 수 있기 때문이다. 그러나 이 글도 실제 돈 버는 것과는 관계가 없을 것 같다. 돈이라는 것은 요상해서 돈에 관해 많이 안다고 잘 버는 것은 아니기 때문이다.

먼저 첫 번째 개념의 돈인 현찰이 어떻게 흘러 다니는지를 알아보자. 현찰은 중앙은행이 조폐공사에 주문해 만들어 보관하고 있으면 은행 등 금융기관이 필요할 때 중앙은행으로부터 찾아간다. 그리고 가정이나 상점, 기업 등에서 돌던 현찰은 예금, 대출 상환, 세금 납부 등을 통해 은행 등으로 돌아오고 이것이 다시 중앙은행으로 와서 못 쓰게 된 돈은 폐기된다. 이것이 현찰의 간략한 순환 과정(또는 일생)이다. 기업이나 개인이 은행과 거래하듯이 은행은 중앙은행과 예금, 대출, 자금 이체 등의 거래를 위해 수시로 중앙은행에 돈을 맡기고 찾기도 한다. 중앙은행이 돈을 푼다는 것은 은행 등 금융기관이 중앙은행으로부터 찾아갈 수 있는 돈의 양을 여러 가지 방식으로 늘려주는 것이다. 예를 들어 금융기관이 보유한 채권을 중앙은행이 사주거나 중앙은행이 은행에 대출해주는 것이 가장 일반적인 방법이다.

그리고 현찰과 가까운 돈인 예금통화는 은행에서 만들어진다. 일반 은행은 중앙은행에서 받아온 현찰을 기초로 대출을 하고 예금을 받는 과정에서 현찰보다 훨씬 많은 돈을 만들어낸다. 이 과정을 신용창조라 하며, 이때 만들어진 돈은 본원통화에서 파생되었다고 하여 파생통화, 또는 예금에서 만들어졌다고 해서 예금통화라 불린다. 예금통화는 지급준비율이 낮고 은행시스템이 탄탄할수록 더 많이 만들어지고, 개인과 기업이 일상적으로 쓰는 돈이다. [•]

은행뿐 아니라 증권회사, 보험사, 카드사 등도 제한된 범위에서 돈을 만들어낼 수 있다. 은행 외에 여러 종류의 금융기관이 발달하고 다양한 금융상품이 생겨나는 것을 금융의 중층화라 한다. 금융이 중층화되면 중앙은행이 같은 양의 돈을 만들어내도 시중 돈의 형태는 다양해지고 양도 늘어나 경제주체의 다양한 욕구를 충족시키기 쉬워진다. 그러나 그만큼 중앙은행이 관리하기도 어려워진다.

다음으로, 좀 더 넓은 의미의 돈, 즉 시중 총유동성 개념의 돈은 어디

• 　신용창조를 통한 예금통화 창출 기능은 자금 중개 기능과 함께 은행이 국민경제에 가장 큰 영향을 미치는 기능이다. 은행의 신용창조 능력은 예금·대출 과정에서 현찰이 은행시스템 밖으로 나가는 비율이 낮을수록 커진다. 현찰이 은행시스템 밖으로 나가는 것은 은행이 예금 지급준비금으로 중앙은행에 예치하는 것과 고객이 대출받은 돈을 현찰로 찾아 보유하는 것이 대표적이다.

서 어떻게 움직이는가? 이것을 알기는 간단하지 않다. 돈의 종류와 성격이 매우 다양하고 많은 부분은 눈에 보이지도 않기 때문이다. 주식, 채권, 외환 등의 금융시장과 부동산시장 상황, 금융기관 대출 행태, 기업의 사업성과 신용 상태, 개인의 소득 상황과 신용 상태, 정부의 재정정책 등에 따라 돈의 흐름이 변한다. 그리고 이와 같은 여러 분야에서 움직이는 돈은 같은 방향으로 움직이지 않는다. 그래도 공통점은 수익성, 안정성, 유동성이 높은 곳으로 돈이 움직인다는 것이다. 물론 수익성, 안정성, 유동성의 우선순위가 사람의 위험 선호 성향과 시장 상황에 따라 달라져 여전히 복잡하기는 하다.

예를 들어 경제가 안정되어 있을 때는 수익성이 중시되어 수익률 차이가 작아도 돈이 빠르게 움직인다. 경제가 불안할 때는 안정성이 강조되어 수익률이 낮아도 안전자산이 선호된다. 경제의 방향성을 잡기 어려울 때 돈은 유동성이 높은 곳에서 잠시 쉬면서 경제가 어디로 가는지 살피려고 한다. 돈의 흐름을 결정짓는 수익성, 안정성 등은 과거의 실적치가 아니고 미래의 기대치다. 물론 과거에 실현된 수익성과 안정성이 미래 기대에 중요한 역할을 하지만 둘이 같지는 않다. 따라서 돈의 흐름을 알려면 기업의 투자, 부동산, 금융상품 등 여러 경제활동의 수익성과 안정성에 대해 경제주체들이 어떻게 생각하느냐를 알아야 한다. 아니면 돈 흐름의 미묘한 변화와 변화 조짐을 보고 경제주체의 생각을 알아야 한다. 모두 쉽지 않고 신통한 점쟁이가 되어야 알 수 있는 일이다.

결국 돈의 흐름을 아는 것도 앞에서 설명한 세 번째 개념의 돈의 양, 즉 시중 총유동성 규모를 아는 것과 같이 통찰력이나 감 아니면 동물적인 감각이 중요할 것 같다. 통찰력이나 감은 지식이나 이야기로 얻어지는 것이 아닐 것이다. 따라서 여기서는 도덕군자의 이야기라 재미없겠지만 돈의 흐름이 어떻게 되어야 국민경제가 건전하게 발전할 수 있는지 간단히 설명해보고자 한다.

현실 세계에서 돈의 흐름은 종류가 많고 서로 복잡하게 연결되어 있지만 크게 세 가지로 나누어볼 수 있다. 첫째는 신규 사업체의 설립과 공장 증설 같은 생산적인 투자이며, 둘째는 예금이나 대출, 주식, 채권과 같은 금융자산에 대한 투자이고, 셋째는 토지나 주택 등 부동산 투자와 관련한 자금의 흐름이다. 이 중 첫째는 국민경제의 생산능력을 확충하고 고용과 성장에 직접적인 도움을 준다. 둘째는 금융산업을 발전시키고 간접적으로 생산과 투자 활동을 지원한다. 셋째는 성장과 고용 효과는 별로 없으면서 경제구조를 왜곡하고 국가경쟁력은 약화시킨다.

따라서 돈의 흐름이 첫째, 둘째, 셋째의 순서로 흘러야 국민경제가 건실하게 발전하며 일자리도 늘어난다는 것은 당연한 일이다. 돈을 좀더 생산적인 투자와 관련한 방향으로 흐르게 하는 것은 경제주체의 도덕심의 몫이 아니고 정책당국이 돈의 흐름 간에 수익성, 안정성 등의 균형을 어떻게 잡아주느냐에 달려 있다.

지금까지 한국의 부동산 부문은 수익성과 안정성이 너무 높아 돈이 지나치게 많이 몰렸다. 한국 사람은 기업인, 전문직, 공무원, 금융인, 스포츠 및 연예 스타이건 누구든 돈이 어느 정도 생기면 거의 모두 부동산을 사들였다. 수익성과 안정성에 따른 당연한 돈의 흐름이었다. 그러나 세상일이 항상 좋을 수 없고 오르막이 있으면 내리막이 있듯이 부동산시장도 긴 상승기 이후에는 어떤 형태든 하락기가 올 수밖에 없다. 한국의 하우스푸어 문제도 부동산시장의 과열과 거품의 대표적인 후유증이라고 볼 수 있다.

2008년 이후 정부는 경기회복과 하우스푸어 문제를 해결한다는 명분으로 부동산 부문의 수익성과 안정성을 더 높이는 정책을 써왔다. 이것은 언 발에 오줌 누는 것, 숙취 해소를 빨리하겠다고 아침에 더 독한 해장술을 마시는 것과 다름이 없다. 단기적인 고통이 크더라도 돈이 생산적 투자, 금융 부문, 부동산시장의 순서로 흐르도록 수익성, 안정성을 조정해줘야 국민경제가 지속적으로 발전할 수 있다. 그리고 주택 거래가 안 되는 것은 기본적으로 주택 수요자의 소득 대비 집값이 아직도 너무 비싸기 때문이다. 주택 가격이 수요자가 적정하다고 생각하는 수준까지 떨어지면 2013년 이후의 미국처럼 주택 수요는 자연스럽게 살아난다. 한국 경제에서 부동산이 차지하는 비중은 점점 줄어들고 있다. 부동산에 목을 맨 돈을 부동산 쪽에서 주로 흐르게 한다면 경제 전체로는 돈은 더 안 돌고 한국도 일본과 비슷한 장기 침체의 길로 갈 가능성이 크다.

돈의 양과 흐름은
어떻게 조절하나

돈의 양과 흐름을 잘 조절하는 것은 국민경제의 지속 발전, 안정 성장 등을 위해 매우 중요한 과제다. 그러나 국민경제에 가장 큰 영향을 주는 세 번째 개념의 돈, 즉 시중 총유동성은 측정하기 어렵고 결정되는 요인도 다양하다. 또 그 흐름은 더욱 복잡해서 정책당국(중앙은행)이 원하는 대로 관리하기는 불가능하다. 과거에 중앙은행은 돈의 일부를 나타내는 통화지표인 M1, M2 등을 통제해 돈의 양을 관리하기도 했으나, 1990년대 이후 대부분의 중앙은행은 금리 조절을 통해 간접적으로 돈의 양을 관리한다.

금리는 돈을 빌릴 때 지급하는 비용으로 돈의 양과 흐름에 결정적인 영향을 미친다. 돈의 형태와 흐르는 곳이 다양하듯 금리에도 여러 종류가 있다. 과거에는 은행의 각종 예금과 대출, 채권 발행 등의 금리를 정책당국이 직접 결정하기도 했으나, 최근에는 주요국의 중앙은행은 중앙은행이 은행에 돈을 빌려주는 금리나 은행 간 단기로 돈을 빌려주는 금리만 결정하고 있다. 중앙은행이 정하는 금리를 정책금리라 한다. 중앙은행은 이러한 금리가 중앙은행에서 결정한 수준에서 유지되도록 돈을 풀고 줄인다. 대표적인 방법이 공개시장조작open market operation으로 돈을 풀 때는 중앙은행이 시장에서 채권을 사고 돈을 줄일 때는 시장에 채권을 판다.

중앙은행에서 결정하는 정책금리는 예금과 대출 등 금융 부문의 여러 금리를 변화시키고 나아가 국민경제 각 분야의 수익성에 영향을 주어 돈의 흐름을 바꾼다. 이러한 금리정책이 제대로 작동하려면 우선 금융시장이 잘 발달되어 중앙은행의 정책금리 조정에 따라 많은 금융상품의 금리가 빠르게 같은 방향으로 움직여야 한다. 그리고 부동산 등 다른 분야의 수익성과 안정성도 금융 부문의 금리 변화에 영향을 받을 수 있을 정도로 적정하게 균형이 잡혀야 한다.

중앙은행이 금리를 올리면 차입 비용이 커져 주식이나 부동산 투자, 기업의 생산적 투자 등에 돈이 적게 흐르게 된다. 그런데 과거 한국처럼 부동산 부문의 수익성이 월등하게 높은 경우에는 금리를 웬만큼 올려도 부동산 부문으로의 돈의 흐름을 막을 수 없다. 금리정책으로 부동산 경기를 조절하기 어려운 것이다. 물론 이론적으로는 금리를 아주 많이 올리면 부동산 경기를 잡을 수 있다. 그러나 부동산 경기보다 기업의 생산활동 등 일반 경기가 더 빨리 어려워지기 때문에 현실적으로 불가능한 일이다.

여기서 금융 부문과 부동산 부문 간 수익성의 균형을 잡는 부동산 가격 상승률이 어느 수준이 되어야 하는지를 알아볼 필요가 있다. 투자자의 위험 선호 성향에 따라 다르겠지만 금융자산과 부동산은 안정성과 유동성을 합한 종합적인 위험도 면에서는 큰 차이가 없다고 볼 수 있다. 부동산은 유동성이 떨어지지만 주식이나 펀드 등에 비해 투자 원금을 손해볼 가능성이 적다. 이렇게 볼 때 예금, 채권, 펀드, 주식 등 금융자산의 평균 수익률이 연 4~5%라면 부동산 가격 상승률은 이보다 낮아야 한다. 부동산을 소유하면 가격 상승에 따른 수익과 함께 임대소득도 있기 때문이다. 부동산 부문의 평균 임대소득이 연 3~4%라면 부동산 가격의 상승률은 1% 정도 되어야 4~5%인 금융 부문 수익률과 균형이 잡힌다.

그러한 나라가 독일이다. 독일은 20~30년간 연간 소비자물가 상승률이 1.7% 정도, 주택 가격 상승률은 1% 정도다. 따라서 독일은 한국처럼 부동산 쪽에 돈이 일방적으로 몰리지 않고 기업의 투자와 같은 생산적인 부문과 금융 부문에도 돈이 골고루 흘러들어가 국가의 경쟁력이 유지되는 것이다. 중앙은행은 부동산 부문이나 기업의 생산적 투자의 수익성 등에 거의 영향을 주지 못한다. 그러한 부문의 수익성과 안정성에는 임대소득세, 양도소득세 등 부동산세제와 법인세 등 기업에 대한 세제가 많은 영향을 준다. 금융자산에 대한 과세제도도 금융자산과 다른 자산 간의 수익성 차이를 변화시켜 돈의 흐름에 영향을 준다.

따라서 중앙은행의 금리 조절을 통한 돈의 양과 흐름 조절은 중앙은행이 만든 돈인 본원통화와 이것의 직접적인 영향을 받는 일부 금융 부문에서는 효과가 크지만 나머지 부문에서는 제한적이다. 미국 중앙은행 총재가 경제대통령이라는 말도 있지만 돈의 양과 흐름을 의도한 대로 관리하기 어려운 경우가 많다. 예를 들어 2008년 세계 금융위기 이후처럼 정책금리가 제로 수준에 이르면 금리를 더 낮출 수 없고 올릴 수만 있기 때문에 금리정책은 반쪽짜리가 된다. 그리고 금리를 제로 수준으로 낮추어도 시중 총유동성이 늘지 않고 오히려 줄어드는 경우도 있다. 이때는 양적완화라는 특별한 정책 수단을 사용해야 한다.

양적완화는 중앙은행이 금융기관의 요구와 관계없이 국공채 등의 채권을 대규모로 사들여 시중에 돈을 직접 푸는 방법이다. 이 방식은 중앙은행의 자산(국공채 등)과 부채(본원통화)가 동시에 늘어나기 때문에 중앙은행 대차대조표 확대정책이라고도 한다. 또는 중앙은행이 매입하거나 대출할 때 담보로 잡는 채권의 요건을 완화해 더 쉽게 더 많은 돈을 풀 수 있게 한다. 이러한 양적완화 조치는 장기 침체를 겪고 오래전부터 제로 금리를 사용해온 일본이 2001년부터 시작했다. 미국은 2008년 11월 1차(QE1), 2010년 8월 2차(QE2), 2012년 9월 3차(QE3) 등 세 번의 대대적인 양적완화 조치를 시행했다.

이러한 양적완화 조치에도 불구하고 오랫동안 돈은 금융권 주변에서만 맴돌거나 해외로 나가고, 국민경제 전체로는 제대로 돌지 않았다. 또한 정책금리를 제로 수준으로 낮추어도 돈을 빌리는 사람이 많지 않고 신용이 나쁜 사람은 빌려 쓰기도 어려웠다. 다시 말해 세 번째 개념의 돈, 즉 시중 총유동성이 부족한 상태는 쉽게 개선되지 않았던 것이다. 이렇게 돈의 양과 흐름은 중앙은행 총재뿐 아니라 대통령이나 총리도 뜻대로 조절하기 어렵다. 국민경제나 세계경제 전체를 조정하기는 더 어렵다. 이 때문에 일부 음모론자의 주장처럼 유태인 비밀결사조직이 미국 중앙은행을 뒤에서 움직여 세계 금융과 경제를 마음대로 주무르는 것도 현실성이 없는 이야기다. 인간의 음모나 계획은 항상 있겠지만 음모나 계획대로 경제나 세상을 만들 수 있는 능력은 신만이 가졌을 것이다.

중앙은행의 본원통화 조절 수단

중앙은행이 본원통화의 양을 조절하는 정책 수단은 대출정책, 지급준비정책과 공개시장조작이 대표적이다. 이 중 공개시장조작이 한국을 비롯해 선진국 중앙은행에서 일상적으로 사용하는 정책 수단이다.

먼저 대출정책은 중앙은행이 금융기관에 대출하는 금리와 조건을 변경해 본원통화의 양을 조절하는 정책이다. 대출금리를 올리거나 대출조건을 까다롭게 하면 금융기관이 빌려 가는 돈이 줄어들어 시중의 돈도 줄어든다. 반대로 금리를 내리거나 하면 돈이 늘어난다. 중앙은행의 대출 방식이 초기에는 금융기관이 기업에 할인해준 어음을 다시 할인(재할인)하는 형태로 이루어졌기 때문에 대출정책을 재할인정책이라고도 부른다. 현재는 국공채와 어음을 담보로 하는 담보대출 형식으로 많이 이루어진다.

다음으로 지급준비정책은 금융기관이 예금 일부를 고객의 지급 요구에 대비해 현금이나 중앙은행 예치금으로 보유해야 하는 비율, 즉 지급준비율을 조정하는 정책이다. 예금 중 지급준비금으로 보유하는 비율을 높이면 금융기관은 예금을 받아 대출 등으로 운영할 자금이 줄어든다. 또 일반적으로 지급준비금은 무수익자산이므로 금융기관의 자금 운용 수익도 줄어드는 셈이다. 반대로 지급준비율을 인하하면 금융기관의 자금 운용 규모가 늘어나고 자금 운용 수익도 올라간다. 지급준비정책은 금융기관 자금 사정과 수익에 광범위한 영향을 미치고 탄력성이 떨어진다고 생각해 선진국에서는 잘 사용하지 않지만 중국 등에서는 시중 유동성 조절을 위해 자주 사용하는 정책 수단이다.

그리고 공개시장조작은 중앙은행이 단기금융시장이나 채권시장과 같이 공개된 시장에서 국공채 등을 사고팔아 본원통화의 양을 조절하는 정책 수단이다. 중앙은행이 시장에서 금융기관으로부터 채권을 매입하면 채권 가격이 올라 시장금리가 떨어지고 채권 매입 대금이 금융기관에 지급되므로 본원통화가 늘어난다. 중앙은행이 채권을 팔면 반대로 된다. 중앙은행은 통상 매일 매일 공개시장조작을 통해 정책금리를 목표 수준으로 유지한다.

채권을 매매하는 방식은 단순 매매와 환매조건부 매매 두 가지가 있다. 단순 매매는 채권의 소유권이 완전히 이전되는 거래로 돈의 양을 장기에 걸쳐 조절할 때 사용한다. 환매조건부 매매는 일정 기간 후 다시 매입하거나 매각할 조건으로 매매하는 것이다. 이는 채권을 담보로 일정 기간 돈을 빌리거나 빌려주는 것과 비슷하고 돈의 양을 단기적으로 조절할 때 사용한다.

공개시장조작은 대출정책이나 지급준비정책과 비교해 장점이 많다. 첫째, 공개시장조작은 시장에서 주어진 조건으로 거래가 이루어지기 때문에 시장 친화적이면서도 중앙은행이 능동적으로 돈의 양과 시장금리를 조절할 수 있다. 대출정책의 경우 대출금리와 조건을 변경해도 금융기관이 대출을 받지 않으면 정책 효과가 없기 때문이다. 둘째, 공개시장조작은 돈의 양을 미세하고 탄력적으로 조절할 수 있다. 필요한 규모에 맞추어 채권 매매를 하면 되고 실시 시기와 횟수, 조건 등을 수시로 조정할 수 있기 때문이다. 셋째, 중앙은행이 채권 매매 과정에서 시장참가자들과 계속 정보를 교환할 수 있어 정책 판단의 오류를 최소화할 수 있다. 공개시장조작은 이처럼 장점이 많은 정책 수단이지만 효과를 제대로 내려면 거래 대상 채권이 풍부하고 만기 등이 다양해야 한다.

돈의 값은 무엇일까

옷, 자동차 같은 물건이나 음식 등 서비스의 경우 거의 모두 값, 즉 가격이 있다. 돈의 중요한 기능의 하나가 물건과 서비스의 가격을 알 수 있게하는 가치척도의 기능이다. 남의 가격을 알려주는 돈도 값이 있을까? 있다면 무엇일까?

먼저 많은 사람이 돈을 빌릴 때 내는 이자, 즉 금리가 돈의 값이라고생각하고 금리가 올라갈수록 돈값이 비싸진다고 생각한다. 금리가 거의제로 수준으로 떨어진 일본과 미국의 돈값은 아주 헐값이 된 것인가? 예금금리 2~3%, 대출금리(주택담보대출 기준) 4% 정도를 유지하고 있는 한국의 돈값이 일본이나 미국보다 더 비싼 것일까? 그리고 1923년 11월 하루이틀짜리 콜금리가 연 금리로 환산하면 무려 1만 950%까지 올랐던독일의 돈값이 천정부지로 비쌌던 것일까? 조금 이상하다. 우리가 일반적으로 이자를 내고 받는 기준이 되는 금리는 돈값과 거꾸로 되어 오히려 금리가 낮아야 돈값이 비싼 것 같기도 하다.

　금리가 아니라면 돈의 값은 무엇일까? 상품이나 서비스의 값을 돈으로 표시하듯이 돈의 값은 거꾸로 상품이나 서비스로 표시할 수 있을 것 같다. 같은 금액의 돈으로 살 수 있는 상품이나 서비스의 양이 늘어나면 돈값이 오른 것이고 살 수 있는 양이 줄어들면 돈값이 내려간 것이라고 볼 수 있다. 즉, 돈의 값은 물가와 반대로 움직여 물가가 오르면 같은 돈으로 살 수 있는 물건이나 서비스 양이 줄어들어 돈의 가치가 떨어진다. 반면 물가가 내리면 살 수 있는 양이 늘어나 돈의 가치가 올라간다. 우리가 쓰는 현찰은 중앙은행에서 만들어낸 것이고 여러 나라 중앙은행의 설립 목적은 거의 모두 물가 안정이다. 중앙은행이 자신이 만들어낸 돈의 가치를 지키는 일을 설립 목적으로 하는 것은 당연하다.

　돈의 값은 국내에서는 이렇게 물가에 의해서 결정되고, 국제무대에서는 알다시피 환율에 의해 결정된다. 달러당 환율이 1,000원에서 1,250원으로 오르면 10만 원을 가지고 바꿀 수 있는 달러가 100달러에서 80달러로 줄어든다. 환율이 이렇게 오르면 수출업체의 이익이 늘거나 수출이 늘어난다고 한다. 환율이 올라 수출이 늘어난다는 것은 10만 원짜리 물건을 100달러에 팔다가 80달러에 가격을 낮춰 팔아도 원화로는 10만 원이 되기 때문이다. 따라서 100달러에 계속 팔 수 있다면 수출업체는 12만 5,000원을 받는 것이 되어 이익이 늘어난다. 환율이 올라 늘어난 수출업체의 이익은 업체 자신의 노력으로 생긴 것이 아니다. 돈의 값이 내려감에 따라 다른 많은 국민이 더 지불하는 비용이 수출업체한테 간 것이다. 즉, 수입업자의 수입대금 추가 비용, 운전자의 기름값 추가 비용, 기러기 아빠의 늘어난 송금 비용 등을 수출업체가 가져간 것과 같다.

돈의 국내 가격인 물가가 올라도 비슷한 일이 발생한다. 물가가 올라 돈의 값이 내려가면 현찰이나 예금을 가진 사람과 돈을 빌려준 채권자는 손해를 보고, 물건이나 부동산을 가진 사람과 빚이 있는 채무자는 이익을 본다. 물가가 떨어지면 반대 현상이 발생한다. 돈의 값, 즉 물가와 환율은 안정되어야 한다. 자신의 노력과 관계없이 돈의 값 변화에 따라 괜히 이익을 보고 손해를 보는 사람이 많은 것이 정상적인 상황은 아니다. 따라서 경제가 이상적이고 경쟁력이 강한 국가는 물가가 연간 1.5~2.0% 정도 올라 국내 돈값이 안정되고 환율은 아주 조금씩 내려 장기적으로 국부의 대외 가치가 증가하는 곳이라 할 수 있을 것이다. 물가 상승률이 1% 밑으로 떨어지면 디플레이션 분위기가 조성되고 조금 더 떨어지면 디플레이션으로 이어져 또 다른 부작용이 생길 수 있기 때문이다.

지금까지 설명한 돈의 값은 현찰과 이에 가까운 예금 등의 값이다. 돈의 세 번째 개념인 시중 총유동성의 값이 무엇인지는 모호하다. 구매력을 나타내는 물가가 중요한 가격 노릇을 하겠지만 충분히 설명하기는 부족한 부분이 있다. 부동산시장 상황, 기업의 영업 상황과 차입 능력, 금융기관의 건전성 등은 물가가 적당히 오르면 좋아질 수 있어 물가가 오른다고 시중 총유동성의 값이 내려간다고만 볼 수 없다. 시중 총유동성 자체가 광범위하고 측정하기 어려운 개념이듯이 시중 전체 유동성의 값도 측정하기는 어렵다. 그래도 세 번째 개념의 돈의 값을 설명할 수 있는 경제지표를 찾아본다면 물가와 경제성장을 같이 보면 될 듯하다. 즉, 물가가 안정된 상태에서 지속적인 성장이 이루어지면 시중 총유동성의 값도 오른다고 볼 수 있다.

경제성장률이 높은 국가는 기업 활동이 활발하고 일자리도 늘어난다. 또한 주식시장이 좋고 부동산시장도 나쁘지 않을 것이다. 이런 나라나 지역에서의 투자는 장기적으로 수익이 높을 수밖에 없어 돈을 빌리는 값인 금리도 비싸다. 그러나 경제성장률이 높아도 물가가 많이 오르는 국가는 좁은 의미의 돈의 값이 내려가고, 환율도 올라 돈의 대외 가치가 떨어진다. 또한 이런 국가에서는 고물가와 고환율의 혜택을 보는 일부를 제외하고는 대다수 국민이 경제성장의 성과를 충분히 누리지 못한다. 경제성장률이 높아도 물가가 오르면 돈의 값이 높아지기 어려운 것이다. 결국 경제성장도 좋고 물가도 안정된 국가, 다시 말해 경제가 잘되는 국가의 돈이 값비싸지는 것이다.

1970년부터 2013년까지 40여 년간 독일, 일본, 한국의 경제성장과 돈의 값 변화를 살펴보면 흥미롭다. 이 기간에 독일은 미 달러 기준 1인당 국민소득이 16배 정도 커지고 소비자물가가 3배 정도 상승했으며 미 달러 대비 환율은 3분의 1로 떨어졌다. 일본도 비슷한 추세를 보였다. 이에 비해 한국은 같은 기간 미 달러 기준 1인당 국민소득은 200배 이상 커졌으나 물가가 21배 정도 오르고 미 달러당 환율도 4배 가까이 상승했다.* 한국 돈의 가치는 독일이나 일본 돈과 비교해 10분의 1 이하로 떨어진 셈이다. 독일과 일본은 돈의 값을 올리면서 경제발전을 했고 한국은 돈의 값을 떨어뜨리면서 성장을 했다. 특히 고물가·고환율은 자산가와 수출기업이 큰 이익을 보게 되어 있어 양극화와 내수 위축의 주요 원인이다. 이것이 경제성장에도 불구하고 서민의 생활이 나아지지 않은 이유이기도 하다.

---

*   정대영, 『한국 경제의 미필적 고의』(도서출판 한울, 2011), 34~39쪽 참조.

또한 1960~1970년대와 달리 한국은 2007년에 1인당 국민소득이 2만 달러를 넘어서 선진국에 가까이 와 있다. 지금까지 사용했던 고물가·고환율 정책, 즉 돈의 가치를 떨어뜨리는 정책으로는 선진국으로 들어가는 문턱을 넘기는 어려울 것 같다. 한국의 성장 잠재력이 많이 약화되어 3%대의 경제성장도 쉽지 않은 데다 환율마저 오른다면 달러 기준 1인당 국민소득은 늘어나기 어렵기 때문이다. 그리고 1970년대의 독일과 일본같이 경쟁력을 키워 선진국으로 진입한 국가는 돈의 가치도 따라 올라갔다. 돈의 가치가 떨어진다는 것은 그만큼 경쟁력이 없다는 것일 수 있고 국민경제에 어떤 문제가 있다는 것이기도 하다.

다음은 같은 나라에서도 때에 따라 돈의 값이 얼마나 떨어지고 경제가 어떻게 망가질 수 있는지에 관해 이야기해보겠다.

조삼모사와
독일의 초고인플레이션

조삼모사라는 잘 알려진 고사성어가 있다. 송나라 시절 저공이라는 사람이 원숭이를 좋아해 원숭이를 많이 길렀다. 원숭이가 너무 많아져 먹이가 부족해지자 먹이를 줄이게 되었다. 원숭이에게 앞으로 아침에 복숭아를 3개, 저녁에 4개 주겠다 하자 원숭이들이 적다고 불평했다. 다시 아침에 4개, 저녁에 3개 주겠다고 바꾸어 말하자 원숭이들이 손뼉을 치며 좋아했다는 것이다. 얕은수로 사람을 속이는 일과 이에 속는 어리석음을 비유하는 이야기다.

1923년 독일에서 비슷한 일이 있었다. 근로자들이 봉급을 올려주는 것보다 퇴근 시간에 주던 봉급을 아침에 출근하자마자 달라고 강력히 요구한 것이다. 그리고 많은 투쟁 끝에 어렵게 요구가 관철되자 진짜 만세를 부르며 좋아했다. 괴테와 베토벤을 낳은 독일 사람들이 송나라 저공의 원숭이처럼 멍청하지는 않았을 텐데 도대체 무슨 일이 있었을까?

당시 봉급을 아침에 받느냐 저녁에 받느냐에 따라 봉급생활자에게는 대단히 큰 차이가 있었다. 물가가 시시각각 오르고 있었기 때문이다. 근로자는 봉급을 아침에 받아 바로 가족에게 주거나 조퇴를 하여 가능한 한 빨리 봉급의 전액을 다 써서 물건을 사지 않으면 물건값이 올라 큰 손해를 보는 상황이었다. 1923년 당시 몇 가지 재미있는 사례를 통해 물가가 얼마나 올랐는지 알아보자.

먼저 식당에 가서 밥을 사 먹을 때 선불로 내는 것이 훨씬 유리했다. 밥 먹는 사이에 밥값이 오르는 일이 있었기 때문이다. 또 미국 사람이 독일에 여행을 와서 환전한 독일 마르크와 미국에서 가져온 휴지를 뒷주머니에 넣고 다녔는데 소매치기가 마르크 현찰을 그대로 두고 휴지만 훔쳐갔다는 이야기도 있다. 그리고 많이 알려진 형제 이야기가 있다. 형은 모범적인 생활을 하면서 돈을 벌면 꼬박꼬박 저축해 은행예금이 많았고, 동생은 술주정뱅이에다 게을러 돈이 생기는 대로 술을 사 먹고 빈 병마저 치우지 않았다. 1년 후 형의 은행저축은 휴지만도 못해졌는데 비해 동생은 안 치운 빈 병을 팔아 형의 저축보다 훨씬 많은 돈을 벌 수 있었다. 또 장작 대신 돈을 태워서 난방을 했다는 이야기, 감자 한 봉지 사기 위해 돈을 한 짐 지고 가야 했던 이야기, 벽지를 사는 것보다 돈으로 벽을 바르는 것이 훨씬 쌌다는 이야기 등 여러 가지가 있다.

초고인플레이션hyper inflation의 초기에는 빌려준 돈을 빨리 받아 물건을 사려 했지만, 후기에 들어서서는 돈을 빌려준 사람(채권자)이 돈을 빌린 사람(채무자)을 만나면 빌려준 돈을 달라고 하는 것이 아니라 슬슬 피해 다녔다. 당시 독일 대법원은 '마르크는 마르크다'라는 원칙을 상당 기간 고수하여 가치가 거의 없어진 현찰로 부채를 상환하는 것이 합법이었기 때문이다. 도대체 물가가 얼마나 올랐기에 이처럼 상상하기도 어려운 일이 벌어진 것일까? 1923년 12월의 물가는 10년 전과 비교해 1조 2,500억 배 올랐고, 그 대부분이 1923년 한 해 동안 올랐다. 하루에도 몇 배씩 오르고 시간 단위로 몇십 퍼센트씩 오르기도 했다.

이렇게 물가가 오른 배경에는 제1차 세계대전의 패전에 따른 과도한 전쟁배상, 실물경제의 피폐 등이 있었지만, 좀 더 가까운 이유로는 정부부채의 엄청난 증가와 함께 돈의 양이 어마어마하게 늘어났다는 점을 들 수 있다. 또 이것을 통제하지 못한 정치권과 정책당국의 무능과 신뢰 부족 때문이기도 했다. 1923년 12월 국가부채는 1해 9,200경 마르크, 은행권 발행액은 4해 9,650경 마르크에 달했다. 숫자의 동그라미가 하도 많아서 한 개 정도는 빼먹어도 모를 정도다.

물가가 빠르게 오를 때는 수표와 계좌이체 등은 거의 사용하지 못하고 오로지 현찰만이 사용된다. 수표와 계좌이체를 현금화하는 데 걸리는 시간에도 물가가 많이 오르기 때문이다. 독일 조폐창은 생산능력에 한계가 있어, 늘어난 현찰 수요를 감당할 수 없었다. 국가 조폐창은 새로운 고액지폐만을 인쇄하고 저액지폐는 일반 민간 인쇄소에서 찍을 수밖에 없었다. 당시 돈을 찍어내는 민간 인쇄소가 130여 개에 이르렀지만 보안이나 위조지폐 문제는 별로 없었다. 돈값이 얼마 나가지 않았기 때문이다. 이때의 최고 고액권은 100조 마르크짜리였다. 한국 1년 예산 340조 원 정도는 지폐 서너 장으로 해결할 수 있는 것이다.

화폐 발행액도 어마어마했지만 유통 속도가 빨라져 실제 경제에 미치는 영향은 훨씬 더 커졌다. 돈이 안 돌아도 문제지만 너무 빨리 돌아도 큰 문제다. 이때는 돈을 갖고 있으면 갖고 있는 시간만큼 손해이기 때문에 돈을 받자마자 가게에서 물건을 사고 상인도 물건을 팔자마자 그 돈으로 또 물건을 살 수밖에 없다. 돈이 총알처럼 빨리 돌게 되고 이는 실질적으로 돈의 양을 더 늘려 물가를 더 빠르게 올리는 역할을 했다.

독일의 초고인플레이션은 1924년부터 독일의 토지 등을 담보로 한 새로운 돈인 렌텐마르크Rentenmark가 사용되면서 진정되었다. 구 마르크와 렌텐마르크와의 교환비율은 1조 대 1이었다. 그리고 렌텐마르크는 라이히마르크와 함께 1948년까지 사용되었다. 1948년 6월에는 제2차 세계대전 과정에서 늘어난 돈의 양을 줄이기 위해 10대 1로 화폐개혁을 하고 도이치마르크DM를 도입했다.

초고인플레이션은 독일의 경제, 사회, 정치의 모든 것을 바꾸어놓았다. 인플레이션은 빚쟁이(채무자)에게 이익이고 채권자에게 손해를 안겨준다. 가장 큰 빚쟁이인 정부는 정부부채 부담이 없어지고 빚을 내 부동산이나 기업을 많이 소유한 자산가는 큰 이익을 보았다. 반면 일정한 봉급을 받고 조금씩 저축하며 살던 중산층은 가장 큰 피해자였다. 중산층은 봉급으로는 너무 오른 물가 때문에 먹고살 수 없어 가치가 거의 없어진 예금이나 보험의 해지, 채권 매각을 통해 겨우 살아남았지만 많은 사람이 빈곤층으로 전락했다.

중산층의 붕괴는 허망한 꿈을 약속하는 새로운 정치세력을 키워냈다. 히틀러는 초고인플레이션이 최고조에 달했던 1923년 11월 뮌헨에서 소요를 주도하면서 정치권에 등장하고 점차 세력을 넓혀갔다. 히틀러는 1933년 3월 수권법을 통해 의회의 민주적 정치와 사법제도를 무력화하고 독일을 완전히 장악했다. 독일과 세계의 비극이 시작된 것이다.

finance

8

m o n e y

한국의 화폐개혁

한국에서는 1948년 정부 수립 후 2013년까지 새로운 돈으로 바꾸어 사용하는 통화조치, 즉 화폐개혁이 세 번 있었다.

　제1차 통화조치는 1950년 8월 28일에 있었으며 신구 화폐 간 교환비율은 1대 1이었다. 한국전쟁 발발 시 한국은행은 보유하던 현찰과 금은 중 겨우 금은의 일부만을* 갖고 후퇴할 수밖에 없었다. 한국은행 금고에 있던 현찰(미발행 화폐)은 북한군 수중에 넘어갔다. 북한군이 경제를 교란하고자 이 돈을 마구 뿌렸기 때문에 한국은 새 돈을 만들어 구 화폐

---

* 　한국은행 설립 13일 만에 한국전쟁이 발발했다. 한국은행이나 정부는 비상시 계획을 준비해놓지 못했다. 한국은행은 국방부로부터 겨우 트럭 1대를 얻어 금은 89상자(순금 1,070kg, 은 2,513kg)만 가지고 1953년 6월 27일 새벽 2시에 서울에서 출발할 수 있었다. 순금 260kg, 은 1만 5,970kg과 미발행 화폐는 서울 한국은행 본점에 남겨두게 되었다. 한국은행, 『한국은행 50년사』(한국은행, 2003), 368쪽 참고.

의 유통을 단계적으로 정지시켰다. 제1차 통화조치에 사용된 새 돈은 일본 조폐창에서 인쇄했다.

제2차 통화조치는 한국전쟁이 마무리되어가는 1953년 2월 17일 시행되었다. 군비지출로 늘어난 유동성의 흡수, 체납 세금 및 연체 대출금 회수 등이 주목적이었다. 화폐단위를 원圓에서 환圜으로 변경하고 원과 환의 교환비율은 100대 1이었다. 새 돈은 한국에서 인쇄하지 못하고 미국 조폐창에서 인쇄했다.

제3차 통화조치는 5·16 군사정변 이후 1962년 6월 9일에 실시되었다. 실시 목적은 숨어 있는 자금의 산업자금화를 통해 경제개발 5개년 계획의 투자 재원을 조달하고 물가 오름세를 방지하는 것이었다. 화폐단위를 환에서 원으로 바꾸고 교환비율은 10대 1이었다. 이때에도 초기에 사용한 새 돈은 영국의 민간 조폐회사인 들라루De La Rue에서 인쇄했다. 화폐개혁에 대한 보안 유지와 한국 조폐창의 기술 부족이 주원인이었다.

한국에서 세 번의 화폐개혁 중 두 번은 액면단위 변경denomination으로 1953년 2월과 1962년 6월에 각각 100대 1, 10대 1의 교환비율로 이루어졌다. 1923년 독일의 1조 대 1에 비해서는 아주 낮은 비율이다. 돈의 액면단위 변경은 독일 예와 같이 기본적으로 돈이 많아지고 물가가 올라 돈의 값이 내려갔을 때 실시할 필요성이 생긴다. 1953년과 1962년의 화폐개혁에서는 단순한 액면 조정 이외에도 체납 세금의 회수, 부정 축재 자금 등 지하 자금 환수, 과잉 통화 흡수 등도 중요한 시행 목적이었다. 그러나 이러한 목적은 달성하지 못한 것으로 평가된다.

1962년 통화개혁 시에는 지하 자금의 환수를 위해 통화개혁 실시 일

이후 7일 이내에 모든 개인과 법인 및 단체가 보유한 현금, 수표, 어음 등 지급수단을 금융기관에 입금하도록 강제했다. 7일 동안에 1962년 6월 9일 화폐 발행 총액인 1,653억 환 중 96%인 1,582억 환이 환수되었다. 미회수 금액이 많지 않아 특수한 이유가 있는 경우 등에는 몇 차례 추가 입금을 허용했다. 최종적인 입금 결과는 100만 환(10만 원) 이하가 90.5%를 차지하고 1억 환(1,000만 원)을 초과하는 입금은 7건, 12억 환에 그쳐 현찰로 보관하던 여유 자금은 많지 않았던 것으로 나타났다. 다른 사람의 이름을 빌려 입금한 것도 있겠지만 화폐개혁을 통한 산업자금 조성은 효과가 거의 없었고, 화폐 액면단위 변경(화폐개혁)에 대한 나쁜 인상만 심어주었다.

한국은 물가 상승률이 높았고 환율 상승을 통한 수출 증대 정책을 수시로 써왔기 때문에 돈의 대내외 가치가 지속적으로 하락했다. 1962년 6월 화폐개혁 후 1960년대 중반 우리 원화와 일본 엔화의 공정환율은 1대 1.4 정도로 공정환율로는 한국 원화의 가치가 조금 더 높았다. 그러나 2013년 11월 한국 원화 대 일본 엔화의 환율은 11대 1로 가치가 완전히 역전되었다. 한국에는 환율을 올려(자국 돈의 가치를 떨어뜨려) 수출을 늘리고 경제성장을 하는 것이 중요하다는 사람이 많고 또 일부는 환율을 올리는 것이 통화전쟁에서 이기는 길이라고 이상한 주장을 하는 사람도 있다. 이것은 돈을 풀고 물가를 올리면 되기 때문에 상대적으로 쉬운 일이다. 이것이 쉽다고 너무 많이 하다 보면 1923년의 독일처럼 될 수도 있다. 진정 어려운 것은 물가와 환율을 안정시켜 자기 나라 돈의 가치를 유지 또는 상승시키며 수출 경쟁력을 키우고 지속적으로 경제를 성장시키는 일이다.

우리 돈의 가치가 떨어지다 보니 한국에서 조 단위 통계 수치가 일반화되었다. 연간 GDP 규모와 수출입 규모는 1,000조 원이 넘은 지 오래되었고 가계부채도 1,000조 원을 넘고 1년 예산 규모는 340조 원 수준이다. 여기에다 한국의 부동산 시가총액은 7,000~8,000조 원 정도로 추정되고 연간 지급결제 규모는 7경 8조 원(2012년)에 이른다. 이렇게 여러 가지 숫자가 커지면 통계 관리 등이 불편하고, 달러나 유로 등과의 환율이 1,100원, 1,500원에 이르러 자존심도 조금 상한다. 이에 따라 우리도 화폐 액면단위 변경을 하자는 논의가 2003년 무렵에 있었다. 우리나라 돈의 새로운 호칭을 도입하고 기존 원화와의 교환비율을 1,000대 1로 하여 미 달러와 가치를 비슷하게 하자는 방안이었다. 그리고 교환 금액과 교환 기간의 제한을 두지 않아 과거 화폐개혁의 부정적 인식을 제거하려고 했다. 그러나 국민의 불안 심리가 여전한 데다 부동산으로 돈이 몰릴 가능성, 단위 착각에 따른 물가 상승 가능성 등의 부작용을 우려해 실시하지 못했다.

앞으로 물가와 부동산 가격의 안정 기조가 완전히 정착되고 정책의 신뢰성, 투명성이 높아지면 화폐 액면단위 변경은 국민 편의 증진과 국격 향상 등을 위해 시행해볼 만한 정책이다. 1999년의 유로화 도입도 여러 국가가 단일 통화체제로 간 것이지만 실질적으로는 화폐 액면단위 변경과 같다. 이탈리아는 1,936리라가 1유로로 전환되었기 때문에 1,936대 1로 화폐 액면단위 변경을 한 것과 경제적 효과가 같다. 또한 2005년에는 터키도 100만 대 1로 화폐 액면단위 조정을 하여 화폐단위 간편화 및 경제 안정화에 성공한 바 있다.

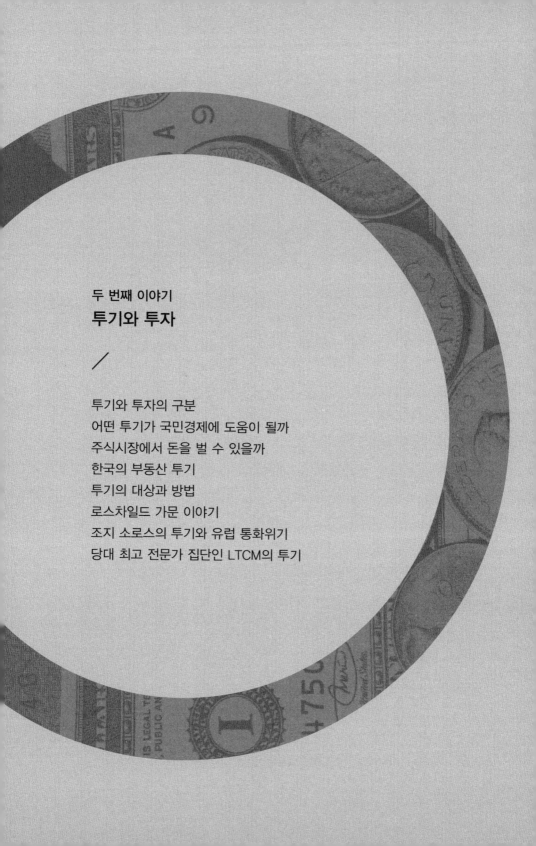

두 번째 이야기
투기와 투자

finance

1

m o n e y

투기와 투자의 구분

투기와 투자는 돈을 벌려고 무엇인가 하는 것인데 어감은 하늘과 땅 차이다. 투자자는 점잖아 보이고 좋은 방향으로 돈을 움직이는 느낌이 들고, 투기꾼은 천박하고 시장을 혼란스럽게 하는 사람 같은 느낌을 준다. 둘의 차이는 무엇일까? 내가 하면 로맨스, 남이 하면 불륜이라는 말처럼 내가 하면 투자, 남이 하면 투기라는 것인가? 맞을지 모른다. 냉정하게 보면 투기와 투자는 구분하기 어려울 수도 있다.

영미인도 투기를 다소 나쁘게 보는 면이 있지만 사전적으로 투기 speculation와 투자investment의 차이는 크지 않다. 웹스터 사전의 정의에 따르면 투기는 일상적이지 않은 사업 위험을 그에 상응한 이익을 기대하면서 부담하는 것이며, 투자는 소득과 이익을 얻기 위해 자금을 사용하는 것이다. 투기는 일상적이지 않은, 즉 예외적인 위험을 부담하는 것이고 투자는 그렇지 않다는 것인데, 현실적으로는 위험을 전혀 부담하지 않고는 수익을 낼 수는 없기 때문에 투자와 투기는 큰 차이가 없다.

어떤 사람은 투자와 투기의 실질적 차이가 부담하는 위험의 수준에 있을 뿐이라고 주장한다. 즉, 위험을 상대적으로 많이 부담하고 고수익을 추구하는 것을 투기, 위험을 적게 부담하고 안정적 수익을 추구하는 것을 투자라 한다. 또 미국 상품선물거래위원회The US Commodity Futures Trading Commission는 투기의 범위를 넓혀 위험을 피할 수 있는 거래(헤지 hedge)를 하지 않은 모든 자금 투입을 투기라고 정의하기도 한다. 즉, 주식을 사고 가격 하락에 대비해 주식선물 등으로 위험을 헤지하지 않은 것, 부동산을 사고 부동산 가격 하락을 대비하지 않은 것 등은 모두 투기라는 것이다.

이렇게 투기의 범위를 확 넓히는 것이 모두가 솔직해지는 길일지 모른다. 아니면 더 나아가 사업체 신설이나 증설, 사업용 자동차나 컴퓨터 등의 구매, 주택이나 빌딩, 교량 등 건축물의 신축 등과 같이 경제학에서 투자로 분류되는 것만을 투자라고 하고 주식이나 채권, 기존 주택 등을 사는 것을 투기라고 하면 개념 혼란이 없을 것 같다. 경제학의 소득이론에서 쓰는 투자*는 개념이 명확하고 금융에서 쓰는 투자와는 의미가 완전히 다르기 때문이다. 그러나 일상생활에서는 두 가지 개념을 상황에 따라 섞어 쓰고 있어 혼란이 있다.

실제 미국에서 1940~1950년대까지는 주식, 채권 등을 사는 것은 모두 투기로 표현했다고 한다. 그러나 현대사회에서는 이런 금융 분야의

●　소득이론에서 말하는 투자란 국민경제의 자본 총량을 증가시키기 위해 기업, 정부, 개인 등이 재화를 구매는 것이나 건축물을 새로 만드는 것 등을 가리킨다. 이런 투자는 설비투자, 건설투자, 재고투자로 구분할 수 있다.

투자 개념이 사용 빈도와 친숙성 등에서 경제학의 투자 개념을 압도하는 까닭에 되돌리기는 어려울 것 같다. 투자와 투기의 개념을 완전히 분리할 수는 없더라도 현실 세계에서 쓸 때 혼동을 적게 할 필요는 있다.

가치판단이 들어가지 않는 개념 정의를 통해 현실 세계의 투기와 투자를 이성적·객관적으로 접근하는 것이 국민경제에 도움이 된다. 투기나 투자 모두 돈을 벌기 위해 어디에 자금을 투입하는 것, 즉 무엇을 사는 것이다. 다만 차이를 찾는다면 투자하고 돈을 버는 방식, 즉 이익을 기대하는 방식의 차이일 것이다. 물론 고수익을 추구하는 투자는 투기적 성향이 강하겠지만 항상 그런 것은 아니다. 수익은 투자의 사후 결과물로, 고수익을 추구했다고 고수익이 나오는 것도 아니기 때문이다. 즉, 투기는 투기 대상물의 가격 상승, 즉 매매 차익을 주로 기대하는 것이고, 투자는 투자 대상물에서 나오는 수익, 즉 배당이익이나 임대료 등을 주로 기대하는 것이라고 볼 수 있다.

이렇게 보면 주식의 경우에 배당수익(실적 개선에 따른 미래의 배당 포함)을 기대하는 것은 투자이고, 주가 상승을 기대하는 것은 투기다. 실적이 좋으면 주가가 오르지만 항상 그런 것은 아니다. 부동산의 경우도 임대료(자신이 내는 임대료 절약도 포함) 수익을 기대하는 것은 투자이고 산 부동산의 가격 상승을 기대하는 것은 투기다. '꿩 먹고 알 먹기'라는 말이 있듯이 현실적으로는 가격도 오르고 다른 투자수익도 생기면 더 좋기 때문에 투자자나 투기자는 대부분 두 가지를 모두 기대한다. 결국 현실에서 투자와 투기는 두 가지 기대의 상대적 크기에 따라 구분된다고 봐야 한다. 가격 상승 기대가 다른 수익 기대보다 더 크다면 투기일 것이고 반대로 가격 상승을 별로 기대하지 않았다면 투자라고 볼 수 있다.

좀 더 구체적으로 현실의 사례 속에서 투기와 투자를 구분해보자. 중도 해지 시 손해가 큰 정기예금이나 적금은 투기적 성향이 적을 것이다. 특히 변동금리부 예금(저축)은 금리 변동에 따른 예금 가치의 변동도 없이 투기적 성격이 가장 적을 것이다.

채권의 경우는 장기국채보다는 단기국채가 가격 변동이 적어 투기적 성향이 작다. 주식은 한국의 경우 전반적인 배당성향이 낮기 때문에 일부 배당주를 제외하고는 대부분 투기적 성격이 강하다. 부동산은 사무실, 상가 등의 가격 상승보다는 임대수입에 관심을 가지고 투자하는 경우 투기적 성향이 약하다. 특히 부동산 가격이 하향 안정되어 있어 임대수입 일부를 가격 하락(감가상각 포함)에 대비한 충당금으로 사용하는 경우에는 투기적 성향이 아주 약하다고 볼 수 있다. 주택의 경우도 1가구 1주택이냐 다주택이냐가 투기와 투자를 나누는 기준이 아니다. 다주택자도 임대소득을 우선한다면 투기적 성향이 약한 것이고, 1주택자도 가격 상승을 크게 기대했다면 투기적 성향이 강한 것이다.

2011년 이후 큰 사회문제로 떠오른 하우스푸어는 불행한 투자자인가 실패한 투기자인가? 사람마다 조금씩 차이는 있겠지만 실패한 투기자에 가깝다고 보인다. 실제로는 잘못된 정책의 피해자로 보는 것이 맞을 수도 있다. 2006~2007년 주택 가격이 한창 오를 때나 그 후 주택 가격이 기복을 보일 때 주택을 산 사람은 전·월세 부담 때문으로 보기 어렵다. 당시 전·월세는 집값보다 많이 저렴했기 때문이다. 이때 무리하게 집을 산 사람에게는 집값이 더 오를 것이라는 기대, 또는 집값이 더 오르면 앞으로 집을 살 수 없을 것이라는 두려움이 주택 구매의 주된 이유였을 것 같다.

현실에서는 투기와 투자를 엄격하게 구분하기 어렵다. 가격 상승 기대를 전혀 하지 않고 투자하는 경우가 매우 드물기 때문이다. 단지 정도 차이만 있을 뿐 대부분 투기적 요소를 가지고 있다. 이렇게 본다면 금융 분야에서 사용하는 투자라는 용어는 1950년대 이후 투기꾼의 마음을 편하게 해주기 위해 금융 전문가나 광고업자가 만들어낸 것이라는 이야기가 맞는 것 같다.

어떤 투기가
국민경제에 도움이 될까

앞에서 살펴본 대로 투기와 투자의 차이를 찾기 어려운데도 우리나라에
서 투기나 투기꾼에 대한 이미지는 거의 도둑이나 도둑놈 또는 사기꾼
수준으로 나쁘다. 그리고 모든 투기를 다 나쁜 것으로 생각한다. 이는
1960~1970년대 물자가 부족하던 시절 허생전 방식의 사재기와 1970년
대 이후 지속적인 부동산 가격 상승기의 복부인 등에 대한 나쁜 기억 때
문일 것이다.

1960~1970년대 경제 규모가 작고 개방이 안 되어 있던 시절에 특정
생필품을 사들여 가격이 오를 때까지 기다리는 사재기 방식의 투기는 국
민에게 많은 피해를 주었다. 그리고 회사의 내부정보나 정부의 부동산
개발 계획을 빼내서 주식이나 부동산을 미리 사고팔아 돈을 버는 투기는
많았고 지금도 있다. 거짓된 정보를 주식시장에 조직적으로 유포해 주
가를 조작하는 방식, 이른바 작전이라는 방식의 투기로 돈을 버는 세력

도 많이 있다. 이러한 방식은 모두 불법·탈법과 관련되어 있고 한국에서 투기의 상당 부분을 차지해왔다.

이러한 불법·탈법 이외에 정상적인 투기도 주식이나 부동산 가격의 진폭을 키워 시장을 불안정하게 하고 때에 따라서는 거품을 발생시키는 주요인으로 작용하기도 한다. 거품의 발생과 붕괴는 국민경제에 큰 피해를 주고 심각한 후유증을 남긴다.

그러나 금융시장에서 많은 투기는 돈을 잘 흐르게 하여 시장이 잘 돌아가게 한다. 또한 다른 사람의 위험을 인수해 사업을 편하게 할 수 있게 하는 긍정적인 면도 있다. 예를 들어 조선업자가 배를 건조해서 수출할 때 보통 선박 대금을 건조 기간(2~3년)에 맞추어 분할 수령하는데 환율이 내려가면 손해를 보게 된다. 따라서 계약 시점에 선박 대금(달러)이 들어올 것을 가정하고 미리 달러를 파는데(선물환 매도) 누군가 이 선물환을 사주어야 한다. 이때 외환에 대한 투기적 수요가 없다면 선물환을 팔기 어려워져 더 많은 수수료를 내야 하기 때문에 조선업자의 수출 경쟁력이 떨어진다.

투기에는 이처럼 부정적 효과와 긍정적 효과가 공존한다. 시장에서 일어나는 불법·탈법을 감시·처벌하는 규제당국과 사법당국이 제 역할을 하면 투기의 긍정적 효과가 커진다. 즉, 개인적 이익 추구가 타인의 이익 추구에 도움이 될 수 있는 자본주의의 경제행위의 하나로 기능할 수 있게 되는 것이다. 여기에다 과도한 쏠림 현상을 제어하고 경고할 수 있는 시장의 효율성과 정책당국의 능력이 더해지면 투기의 긍정적인 효과는 더 커질 수 있다.

여기서 시장이 상승과 하락이 있는 정상적인 상황일 때 어떤 투기가

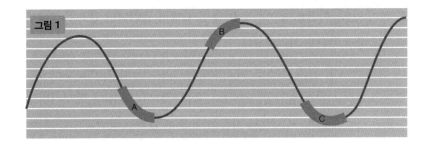

그림 1

국민경제에 도움이 되는지를 알아볼 필요가 있다. 투기의 긍정적 효과
는 위험의 인수, 시장 유동성 공급 등이고, 반대로 가장 큰 부정적 효과
는 가격의 진폭을 키우고 거품의 발생과 붕괴 등의 원인이 되는 것이다.
가격의 진폭이 클수록 투기세력은 이익을 볼 기회가 많아져 좋아하지만
손해 보는 사람도 많아진다. 그리고 가격의 진폭이 커지면 경제의 불확
실성도 커져 리스크 프리미엄이 상승하는 등 국민경제의 전체적 비용도
증가한다. 투기가 가격의 진폭을 줄이고 거품 발생 가능성을 낮출 수 있
다면 투기의 부정적 효과가 줄어 투기도 국민경제에 도움이 될 수 있다.

이러한 투기는 불법, 탈법, 작전 등의 방법을 사용하지 않으면서 돈
을 버는 투기다. 돈을 잃는 사람이 아니라 돈을 버는 사람이 국민경제에
기여하는 것이다. 이는 조금만 생각하면 바로 알 수 있다. 일반적으로 주
가, 유가, 곡물 가격 등 투기 대상물의 가격은 탐욕과 공포가 교차하는
크고 작은 상승·하락의 사이클을 그리며 변한다.

투기 과정을 간략히 그림으로 그려보면(그림 1 참조) 돈을 버는 투기
꾼은 바닥 근처(A)에서 사서 천장 근처(B)에서 파는 사람이고, 돈을 잃은
투기꾼은 천장 근처(B)에서 사서 바닥 근처(C)에서 파는 사람이다. 바닥
근처의 하락장에서는 공포와 불안이 시장을 휩쓸어 많은 사람이 팔려고

한다. 이때 공포를 이겨내고 사주는 사람이 없다면 하락 폭은 더 커져 시장이 붕괴할 수도 있다. 반대로 천장 근처의 상승장에서는 탐욕과 행복이 시장을 지배하고 많은 사람이 사려고 한다. 이때 탐욕을 자제하고 팔려는 사람이 없다면 상승 폭이 커져 거품으로 이어질 수 있다. 바닥 근처(A)에서 사고 천장 근처(B)에서 파는 사람은 돈을 벌 뿐 아니라 가격 상승과 하락 폭을 낮추어 시장을 안정시키고 있는 것이다.

가끔 주변을 보면 자기가 사면 떨어지고 팔면 올라서 자신은 투기에 젬병이고 돈복이 없다는 말을 자랑처럼 하는 사람이 꽤 있다. 이런 사람은 자신의 돈도 잃고 시장의 진폭을 키워 국민경제에 피해도 주는 것이다. 전혀 자랑거리가 아니다. 대표적인 것이 2011년 이후 큰 사회문제로 떠오른 하우스푸어다. 하우스푸어는 개인의 경제적 어려움뿐 아니라 소비 위축에 따른 경기 둔화와 금융불안의 원인으로 작용할 가능성이 커지고 있다. 개인의 잘못된 투자나 투기가 국민경제에 커다란 짐이 되는 셈이다.

투기를 하려면 본인을 위해서나 국민경제를 위해서도 돈을 벌어야 하고, 돈 벌 자신이 없으면 투기를 하지 말아야 한다. 물론 탈법, 불법을 하지 말아야 하고 돈을 벌었으면 세금을 제대로 내는 것은 너무나 당연한 일이다. 그리고 정책당국은 사람들이 단기적 매매 차익보다는 장기적인 투자수익에 관심을 두도록 유도하는 한편 투자자산 간 수익성의 균형을 잡아 돈이 한곳으로 몰리지 않도록 세제 등 제도적 장치를 보완해야 한다.

주식시장에서
돈을 벌 수 있을까

주식시장은 기업이 주식을 상장해 자금을 조달하고 기업의 가치가 평가되는 시장이지만 한편으로는 수많은 사람들이 돈을 벌려고 달려드는 거대한 투기장이다. 시장 참여자는 최고의 지식과 컴퓨터로 무장한 기관투자가와 전 세계를 무대로 하는 외국인 투자자부터 월급쟁이, 동네 아줌마까지 다양하다. 그리고 경제학, 경영학, 통계학 등 깊이 있는 학문이나 엄청난 실전 경험을 갖춘 수많은 전문가들이 돈을 벌 수 있는 방법을 찾고 있는 곳이 주식시장이다.

그러나 현재까지 주류 학설은 주가를 정확히 예측할 수 있는 논리적 방법이 없다고 말한다. 주가는 술 취한 사람이 걷는 모습처럼 그야말로 제멋대로 움직여random walk 예측이 가능한 어떤 형태도 가지고 있지 않다는 것이다. 이러한 학설은 1930년대 콜스Alfred Cowles와 워킹Holbrook Working, 1950년대 켄들Maurice Kendall 등을 통해 오래전에 실증적으로 증명되었다. 이러한 이론은 1900년 프랑스 수학자 바슐리에Loius Bachelier가 처음 제시했고 효율적 시장 가설이라는 이름으로 학계에서 통용된다. 물론 주식시장이 효율적으로 조정되는 과정에서 약간의 빈틈이 생기고 이 빈틈을 이용해 돈을 벌 가능성은 있겠지만 그 가능성은 크지 않고 빨리 사라진다. 한편 투자자들의 비합리적인 의사결정 때문에 주식시장은 균형을 이루기 어렵고 비효율적이라는 반론도 많이 있다. 그러나 이러한 이론도 주가의 장기적인 예측 가능성을 뒷받침하지는 못하고, 이례적인 현상 속에서 돈을 번 경우를 설명하는 것이다. 결국 투기꾼의 미래 기대수익은 제로(0)이고 내일 주가가 오를 확률과 내릴 확률은 반반이라고 보는 것이 합리적이고 마음 편하다.

그럼에도 많은 사람이 주식시장에서 돈을 벌려고 뛰어들고 실제 큰돈을 번 사람이 있다. 세계적 거부인 워런 버핏Warren Buffett이 대표적이고 한국에서도 가끔 케이블TV나 신문 등에서 주식으로 큰돈을 번 사람*이 소개된다.

주식시장에서 투기의 기대수익이 제로라는 효율적 시장 가설로는 이렇게 돈 번 사실을 어떻게 설명할까? 이는 동전 던지기로 설명할 수 있다. 동전을 던져 앞면과 뒷면이 나올 확률은 이론적으로 각각 0.5이고 실제도 거의 비슷하다. 한 사람이 동전을 천 번이나 만 번 던지면 앞면과 뒷면은 거의 각각 500번, 5,000번에 근접하게 나온다. 그러나 만 명이 각각 10번씩 던지면 상황이 달라진다. 10번 모두가 앞면이나 뒷면이 나오

---

* 이들 중 실제 주식거래명세 등을 통해 돈을 번 사실을 확인할 수 있는 사람은 거의 없다는 말도 있다. 그리고 재테크 책을 쓴 사람도 재테크를 해서 돈을 번 경우보다 책을 써서 돈을 번 경우가 대부분이라고 한다.

는 사람이 만 명 중 몇 명은 나온다. 이런 사람은 동전 던지는 특별한 재주가 있어 앞면이나 뒷면만 계속 나오는 것이 아니라 어쩌다 보니까 또는 운(?)이 좋아서 그렇게 된 것일 뿐이다. 주식시장에서 돈 번 사람도 그런 경우라는 것이다. 주식해서 어렵게 돈 번 사람이 들으면 기분 좋은 말은 아니다. 행운은 준비한 사람에게 온다는 말이 있듯이 노력하고 공부하는 사람이 운도 더 좋다고 보면 기분이 덜 나쁠 것이다.

주식시장에서 열심히 공부하고 노력해서 돈을 벌겠다는 사람은 크게 세 가지 방법론을 사용한다.

첫째는 기업의 실적이나 자산가치에 비해 주가가 저평가된 주식을 찾아내 매입한 다음 주가가 기업의 제 가치를 반영할 때까지 보유하는 방식이다. 가치 투자, 기초분석 투자라는 이름으로 불리고 워런 버핏이 부자가 된 투기 방식이기도 하다.

둘째는 주가의 흐름에 일정한 파동과 순환주기가 있다고 보고 주가의 이동 평균, 추세선 등의 여러 차트를 이용해 주가의 향방을 예측하는 방식이다. 기술적 분석, 차트 분석이라 불리며 1934년 랠프 엘리엇Ralph N. Eliot라는 사람이 엘리엇 파동이라는 이름으로 주가예측모델을 발표한 이후 많은 주식 투자자들이 여기에 심취해 있다.

셋째는 기초분석 투자의 한 형태이지만 개별 기업에 대한 분석보다는 전체적인 시장 상황이나 자금 사정, 경기 상황 등의 분석을 기초로 투자하는 방식이다. 시장 상황 분석으로 불리며 독립적 투자 방식으로 사용되기도 하고 첫째 방식의 보조 방식으로도 사용된다.

주식 투자는 이 세 가지 방식 중의 하나나 둘을 선택해 직접 하거나 증권사 직원의 권유에 따라 투자할 수 있다. 아니면 주식형 펀드에 가입해 투자를 펀드매니저에게 맡기는 방법도 있다.

효율적 시장 가설에 따라 주식 투자의 기대수익이 제로라면 어떤 방식으로 투자해도 투자수익의 차이가 거의 없어야 한다. 실제로도 대부분 직접 하거나 펀드에 가입해도 주식시장이 좋을 때는 돈을 벌고 주식시장이 나쁠 때는 돈을 잃는 너무 당연한 결과를 보인다. 그러나 효율적인 시장에도 틈이 있어서인지는 몰라도 아주 소수는 돈을 번다.

필자가 아는 두 명의 전업 주식 투자자가 있는데 한 명은 현재까지는 상당한 돈을 벌었고 한 명은 주식 투자만으로 오랫동안 괜찮은 중산층의 생활을 유지하고 있다. 두 명 모두 많은 공부를 하고 엄청난 노력을 주식 투자에 쏟아붓고 있다. 기술적 분석 방식으로 투자하는 한 명은 자기 사무실의 벽, 천장을 모두 주가 차트로 도배해놓고 주가 흐름을 우주의 섭리로 받아들이며 공부한다. 또 다른 한 명은 저평가된 기업을 찾으려고 재무제표를 분석할 뿐만 아니라 공장, 사무실, 영업소 등을 방문하고 경영진에 대해 철저히 조사한다. 투자 대상 기업을 결정하면 주식을 사고 장기투자를 하며 본인은 그 회사의 주주(주인)라는 명함도 만들어 가지고 다닌다. 이렇게 혼신의 노력을 기울이지 않고는 주식을 해서 돈을 벌기가 쉽지 않아 보인다.

주식시장은 기업이 장기적이고 안정적인 자금을 조달해 재무구조를 개선할 수 있는 곳이고, 기업에 대한 감시와 평가가 이루어지는 곳이기 때문에 심하게 과열만 되지 않는다면 국민경제에 긍정적인 효과가 많다. 또한 복권이나 카지노보다는 거래 비용이 적어 투자자에게 돌아가는 몫도 크다. 그리고 주식시장이 장기간에 걸쳐 안정적으로 상승한다면(가끔 이런 경우가 있다) 많은 주식 투자자들이 어느 정도 수익을 낼 수 있다.

즉, 주식 투자는 복권을 사거나 카지노에 가는 것보다 유리하고, 부동산 투자보다는 국민경제에 기여하는 바가 아주 크다. 또 주식시장은 돈을 벌기 어려운 투기장이기는 하지만 투기적 성향이 강한 사람이나 탐욕과 공포가 교차하는 시장에서 무엇인가를 배워보고 싶은 사람은 참여해볼 만한 곳이다.

한국의 부동산 투기

주식시장은 상승기의 탐욕과 하락기의 공포가 교차하는 곳인 데 비해 한국의 부동산시장은 얼마 전까지 탐욕만이 지배하는 곳이었다. 한국에서는 1997년 IMF 위기 직후 짧은 기간을 제외하고는 부동산 가격이 2007~2008년까지 안정과 폭등을 반복하면서 수십 년간 지속적으로 상승해왔다. 한국 부동산시장은 골치 아픈 차트 분석이나 부동산의 본질 가치, 시장 상황 등에 대한 분석 없이 아무나 돈을 질러 넣고 기다리면 돈이 벌렸다. 개발 정보 등을 빼돌릴 수 있다면 더 쉽게 더 많이 벌었다. 빨간 바지 입은 여자로 대표되는 복부인이 부동산시장을 주름잡고, 누군가에게는 이런 여자를 부인으로 둔 남자가 부러움의 대상이었다.

한국의 부동산시장은 공포가 지배하는 하락기가 없이 가격의 상승세가 계속 이어졌기 때문에 상승기에 탐욕을 자제하고 매도하거나 하락기에 공포를 이겨내고 매입하는 투기, 즉 국민경제에 기여하는 좋은 투기가 나타나기 어려웠다. 부동산 투자자 대부분은 탐욕 속에서 부동산시장의 거품을 키워왔고 때에 따라서는 이러한 탐욕이 정치판의 판도도 바꾸곤 했다. 부동산시장의 거품과 탐욕은 우리 경제·사회의 고질적 문제, 즉 경제 정의 실종, 양극화와 일자리 부족, 결혼 불능과 저출산, 중산층 붕괴, 세대 간 갈등 등의 핵심 원인이 되고 있다.

이렇게 된 것은 정책당국자의 고의와 무지가 결합한 정책실패와 함께 좁은 땅덩어리에서 살아온 우리 국민의 부동산 소유 욕구가 너무 컸기 때문이다. 먼저 정책실패는 주택 등 부동산을 국민의 주거 안정이나 장기적인 국가 발전을 위해 사용한 것이 아니라 주로 단기적인 경기 활성화 수단으로 사용했다는 것이다. 한국의 역대 정부는 경제 상황이 조금만 나빠지면 예외 없이 부동산에 대한 규제 완화와 다양한 부양책을 통해 투기를 조장했다. 즉, 주택 건설 확대 및 거래 활성화와 함께 가구업, 이삿짐센터, 인테리어업 등 건설 부수 산업의 경기를 부추기는 것이 경기회복을 위한 주요 정책 수단이었다.

이렇다 보니 주택이나 땅 등 부동산은 예금, 주식 등 금융자산에 비해 훨씬 매력적인 투기 대상이 되었다. 1가구 1주택인 경우는 약간의 보유세를 제외하고는 임대소득세, 양도소득세 등이 거의 과세되지 않는다. 다주택의 경우도 여러 가지 공제제도 등으로 실질적인 세 부담은 크지 않다. 또 부동산은 상속·증여 시 금융자산보다 유리하다.

우리 국민이 보유자산의 70~80%를 부동산으로 가지고 있는 것은 이러한 상황에서 당연한 결과다. 한국에서 부동산 투기를 하지 않는다는 것은 어마어마한 도덕적 자제심이 있지 않고는 쉽지 않은 일이었다. 고위 공직자의 재산 공개 상황을 보면 많은 공직자가 보유자산의 대부분을 부동산으로 가지고 있고 특정 지역에 모여 산다. 이들이 예수님, 부처님이 아니고서야 부동산정책은 물론 경제정책 자체가 제대로 되기가 쉽지 않다.

한국에서는 부동산을 많이 보유한 사람을 투기 성향이 강한 사람으로 보는 경향이 있다. 어느 정도 맞는 생각이지만 경제적으로 보면 부동산 보유 절대 금액보다 보유자산 중 부동산 비중이 얼마냐가 더 중요하다. 예를 들어 10억 원의 총자산 중 10억 원 모두를 부동산으로 보유한 사람은 100억 원의 총자산 중 30억 원을 부동산으로 가지고 있는 사람보다 훨씬 더 투기적이라고 봐야 한다. 앞의 투기와 투자의 구분 방법 중 미국 상품선물거래위원회CFTC의 정의에 따르면 위험 회피 거래(헤지)를 하지 않은 투자가 투기이기 때문이다.

즉, 보유한 자산을 금융자산 등에 분산 투자해 위험을 헤지하지 않고 부동산에 '몰빵'한 사람은 투기 성향이 강한 것이다. 한국에는 주식이나 예금은 하나도 없고 집만 달랑 한 채 가지고 있어 투기와는 담을 쌓고 지낸다고 하는 사람이 꽤 있다. 이들은 의도하지는 않았겠지만 경제적 측면에서 보면 투기를 하고 있는 것이다. 특히 한 채의 집을 자주 바꾸고, 집값이 많이 오른 동네에서 빚을 많이 지고 집을 사는 것은 투기 성향이 아주 강한 것으로 볼 수 있다.

자본주의사회에서 세금을 내고 합법적으로 돈을 번 것은 칭찬받을 일이다. 그리고 번 돈의 30~40% 정도를 부동산으로 보유하는 것은 합리적인 자산관리다. 그러나 한국에서 돈 있는 사람은 직업과 나이를 불문하고 거의 모두 보유자산 대부분이 고가 아파트, 오피스텔, 빌딩, 토지 등 부동산이다. 또한 이들은 부동산이라는 공통 이익을 통해 거대한 카

르텔을 형성하며, 보유세 인상과 임대소득세의 철저한 과세 등 부동산 부문의 수익을 낮추는 정책에 대해서는 공동으로 저지하고 있다. 이렇게 되자 돈이 별로 없는 사람도 다른 사람이 부동산으로 돈을 버는 것을 보고 빚까지 내 부동산을 사게 된 것이다. 결국 국민 대부분이 금융자산보다 부동산을 선호하게 되고 이것은 한국 금융산업이 발전하지 못하고 경쟁력이 없는 주원인의 하나가 되고 있다.

세상일이 항상 좋을 수 없고 돈이나 경제를 대통령이 마음대로 하기 어렵듯이 한국의 부동산도 마찬가지다. 한국전쟁 이후 2007년까지 50년 넘게 한국의 부동산은 1998년을 제외하고는 단기 안정, 장기 상승을 지속했다. 그러나 2008년 이후 약간의 기복은 있지만 부동산 가격은 계속 하락세를 보인다. 노무현 대통령은 재임 시 지금 빚을 내 집을 사면 패가망신한다고 경고까지 하면서 부동산 가격을 잡으려 했는데 부동산 가격은 폭등했다. 반대로 이명박 대통령과 박근혜 대통령 때는 무슨 수를 써서라도 부동산 가격을 올리려고 하는데 부동산은 거래가 안 되고 가격은 조금씩 내려가기만 한다.

이런 과정에서 2000년 중반 이후 빚을 내서 무리하게 집을 산 사람들이 하우스푸어로 불리며 고생하고 있다. 2012년부터는 한국 부동산시장도 하락 기간이 장기화하면서 서서히 공포가 커지고 있다. 탐욕만이 존재하는 시장에서 탐욕과 공포가 교차하는 시장으로 변하고 있는 것이다. 앞으로 부동산 가격이 어떻게 될지는 신만이 알 일이다. 한국의 부동산 시장도 앞으로는 주식시장과 같이 미래의 실질 기대수익은 제로(0)에 근접하고 부동산에 대한 시장 상황 분석이나 본질 가치 분석에 혼신의 노력을 기울여야 돈을 벌 수 있게 될 가능성이 있다. 이렇게 되면 부동산 가격은 지금보다 떨어질지 모르지만 거래는 확실히 늘어날 것이다.

물론 정책당국이 부동산시장을 정상화하려는 노력이 있어야 이러한 상황이 더 빨리 도래할 것이다. 아파트 등 부동산도 앞으로 가격이 어떻게 변할지 모르는 위험자산이 되는 것이다. 3~4년 정도 살 집을 빌리지 않고 매입하는 것은 아주 위험하고 투기적이다. 10~20년 이상 같은 집에 거주하거나, 세를 놓을 생각일 때 집을 사는 것이 투기가 아니고 투자다. 많은 국민이 이렇게 할 때 국민경제가 건전해진다. 이를 위해서는 1가구 1주택 우대보다는 세입자에 대한 지원과 보호가 절실히 필요하다. 돈을 어느 정도 모으고 어느 한 곳에서 오랫동안 사는 것이 결정되기 전까지는 세를 편하게 살 수 있어야 하기 때문이다. 또 이렇게 되어야 돈 없는 젊은이가 결혼하고 애를 낳을 수 있어 대한민국이 국가로서 유지될 수 있다.

여기에 가까운 나라가 독일이다. 독일은 주택 보급률이 100%가 훨씬 넘으면서도 자가 보유 비율은 43%로 우리나라의 62%보다 크게 낮다. 2008년 세계 금융위기 시에 큰 어려움을 겪은 나라들은 자가 보유 비율이 높은 스페인(86%), 아일랜드(75%), 영국(74%), 미국(67%) 등이다. 자가 보유 비율이 높을수록 주택의 거품 발생 가능성도 크다. 많은 사람이 자기 집을 가진다고 국민경제가 안정되고 개인의 복지 수준이 높아지는 것이 아니다. 집값과 집세가 안정되어야 국민경제의 경쟁력이 강해지고 국민 생활의 질이 높아지는 것이다.

투기의 대상과 방법

우리가 일상적으로 접하는 대표적인 투기 대상은 주식과 부동산이고, 많은 사람이 주식과 부동산 투기에 실제 참여하고 있다. 그러나 현실 세계를 잘 들여다보면 투기 대상은 훨씬 다양하고 많다. 돈 버는 것과 관계되는 거의 모든 것은 투기 대상이 될 수 있다. 금은 같은 귀금속, 달러나 유로 같은 외국 돈, 정부나 기업 등이 발행한 채권도 일반화된 투기 대상이다. 원유·가스·석탄 등 에너지, 구리·철 등 금속, 밀·옥수수 등 곡식, 소고기·돼지고기 등 육류도 손쉬운 투기 대상이 되고 있다. 또 우리나라에서 많이 이루어지는 밭떼기를 생각하면 채소나 과일도 투기 대상이다. 역사적으로 보면 실질적인 가치가 별로 없는 것에도 엄청난 투기가 발생한 사례가 있다. 17세기 네덜란드에서 벌어진 튤립 투기가 대표적이다.

그리고 주식·채권·외환 등 금융자산과 원유·농작물 등을 기초로 한 새로운 상품(파생상품)이 생겨나면서 투기 대상은 더 커지고 다양해졌다. 금융공학이라는 이름으로 금융상품의 일부, 전부 또는 다른 상품과 결합해 또 다른 금융상품이 만들어지고 있다. 날씨와 관계된 파생금융상품도 만들어져 미국 상품선물거래소에서 거래되고 있다. 경제활동에 영향을 미치는 거의 모든 것은 파생상품으로 만들 수 있는 상황이다.

또한 꼬리가 몸통을 흔들듯 파생상품이 원래의 기초상품보다 거래 규모가 크고 활발한 경우가 많다. 파생상품 거래는 투기성이 강해 도박판과 거의 비슷한 면이 있다. 주식·채권·환율 등의 투기는 상승·하락 등 방향성만 맞으면 시간을 갖고 버티면 돈을 벌 수 있지만, 파생상품은 방향성뿐 아니라 언제 오르고 언제 내릴지 그 시기까지 맞추어야 돈을 버는 경우가 대부분이다. 또한 일부 파생상품은 투자 손실이 투자 원금 범위로 제한되는 주식·채권과는 달리 한없이 커질 수도 있다. 인간의 능력으로는 어렵고 신도 정신 바짝 차려야만 돈을 벌 수 있는 것이 파생상품 투자인 것 같다.

투기 대상이 이렇게 다양하고 복잡해지면서 투기를 통해 돈을 버는 방식도 다양해질 수밖에 없다. 각 분야의 고수들이 자기 나름의 방식을 갖고 고군분투하고 있으며 계속 새로운 방식을 고안하고 있다. 이러한 여러 투기 방식을 모아보면 크게 세 가지로 나누어볼 수 있다. 첫째가 거래 상대방을 투기적 시장의 기본 속성인 탐욕이나 공포에 빠뜨려 돈을 버는 방식이다. 둘째는 남보다 우월한 시장정보나 시장 분석 능력으로 돈을 버는 방식이다. 셋째는 시장의 흐름을 자기에게 유리한 방향으로 바꾸어 돈을 버는 방식이다. 이 세 가지 방식을 조금 자세히 살펴보자.

첫째, 인간의 탐욕을 부추기는 방식은 투기세력이 돈 버는 가장 고전적인 방식이다. 어떤 주식이나 물건에 대한 그럴듯한(다소 허황되어도 괜찮다) 소문을 내면서 해당 주식이나 물건을 사들여 가격을 올린다. 가격이 계속 올라가면서 탐욕을 이기지 못한 사람들이 돈을 벌려고 몰려들면 팔아버리는 것이다. 즉, 쥐꼬리 같은 것을 정력에 좋다거나 피부미용에 좋다고 소문을 내고 사들였다가 가격이 오르고 사려는 사람이 많아지면 팔아버리는 방식이다. 기획부동산이라고 불리는 부동산 투기꾼이 사용하는 방법도 이와 유사하다.

반대로 사람을 공포에 빠뜨려 가격을 폭락시킨 다음 헐값에 사는 투기 방식은 다소 고차원적(?)이다. 공포가 커지는 하락 장세는 탐욕에 들뜬 상승 장세보다 만들기가 조금 더 어렵다. 이미 투자한 사람들은 나름 정보력이 있기 때문이다. 1997년 동남아 금융위기나 한국의 IMF 사태 시 국제투기자본의 과도한 공격, 2010년 유럽 재정위기 시 그리스·스페인 국채 등에 대한 과도한 매도 등의 경우 공포를 이용하려는 투기세력이 있었다고 보인다. 역사적으로는 1815년 워털루전투에서 나폴레옹이 패전한 후 로스차일드Rothschild 가문이 영국에서 큰돈을 벌고 그 이후 여러 번 경쟁자들을 무너뜨리기 위해 사용한 방법이 유명하다.

둘째, 남보다 앞선 정보를 이용하는 방법도 투기판에서 많이 사용된다. 기업의 대주주나 경영진이 기업의 투자계획과 대규모 수주 등 내부 정보를 이용한 주식 투자, 공무원 등이 정책 수립 계획이나 개발 계획 등을 이용한 부동산 투자와 주식 투자 등이 있다. 이러한 것은 불법이고 강력한 처벌이 필요한 대상이다. 로스차일드 가문이 사설정보망을 이용해 남보다 앞선 정보를 바탕으로 돈을 벌었듯이 많은 투자자가 좋은 정보를 찾고 있다. 그러나 돈이 되는 따끈따끈한 정보를 얻기란 쉽지 않다. 돈을 벌 수 있는 좋은 정보가 많이 있다면 주식시장에서 돈을 벌기 어렵다는 효율적 시장 가설이 성립하지 않을 것이기 때문이다.

한편으로는 비밀 정보가 아닌 드러난 자료와 통계에 자신의 분석력을 이용해 돈을 벌려는 시도도 있는데 대표적인 것이 기술적 분석에 의한 주식 투자다. 좀 더 고차원적 방식으로는 방대한 과거 자료에다 고도의 금융공학적 지식을 접목해 돈을 벌려는 시도도 있었다. 노벨경제학상 수상자 등 당대 최고의 전문가들이 만든 LTCM Long-Term Capital Management 펀드가 좋은 예다.

셋째, 시장 흐름을 바꾸는 방식은 대표적인 것이 사재기다. 허생전의 허생이 과일 등 제사용품과 갓 만드는 말총을 모두 사들여 시중에 물건이 없게 만들어서 값을 올린 다음 팔아 돈을 번 것과 같은 방식이다. 현실에서는 소설처럼 쉽지는 않다. 자금 조달과 보관 비용이 만만치 않고 실패했을 때 손실이 크기 때문이다. 또한 경제가 발전하고 개방화되면서 대체품이 생기고 수입할 수 있게 되어 사재기 방식의 투기는 더 어려워지고 있다.

이 외에 잘못된 정책 등으로 주가, 환율, 금리 등의 시장가격이 경제 기초여건과 크게 괴리되어 있을 때 이를 공격해서 돈을 버는 방식도 있다. 이 경우 투기세력은 시장가격을 변동시킬 수 있을 정도의 자금 동원 능력이 있어야 하고 공격 시기가 적절해야 한다. 이는 1994년 유럽 통화 위기 시 조지 소로스 George Soros가 돈을 번 방식이다. 다음은 구체적인 투기 방법 중에서 역사적·경제적 의미가 있는 로스차일드 가문, 조지 소로스, LTCM 펀드에 관해 이야기해보고자 한다.

로스차일드 가문 이야기

로스차일드 가문은 1743년 태어난 독일계 유대인 메이어 암셀 로스차일드Mayer Amschel Rothschild에 의해 시작되어 1800년대 유럽의 금융·경제·정치를 주름잡았다. 1·2차 세계대전을 거치면서 가문의 경제적 위상은 쇠락했으나 이야기 속에서 또는 음모론을 통해서 로스차일드 가문 이야기*는 신화화되고 있다.

음모론에 등장하는 대표적인 이야기는 로스차일드 가문의 후예가 유대인 비밀결사인 프리메이슨의 수장으로서 세계의 정치·경제를 뒤에서 조정한다는 것이다. 또한 시온의정서를 바탕으로 유대인에 의한 세계 통일정부를 만들려는 데 핵심 세력이라거나, 미국의 재벌 록펠러와 함께

---

* 로스차일드 가문 이야기는 프레데릭 모턴, 『250년 금융재벌 로스차일드 가문』, 이은종 옮김(주영사, 2009)을 많이 참조했다.

세계 금융·경제의 실질적인 지배자이며 미국 중앙은행도 실제는 로스차일드 가문의 지시에 따른다는 등의 이야기도 있다. 이러한 전설 따라 삼천리 같은 이야기는 음모론을 좋아하는 사람의 몫으로 남겨놓고 역사적으로 어느 정도 확인된 사실을 근거로 로스차일드 가문의 생성과 돈 번 과정, 특히 투기 방식 등에 관해 간략히 알아보자.

로스차일드 가문의 창시자 메이어 암셸은 1743년 독일 마인 강변에 위치한 도시인 프랑크푸르트의 유대인 거리(게토)에서 태어나 뉘른베르크 랍비학교에 다니다 부모의 사망으로 학업을 중단했다. 그리고 하노버 유대인 금융업자 오펜하이머Jacob Wolf Oppenheimer 밑에서 도제 수업도 했다. 이를 볼 때 학식과 금융에 대한 기초 지식은 상당한 사람이었다. 더 큰 꿈이 있어서인지 1764년 하노버에서 프랑크푸르트로 돌아와 옛날 동전 판매와 환전업을 했다.

로스차일드는 독일어로 '붉은 방패Rotschield'에서 나왔으며 메이어 암셸 조상들이 잘살 때 살던 집의 간판이 붉은 방패였고 이것이 로스차일드 가문의 성이 된 것이다. 메이어는 당시 프랑크푸르트 지역(헤센)의 지배자인 하나우 빌헬름 공에게 옛날 동전을 팔고 그의 자산을 관리하면서 부를 쌓아나갔다. 빌헬름 공은 영지 내의 군인을 다른 나라에 용병으로 보내고 대부업을 하여 당시 유럽 귀족 중에서도 아주 큰 부자였다. 메이어 암셸은 사업을 계속 확장하는 과정에서 큰아들에게 독일을 담당케 하고 다른 네 아들은 오스트리아, 영국, 이탈리아, 프랑스로 보내 사업을 국제화했다. 이때 로스차일드가 돈을 번 방법의 하나가 아들들의 국제적인 네트워크를 이용한 것이었다.

로스차일드가는 영국의 맨체스터로부터 면직물을 수입해 판매하고 있었고 빌헬름 공은 영국에 용병을 보내 대금을 영국 국채로 받고 있었다. 로스차일드가는 빌헬름 공의 영국 국채를 할인 매입해 그 국채로 영국 면직물 대금을 지급했다. 한쪽에선 할인 수수료를 받고 다른 쪽에선 환전 비용을 절약한 것이다. 초보적인 국제금융업무로 많은 돈을 번 셈이다.

로스차일드가가 진짜 큰돈을 번 것은 나폴레옹전쟁 시기였다. 돈이 되는 일이라면 무엇이든 얼마나 위험하든 했다. 첫째로, 나폴레옹이 영국을 고립시키기 위해 실시한 대륙 봉쇄 시기에는 밀무역을 통해 돈을 벌었다. 위험이 컸지만 수익도 컸다. 둘째는 스페인 등 유럽 대륙에서 전쟁을 치르는 영국군의 군자금을 로스차일드가의 네트워크를 이용해 전달해주면서 돈을 벌었다. 셋째는 많이 알려진 이야기로 1815년 6월 나폴레옹이 지금 벨기에의 워털루에서 패전했다는 소식을 빨리 알아 영국에서 큰돈을 번 것이다.

로스차일드가는 비둘기(전서구)를 이용해 나폴레옹의 패전 소식을 하루 전에 알아 영국의 패전 가능성 때문에 크게 값이 내려간 영국 국채를 미리 사들여 돈을 번 것으로 알려져 있으나 실제는 많이 다른 것 같다. 로스차일드가는 유럽 전역에 사설 정보망을 구축하고 있었으며 나폴레옹의 워털루전투 패전 소식도 정보망의 정보원을 통해 직접 얻었다. 로스차일드가의 정보원은 나폴레옹의 패전 결과가 보도된 현지 신문을 가지고 현재 벨기에의 오스탕드Ostend 항구에서 배편으로 영국의 포크스톤Folkestone 항구에서 기다리는 나탄 로스차일드Nathan Rothchild(메이어 암셸의 아들)에게 소식을 전해주었다고 한다.

나탄은 웰링턴 장군의 전령보다 런던으로 빨리 와 증권거래소에서 거대한 공포의 투기판을 벌인 것이다. 이때 이미 나탄 로스차일드는 웰링턴 장군의 군자금 전달 등으로 영국 금융계의 거물이었고 많은 투자자들은 나탄의 행동을 예의 주시하고 있었다. 나탄이 당시 많은 돈을 동원해 영국 국채를 샀다면 돈을 별로 벌지 못했을 것이다. 다른 사람도 국채를 사고 국채값이 빠르게 올라 큰 수익을 낼 수 없기 때문이다. 반대로 나탄은 보유하던 영국 국채를 모두 팔았다. 국채값은 계속 떨어졌지만 계속 팔았고 시장에서 나폴레옹이 이기고 영국이 졌다는 소문이 떠돌게 되었다. 당시 워털루전투는 나폴레옹이 유리했고, 웰링턴 장군 승리는 나폴레옹 측의 몇 가지 어이없는 실책의 결과였다. 국채값은 더 떨어지고 공포에 빠진 투자자들은 한 푼이라도 건지고자 가지고 있던 국채를 앞다투어 팔게 되었다. 이때 나탄은 헐값으로 떨어진 영국 국채를 사들였다. 조금 지난 후 영국의 승전 소식이 증권거래소에 날아들었지만 공포가 지배했던 투기판은 끝난 다음이었다.

남보다 앞선 정보만으로 큰돈을 벌기란 어렵다. 투기판을 탐욕에 눈이 어두운 거대한 상승장으로 만든 다음 팔아치우거나, 공포에 떠는 대폭락 장으로 만든 다음 사들어야 큰돈을 벌게 되는 것이다.

로스차일드가는 1800년대에 전성기를 누렸고 당시 세계경제의 지배자이며 유럽 정치의 막후 조정자였던 것은 틀림없다. 영국 정부가 이집트의 수에즈운하를 산 것도 로스차일드 가문의 정보력과 자금력에 의존해 이루어졌다. 금융 이외에도 철도사업과 광산개발 등에서도 큰돈을 벌었다. 왕과 귀족들은 로스차일드가의 돈을 빌려 썼고 로스차일드가를 통해 돈을 불렸다.

당시 국왕(국가)에 대한 대출은 우량 기업에 대한 대출보다 금리가 높고 거액이 필요했다. 전쟁에서 지거나 권력 다툼에서 패하면 원금까지 날리는 경우가 대부분이었기 때문이다. 이러한 고위험·고수익 투자에서 정보망과 막후 조정력을 통해 높은 이익을 얻었다. 로스차일드가는 경쟁 상대가 생기거나 어떤 국가의 국왕과의 관계가 나빠지는 경우 시장을 하락의 공포 속에 빠뜨리는 방식을 통해 문제를 해결했다. 즉, 막대한 자금력을 이용해 경쟁 기업의 주식이나 문제 국가의 채권을 사 모은 다음 필요한 시기에 일거에 내다 팔면서 적당한 루머를 퍼뜨리면 시장은 공포의 폭락 상태에 빠져버리게 되었다.

이렇게 유럽의 금융·경제·정치를 지배하던 로스차일드가는 시간이 가면서 조금씩 쇠퇴하기 시작했다. 1860년 가리발디의 이탈리아 통일전쟁의 결과 이탈리아 로스차일드가의 근거지인 나폴리 왕국이 소멸하자 이탈리아의 로스차일드가는 이탈리아에서의 사업을 접고 프랑스로 이주했다. 1901년에는 로스차일드가의 발상지인 프랑크푸르트의 로스차일드 상회도 문을 닫았다. 로스차일드가는 창업자의 유언에 따라 아들만 경영에 참가하게 되어 있었다. 프랑크푸르트 로스차일드 상회는 가문의 창업자인 메이어 암셸의 큰아들 암셸이 경영했다. 암셸은 아들이 없어 조카 두 명을 데려다 후계자로 삼았으나 두 명의 조카마저 아들이 없어 문을 닫은 것이었다.

당시 독일의 빌헬름 황제는 런던, 파리, 비엔나 로스차일드 상회에서 가족을 프랑크푸르트로 보내 상회를 지속시키기를 요청했으나 로스차일드가는 프랑크푸르트 상회를 청산했다. 지나서 보니 잘한 결정이었다. 제1차 세계대전 이후 히틀러의 등장으로 1938년에 비엔나의 로스차일드 상회는 많은 자산을 빼앗기고 문을 닫게 되었다. 로스차일드 오스트리아 가문은 스위스, 미국, 영국 등지로 흩어졌다. 아마 프랑크푸르트 상회가 그때까지 남아 있었다면 비슷한 일을 당했을 것이다.

제2차 세계대전 이후에 런던과 파리의 로스차일드 상회는 살아남았으나 외형적으로 크게 축소되었고 그 이후 뚜렷한 발전이 없었다. 로스차일드 가문이 쇠퇴한 주요 원인은 첫째, 1800년대 말부터 민족국가의 융성으로 국가의 조세수입 등 재정 규모가 커지고 중앙은행제도의 도입 등으로 국가와 국왕을 상대로 한 금융에서 수익을 내기 어려워졌다는 것이다. 둘째, 세계경제의 새로운 중심지인 미국으로의 진출이 너무 늦었다는 것이다. 남북전쟁 당시 진출했다가 성과가 없었으며 1940년대에 들어 월가에 조그맣게 진출하기 시작했다. 셋째, 가족 간 동업partnership 형태의 경영은 기업의 확장에 어려움이 있을 뿐 아니라 상속세의 부담이 커 세대가 바뀔 때 기업 규모가 줄어들게 되었다.

이제 로스차일드 이름을 지닌 세계적인 거대 은행이나 거대 기업은 남아 있지 않으나 로스차일드 가문 사람 중 상당수는 개인적으로 큰 부자일 것이다. 또한 이들이 어떤 비밀결사를 통해 세계 정치·경제를 지금도 좌지우지하려고 할 수도 있다. 그러나 음모는 꾸밀 수는 있겠지만 이들도 인간인지라 뜻하는 대로 세상을 만들 수는 없다. 로스차일드 가문의 발상지인 프랑크푸르트 상회가 2대에 걸쳐 아들이 없어 문을 닫을 수밖에 없었고, 히틀러의 비밀경찰 앞에 로스차일드의 비엔나 상회가 거의 모든 것을 빼앗기고 쫓겨나는 것을 보면 로스차일드 가문 사람들도 불완전한 인간일 뿐이다.

조지 소로스의 투기와
유럽 통화위기

1992년 9월 16일 런던의 금융 중심지 런던시티의 심장 격인 영국 중앙은행Bank of England(영란은행)에서 과거에 없었고 앞으로도 발생할 가능성이 거의 없는 사건이 일어났다. 9월 16일 오전 영란은행은 두 차례 금리를 인상했다. 먼저 정책금리minimum lending rate를 10%에서 12%로 올렸으나 시장이 실망하자 조금 후 12%에서 15%로 인상했다. 이것만이 그날 사건의 전부는 아니었다. 금리를 두 차례 인상했는데도 시장에서 파운드화에 대한 투기세력의 공격이 계속되자, 오후에 정책금리를 15%에서 10%로 다시 내리고(원위치하고), 유럽환율조정메커니즘European Exchange Rate Mechanism: ERM을 탈퇴해 변동환율제로 복귀했다.

중앙은행이 하루에 두 번 각각 2%p, 3%p 금리를 올리고 그날 다시 5%p 내리는 치욕적인 사건은 앞으로 다시 발생하기 어려울 것 같다. 금융시장에는 '중앙은행에 맞서지 마라'는 금언이 있다. 그런데 이날 사건은 중앙은행의 참패로, 투기세력도 중앙은행을 이길 수 있다는 것을 보여주었다.

당시 유럽공동체EC 주요국은 회원국 간 통화가치의 안정을 위해 회원국의 환율이 일정 범위 내로 움직이게 하는 유럽환율조정메커니즘을 1979년 3월 도입해서 운영하고 있었다. 영국은 1990년 10월 유럽환율조정메커니즘에 가입했으나 성장 둔화, 실업 증가 등과 함께 독일과의 정책 공조가 쉽지 않아 1992년 하반기부터 환율 유지 가능성에 대해 의문이 커지고 있었다.

독일은 통일 이후 물가 상승, 재정적 누증, 통화 팽창 등으로 1991년 초부터 고금리정책을 추구해왔다. 다른 유럽환율조정메커니즘 가입국도 경제 상황이 나빠도 환율을 유지하고자 고금리정책을 쓸 수밖에 없었다. 특히 경기침체, 고실업 등 경제 기초여건이 취약한 영국, 이탈리아, 스페인, 포르투갈 등의 어려움이 더욱 컸다. 이에 대해 독일은 영국 등에 환율 재조정을 요구했으나 해당 국가는 평가절하의 악순환을 우려해 반대로 독일의 금리 인하를 주장하여 해결 가능성이 거의 없었다.

이러한 거시경제의 불균형, 정책 부조화의 틈을 투기세력이 비집고 들어온 것이다. 헤지펀드의 운영자인 조지 소로스는 차입에 의한 영국 파운드 매각, 독일 마르크 매입 방식으로 파운드화를 집요하게 공격했다. 조지 소로스는 가지고 있던 채권 등의 담보를 이용해 런던 등 금융시장에서 영국 파운드화를 빌리고 이 돈으로 독일 마르크화를 사들여 은행에 예치한다. 매입한 독일 마르크화 예금을 담보로 다시 파운드화를 차입하고, 차입한 파운드화를 팔아 독일 마르크화를 매입하는 방식을 계속하는 것이다. 이렇게 하면 종잣돈의 20배 정도의 파운드화를 차입해 마르크화를 매입할 수 있다. 파운드 차입 금리가 1개월 금리(월리) 1%이고 1개월 이내에 파운드화가 5% 절하(마르크화 절상)되면 4% 정도의 수익을 단기간에 올릴 수 있다. 즉, 1억 파운드의 종잣돈으로 몇 주 만에 1억 파운드 가까운 순수익을 낼 수 있다.

이러한 파운드화 공격 방식으로 조지 소로스는 당시 수억 달러(어떤 사람은 수십억 달러로 추정) 이상을 벌었으며 국제금융계의 거물로 등장했다. 헤지펀드의 운영자가 세계 중앙은행의 원조인 영란은행에 비참한 패배를 안겨주었다. 다행히 영란은행은 중앙은행의 원조이기는 하나 모범적인 중앙은행은 아니었기 때문에 중앙은행 사람이 볼 때 덜 창피한 일이었다. 세계에서 모범적인 중앙은행을 꼽으라면 독일 중앙은행인 분데스방크Deutsche Bundesbank(현재는 유럽중앙은행), 미국 중앙은행인 Fed라고 생각된다.

영국은 이때 유럽환율조정메커니즘에서 탈퇴한 이후 복귀하지 않았고, EU 회원국이기는 하나 단일통화 등 유럽 경제통화동맹에 소극적인 입장을 보이고 있다. 투기세력의 공격은 영국에만 국한하지 않고 1992년 9월 16일 이전에 이미 경제 기초여건이 취약한 스페인, 포르투갈, 이탈리아, 아일랜드, 스웨덴 등 유럽 여러 나라로 확산되고 있었다. 유럽 전역은 투기장이 되고 유럽 통화위기가 본격화되었다.

통화위기currency crisis는 외환위기foreign exchange crisis의 다른 표현이다. 외환위기는 경제 기초여건 악화, 국제적 신용 경색, 시장참가자의 급격한 행태 변화 등으로 환율 급등과 고정환율제 붕괴, 나아가서는 외환보유액 고갈, 대외 채무 지급 불능 상태를 초래한다. 외환위기는 선진국보다 중남미 국가 등 개발도상국에서 주로 발생했다. 그러나 1992년 유럽 통화위기는 뉴욕과 함께 국제금융시장의 양대 축의 하나인 영국 런던에서 촉발되어 유럽 전역으로 확산되었다. 투기세력의 공격은 유럽 여러 나라에서 이루어졌고 1992년 9월 16일 투기세력이 영국에서 승리함으로써 경제 기초여건이 양호하고 정책 신뢰도가 높은 독일과 네덜란드를 제외한 전 유럽이 투기장이 되었다. 조지 소로스의 파운드화 공격 방식은 자금이 많이 필요 없고 어렵지 않기 때문에 많은 투기세력이 유사한 방식으로 나름 이유를 만들어 유럽 여러 나라의 통화를 공격했다.

이탈리아의 리라화는 시장의 압력을 이기지 못하고 영국 파운드화에 이어 유럽환율조정메커니즘을 탈퇴했다. 스페인 페세타화는 5% 평가절하한 후에 겨우 유럽환율조정메커니즘 체제에 잔류할 수 있었다. 아일랜드는 당시 경제 기초여건이 양호한 상태였으나 영국과 교역 관계가 많았기 때문에 영국의 파운드화 가치 하락으로 가격 경쟁력 유지가 어려울 것이라는 시장의 기대 때문에 공격 대상이 되었다. 포르투갈도 당시에 큰 문제가 없었으나 스페인의 평가절하와 맞물려 투기세력이 공격했다.

스페인, 아일랜드, 포르투갈 등은 투기세력의 공격이 심해지자 중앙은행의 시장 개입으로는 한계가 있어 자본거래에 대한 규제 강화 정책을 채택했다. 외국 투기세력이 자국 통화의 차입 후 매각하는 방식으로 공격하는 것을 방지하기 위해 금융기관이 비거주자(외국인)에게 대출하는 경우 동일 금액을 중앙은행에 무이자로 예치하게 하는 강력한 조치를 취했다. 이어 비거주자에게는 자국 통화의 스와프거래도 금지했다. 이러한 정책은 외환 자유화를 실시한 선진국에서 정책 기조를 한참 뒤로 돌리는 것으로서 시장의 신뢰를 잃는 것이지만 투기세력의 공격이 워낙 강해 어쩔 수 없는 선택이었다.

이러한 자본 규제 말고도 앞으로 다시 시행되기 어려울 것 같은 충격적인 조치도 있었다. 당시 스웨덴 중앙은행은 은행에 대한 한계대출금리marginal lending rate*를 500%로 인상했다. 선진국에서 중앙은행이 금리를 대부업체 수준으로 올린 것이다. 금리를 이렇게 올린 것은 조지 소로스의 공격 방식을 보면 이해할 수 있다. 조지 소로스는 종잣돈을 기초로 반복적인 차입, 즉 레버리지를 높여 큰 수익을 올리는 방식이다. 따라서 투기세력이 공격한 통화의 환차익이 1개월 만에 5% 정도 발생한다 하더라도 차입 비용이 커지면 수익을 기대할 수 없다. 즉, 시중금리가 악덕 대부업체 수준인 연 500% 정도 되면 한 달 금리가 40%가 넘는 것이기 때문에 평가절하에 따른 환차익이 아무리 커도 이자를 내고 나면 손해가 된다. 당시 스웨덴은 부동산 거품과 그 후유증으로 인한 은행 부실 등 어려움이 컸으나 시중금리를 대폭 올리는 극약 처방을 채택했다.

1992년 9월 유럽 금융시장은 300년 역사를 지닌 영란은행의 치욕, 일부 국가의 자본 규제 재도입, 대부업체도 놀랄 수준으로의 금리 인상 등 그야말로 아수라장이었다. 그러나 유럽 통합의 핵심 6개국(프랑스, 독일, 베네룩스 3국, 이탈리아) 중 이탈리아를 제외한 5개국은 투기세력의 공격을 받고도 잘 버티고 있었다. 이 나라들 중 투기세력의 가장 큰 먹잇감은 프랑스였다. 독일 마르크는 유럽의 기축통화로 공격 대상이 될 수 없었고, 네덜란드는 경제 기초여건이 워낙 탄탄해 빈틈을 찾기 어려웠으며, 벨기에는 정부부채 과다 등의 문제가 있었으나 경제 규모가 작아 먹잇감

---

* 한계대출은 중앙은행이 은행의 일시 부족 자금을 지원하는 1일짜리 대출이고, 한계대출금리는 1일물 시장금리의 상한 노릇을 한다.

으로 충분하지 못했다. 그리고 룩셈부르크는 자국 통화가 없었고 벨기에 프랑을 법정통화로 사용하고 있었다.

프랑스는 전통적으로 안정과 경쟁력 강화보다는 고용과 복지 확대를 우선하는 국가였다. 그러나 1980년대 말부터 단일통화 도입 등을 염두에 두고 안정을 우선하는 방향으로 정책 기조를 변경하면서 1992년경에는 물가가 안정되고 경상수지도 흑자 기조를 유지하고 있었다. 즉, 거시경제지표만으로는 프랑스 프랑화가 독일 마르크화에 비해 약세를 보일 이유가 없었다. 당시 독일은 통일에 따른 부담으로 경상수지 적자, 높은 물가, 정부부채 증가의 어려움을 겪고 있었다. 투기세력은 경제지표보다는 프랑스의 안정정책의 지속 가능성, 프랑스 중앙은행의 독립적인 통화정책 수행 능력 등이 독일보다 못하다는 이유로 프랑화를 공격했다.

유럽의 여러 나라에서 수익을 올린 투기세력들은 거의 모두 마지막 일전을 위해 프랑스로 모여들어 1993년 초에 정책당국과 투기세력 간에 거대한 싸움판이 벌어졌다. 투기세력은 규모도 커졌고 공격 방식도 파생금융상품과 역외금융을 활용하는 등 조지 소로스가 초기에 사용한 방식보다 더 다양했다. 프랑스 정부는 감독당국을 통한 창구 지도, 외환보유액을 활용한 시장 개입, 구두 경고 등을 통해 대응했다.

당시 프랑스 재무장관은 프랑스 프랑화가 경제 성과와 관계없이 공격받는 것은 단일 통화의 출현을 막기 위한 영미계(앵글로색슨) 자본의 계획된 행동이라는 음모론도 제기했다. 그리고 그는 지금이 프랑스혁명기였다면 투기꾼을 반혁명분자로 모두 잡아들여 단두대(기요틴)에서 목을 잘랐을 것이라는 극언도 서슴지 않았다. 투기세력에 대한 비판이 거세지자 조지 소로스는 영국 파운드화를 공격한 것은 자신이지만 프랑스 프랑화를 공격하지 않고 있다는 인터뷰까지 했다. 즉, 자신은 경제 기초 여건을 기준으로 투자하므로 경제 기초여건이 괜찮은 프랑스는 공격 대상이 아니라는 것이었다.

정책당국의 많은 노력과 경고에도 투기세력의 공격은 아랑곳없이 계속되었다. 투기세력은 프랑스 중앙은행의 시장 개입에 따른 외환보유액의 추정 감소 규모를 매일 공개하며 이대로 가면 프랑스 중앙은행의 외환보유액이 곧 고갈될 것이라고 공언하는 상황이 되었다. 프랑스는 영국보다는 오래 버텼지만 곧 유럽환율조정메커니즘의 탈퇴 등 백기를 들 것 같은 분위기가 당시 시장을 지배했다.

이러한 상황을 극적으로 반전시킨 것은 독일 중앙은행인 분데스방크의 성명서였다. "분데스방크는 프랑스 경제 상황이 양호하다고 평가하고 있으며 프랑스 중앙은행과 분데스방크의 협력 관계가 완벽하며 유럽환율제도의 안정을 위한 분데스방크의 의지도 확고하다. 그리고 프랑스 중앙은행이 필요로 하는 마르크화는 분데스방크가 제한 없이 지원할 것이다"라는 요지의 성명서가 발표되자 투기세력은 손해를 보고 싸움을 접을 수밖에 없었다. 프랑스 중앙은행은 외환보유액의 고갈을 더는 걱정하지 않아도 되었기 때문이다.

프랑스 프랑화 공격에 참여하지 않은 조지 소로스 등을 제외하고 대부분의 투기세력은 유럽 다른 나라에서 번 돈을 프랑스에서 거의 잃은 셈이다. 프랑스 프랑화와의 싸움에서는 영국 파운드화와는 달리 '중앙은행과 맞서지 마라'는 시장의 격언이 유효했다. 단지 중앙은행이 프랑스 중앙은행이 아니고 독일 중앙은행이었지만……. 시장의 신뢰를 받는 제대로 된 중앙은행을 갖고 있다는 것은 한 국가의 큰 자산이다.

당대 최고 전문가 집단인
LTCM의 투기

LTCM 사태는 일반에게는 잘 알려진 사건이 아니지만 국제금융계에는 큰 충격을 주고 위험관리의 관점과 방식을 바꾸는 계기가 되었다. 또 개인투자자들도 이 사건을 잘 음미해보면 투자나 투기 시 참고할 내용이 많다.

전보, 전화에 이어 인터넷, 이동통신 등이 일반화되고 사회의 투명성이 높아지면서 로스차일드 가문처럼 정보의 우위를 이용해 투기하기가 어려워졌다. 이에 따라 은밀한 거래나 나만이 아는 정보를 이용하는 것이 아니라 공개된 자료와 통계를 이용하되 뛰어난 시장 분석 능력을 바탕으로 돈을 벌려는 큰 시도가 있었다. 물론 이러한 시도는 과거에도 많았지만 주목을 받은 경우는 흔치 않았다.

1994년에 숄스Myron S. Sholes(노벨경제학상 수상자, 전 MIT 교수)와 머튼Robert C. Merton(노벨경제학상 수상자, 전 하버드 대학 교수)이라는 당대 최고의 금융경제학자와 미국 중앙은행인 연준 부의장을 지낸 뮬린스David W. Mullins Jr., 샐로먼브라더스Salomon Brothers 부회장 출신이자 전설적인 채권 투자자인 메리웨더John Meriwether 등이 힘을 합쳐 뛰어나고 확실한(?) 시장 분석 능력을 지닌 헤지펀드 운영회사를 만들었다. 이것이 LTCM으로 학계, 중앙은행, 투자은행에서 당대 최고의 전문가들이 완벽한 드림팀을 이루어 만든 투자회사였다.

LTCM은 설립 즉시 명성에 걸맞게 투자자금이 밀려들어 초기 자본금이 40억 달러에 이르고 단기간에 헤지펀드 업계의 선두 주자가 되었다. 설립 초기에는 성과도 뛰어났다. 1995년, 1996년에는 각각 40%, 1997년에는 20%의 높은 수익률을 실현했다. LTCM은 금융·경제적 논리와 이론, 과거 통계자료를 기초로 위험은 거의 없고 수익이 조금 있는 곳, 또는 과거 평균적인 차이보다 크게 격차가 발생하는 곳에 투자하는 방식을 주로 사용했다.

예를 들어 선물 가격과 현물 가격은 선물 계약 만료 시점에 가까워질수록 비슷해져야 하는데 시장의 일시적 불균형으로 두 가지 가격이 이론 가격보다 크게 벌어질 때 더 싸진 것을 매입하는 방식, 덴마크와 독일 국채의 경우 양국의 채무불이행 확률은 비슷한 반면 덴마크 국채가 유동성이 낮아 가격이 조금 싼데 이 두 국가의 가격 차이가 과거 통계치보다 크게 날 때 투자하는 방식, 우량 회사채와 국채 간의 금리 차이도 과거 기준보다 크게 벌어지면 투자하는 방식 등이다.

이러한 방식의 투자는 수익이 많지 않기 때문에 투자 원금 대비 어느 정도 목표한 수익(20~30%)을 내려면 차입을 늘려(즉, 레버리지를 높여) 투자할 수밖에 없었다. 투자한 국채와 회사채를 담보로 하면 차입은 어렵지 않게 늘려갈 수 있었다.

1997년 동아시아 금융위기가 발생한 이후 이러한 금융자산 간 금리나 가격 차이가 과거 역사적 평균치를 크게 넘어서자 LTCM은 유동성이 낮거나 신용도가 떨어지는 국채나 회사채에 대한 투자를 크게 늘렸다. LTCM은 조만간 금융시장이 정상화되면서 위험 프리미엄과 유동성 프리미엄이 줄어들어 자신들이 투자한 국채와 회사채 가격이 오를 것으로 생각했다. 그러나 시장 흐름은 반대였다. 특히 1998년 8~9월에 러시아가 루블화 평가절하와 국가 채무에 대한 지불유예(모라토리엄)를 선언함에 따라 저유동성, 저신용도 채권의 가격은 더 내려갔다.

LTCM은 차입을 늘려 투자했기 때문에 투자자산의 가격이 조금 올라도 수익이 커지지만 가격이 조금만 내려가도 손실도 같이 커지는 구조였다. 투자자산의 가격이 예상과 반대로 상당 기간 내려가자 LTCM은 바로 도산 상태에 빠지게 되었다. LTCM이 도산하고 보유 포지션을 모두 정리하면 시장 상황은 더 악화될 것이어서 미국 중앙은행은 채권금융기관에 구제금융을 종용했다. 1998년 9월 23일 14개 채권금융기관은 LTCM에 38억 달러를 출자해 경영권과 지분의 90%를 확보했다. LTCM은 실질적으로 도산하고 채권금융기관 관리하에 들어간 것이다. 그리고 시간이 지나 국제금융시장이 안정화되면서 LTCM 사태도 진정되었다.

LTCM은 출범 5년도 넘기지 못하고 사라져버렸지만 투자의 결정과 위험관리 분야에서 많은 교훈을 남겼다.

첫째, 앞으로 다시 모으기 어려울 정도의 드림팀으로 경영진을 구성하고 철저한 연구와 분석을 바탕으로 투자했지만 실패했다는 것은 투자나 투기가 지식과 정보에 좌우되는 것이 아니라는 것을 잘 보여주었다.

즉, 돈 버는 것은 감이나 타고난 운(?)에 더 큰 영향을 받는 것으로 어떤 사람이 투기나 투자를 해서 돈을 벌었다면 뛰어난 능력 덕분이 아니라 운이 좋았기 때문이라고 생각해야 한다는 것이다. LTCM도 이렇게 생각하고 1995년, 1996년 연 40%의 수익을 내고 펀드를 정리했다면 로스차일드 가문처럼 신화는 아니더라도 전설로는 남았을 것이다.

둘째, 단기적으로는 시장가격의 불일치를 이용한 무위험 차익거래 arbitrage의 기회가 있겠지만, 장기적 관점에서 보면 수익이 있으면 반드시 위험이 있다는 것을 확인시켜준 좋은 사례다. 금융기관의 최고 경영자는 누군가 또는 어떤 사업부에서 큰돈을 벌고 있다면 어떤 위험을 부담하고 있는지 찾아낼 수 있어야 한다. 즉, 담당자가 위험이 없다고 주장해도 위험은 반드시 있기 때문이다.

셋째, LTCM은 당대 최고의 전문가들이 만들어낸 정교한 위험측정모형과 방대한 통계자료를 기초로 위험을 관리했지만 실패함으로써 위험관리에 새로운 접근이 필요함을 보여준 사건이었다. 즉, 상관관계와 분산 효과에 기초해 위험요인을 외부에서 주어진 것으로 보는 현대 위험관리 기법의 한계를 인식하고, 금융시스템 전체의 측면에서 위험을 평가하는 거시적인 위험관리가 중요하다는 생각이 생겨난 계기가 되었다.

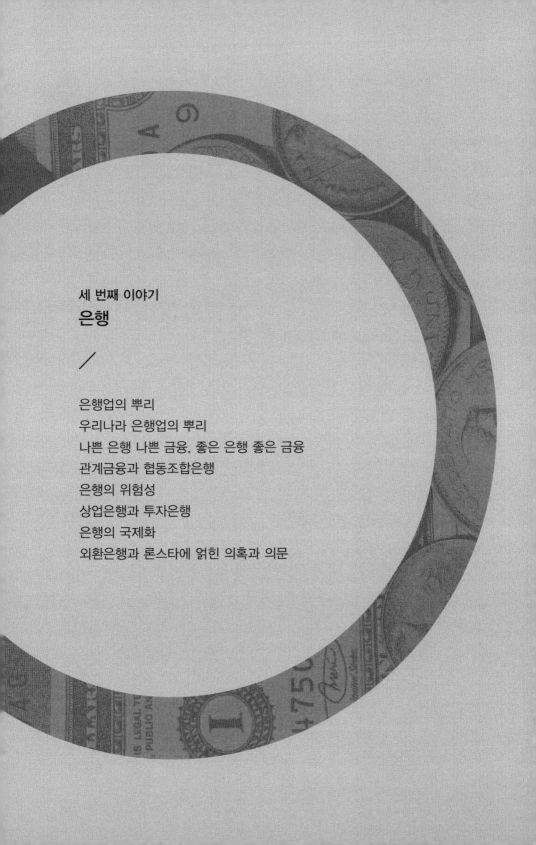

세 번째 이야기
은행

은행업의 뿌리

은행은 국민 다수의 경제활동과 일상생활에 깊숙이 들어와 있다. 예금, 대출, 공과금 납부, 송금, 환전 등의 전통적인 업무와 함께 인터넷뱅킹, 모바일뱅킹도 일반화되었다. 또한 은행에서 펀드도 구매하고 보험도 가입한다. 기업도 예금, 대출, 자금 결제, 수출입뿐 아니라 해외 투자와 인수·합병 등과 관련한 업무도 은행을 통해서 이루어진다.

현실 세계에서 은행이라는 이름을 가진 금융기관이 하는 구체적 업무는 나라마다 조금씩 다르지만 기본 업무는 예금, 대출 그리고 지급결제(환)다. 이 세 가지 업무를 온전히 수행하는지 여부가 은행을 증권회사나 보험회사 등과 같은 다른 금융기관과 구분 짓는 기준이 되기도 한다.

이러한 은행 업무의 뿌리*는 오랜 역사를 가지고 있다. 인류 최초의

---

* 은행업의 뿌리와 관련한 내용은 호머·실러, 『금리의 역사』, 이은주 옮김(리딩리

금융은 신석기시대에 종자, 가축, 농기구 등을 여유 있는 사람이 부족한 사람에게 빌려주는 과정(대출)에서 자연스럽게 나타났다고 보인다. 종자는 더 많은 종자를 만들고, 가축은 새끼를 낳고, 농기구는 생산을 늘릴 수 있기 때문에 늘어난 생산물 일부를 이자 명목으로 되돌려 받았을 것이다. 이자의 개념은 이러한 생산적인 대출에서 시작했지만 나중에는 음식물이나 옷과 같은 것을 빌려주는 비생산적인 대출에도 이자가 부과되었다. 이러한 자연발생적인 금융은 신석기시대에서 청동기시대, 철기시대로 넘어가고 국가의 등장 등으로 조금씩 제도화되고 원시적인 형태의 은행업을 하는 조직이 나타나게 되었다. 아시리아, 이집트, 바빌로니아, 인도, 그리스, 로마 등의 역사를 보면 예금, 대출, 환전 등 은행 업무에 관한 기록과 흔적인 많이 남아 있다고 한다.

인류 최고의 성문법인 함무라비 법전(기원전 1800년)에는 대출과 관련한 채권자와 채무자의 권리·의무 등이 상세히 기록되어 있다고 한다. 즉, 대출의 최고이자율(곡식 대출 연간 33.33%, 은 대출 연간 20%), 계약서 작성 방법, 상환 방법, 담보와 보증의 범위 등이다. 당시 사원은 여유 곡식과 귀금속 등의 보관과 대출 등의 은행 업무를 주로 수행했다. 또한 화폐뿐 아니라 환어음 등 어음도 결제 수단으로 사용되었던 것으로 알려져 있다.

금융과 은행업은 이렇게 세계 각지에서 오랫동안 다양한 형태로 발전해왔다. 그중 현대 은행업의 원형이 된 유럽 은행업의 뿌리를 간단히 살펴보겠다. 유럽에서 근대적인 은행은 은행의 기본 업무인 예금과 대

더, 2011)과 이석륜·이정수, 『은행개론』(박영사, 1994)을 참고했다.

출(환) 업무 중 어느 쪽을 우선했느냐에 따라 두 가지 형태로 나타났다.

첫째는 은행이 대출이나 결제(환) 업무를 중심으로 발전한 경우다. 11세기 이후 북부 이탈리아의 롬바르디아 지역에서 11세기경부터 성장한 금융업이 대표적이다. 11세기에 피렌체, 제노바, 베네치아 등 북부 이탈리아는 지중해 무역을 통해 상업이 크게 융성하고 아랍의 숫자와 수학이 들어와 계산법*이 발전했다. 이를 바탕으로 환전업, 대금업이 활발했다. 그러나 교황청에서 기독교 신자가 이자를 수취하는 것을 금지해 유대인이 대금업을 통해서 경제력을 키웠다. 13세기 들어 유대인에 대한 박해가 시작되어 유대인이 추방되자 현지의 롬바르디아인들이 이어서 환전, 대부 등의 금융업을 발전시켰다. 당시 기독교인의 이자 수취를 금지한 기독교 교리를 회피한 방식의 하나가 환어음을 통해 자금 결제나 환전을 해줌으로써 이자를 수수료 형태로 받는 것이었다.

환어음은 수출업자(채권자)가 외국에 물건을 팔고 외국의 수입업자(채무자)를 지급인으로 하고 제3자를 수취인이나 인수인으로 하여 발행한 어음이다. 환어음은 물건 도착 기간 등을 고려해 지급 기일이 2~3개월 후로 정해지는 것이 일반적이다. 금융업자는 외국의 수입업자가 물건 대금을 결제하기 전에 환어음을 사고 수출업자에게 환전 비용과 결제 비용, 이자 비용 등을 빼고 주는 방식이다. 이때 이자 부분도 포함되어 있지만 다른 비용과 섞여 있어 교황청에서도 그러한 방식을 인정해주었다. 나중에는 물건의 수출입이나 매매 없이 자금융통만을 위한 환어음

● 아라비아숫자라는 현재의 숫자가 사용되기 전 유럽의 계산법에서는 로마숫자(I, II, III, IV……)을 사용해 일반인이 지금의 고등 물리학 이상으로 배우기는 어려웠다.

(일종의 융통어음)도 발행되고 이를 통해 대출이 이루어졌다.

이러한 환전, 대금업을 기초로 한 금융업이 커지면서 은행으로 발전하게 되었다. 당시 최대의 은행은 피렌체의 메디치은행으로 로스차일드 가문이 등장하기 전까지는 메디치 가문이 유럽 최고의 금융 가문이었다. 북부 이탈리아 롬바르디아 지역에서 대출과 환전을 뿌리로 한 은행업은 현재까지 유럽의 은행에 흔적이 많이 남아 있다. 롬바르디아인이 시장에서 환전 등에 사용하던 테이블을 '방코banco' 또는 '방카banca'라고 불렀는데 이것이 은행을 뜻하는 단어 'bank'의 어원이 되었다.

또 중앙은행이 유가증권을 담보로 은행에 시장금리보다 조금 높은 금리로 단기신용을 공급하는 대출 방식을 롬바르드대출이라고 한다. 독일 등 유럽 대륙 중앙은행이 주로 사용하던 방법으로 현재는 유럽중앙은행, 한국, 일본, 미국, 캐나다 등도 사용한다.

둘째는 은행이 예금 업무를 기반으로 발전한 경우로 17세기 영국의 금세공업자goldsmith가 근대적인 은행으로 발전한 것이 대표적인 사례다. 17세기 영국의 부자들은 자신의 돈이나 귀금속을 런던탑 안의 조폐국에 보관했는데 1640년 영국 왕 찰스 1세가 재정 상황이 나빠지자 런던탑에 보관되어 있던 부자의 돈과 귀금속을 몰수했다. 그 이후 영국 사람들은 신용이 있고 안전한 보관 장소를 가지고 있던 금세공업자에게 돈이나 귀금속을 맡기게 되었다. 금세공업자가 맡아둔 돈이나 귀금속에 대해 보관증서를 발행했는데 이것이 유통되면서 지폐의 역할을 했다. 금세공업자는 이어 항상 일정량 이상의 귀금속이 찾아가지 않고 남아 있는 것을 알고 이것을 활용해 수표를 발행하거나 대출을 하게 되면서 본격적인 은행으로 발전하게 된 것이다.

영국에서 이렇게 발전한 민간 개인은행은 처음에는 예금, 대출, 결제 이외에 개별 은행 각자의 이름으로 은행권을 발행하는 발권 기능까지 수행했다. 그러나 1694년 영란은행 Bank of England이 주식회사 형태로 설립되고 중앙은행의 역할을 하게 되면서 일반 은행의 은행권 발행은 축소되었다. 영란은행은 처음에는 일반 은행과 같은 업무를 수행했으나 정부의 은행, 발권은행, 은행의 은행 등 중앙은행의 기능이 확대되었고 1844년에는 필 조례 Peel's Bank Act에 의거해 은행권 발행을 독점하게 되었다.

또 다른 특별한 형태의 은행으로는 중앙은행은 아니지만 대출을 하지 않고 보유 예금을 전액 보관하는 은행, 즉 예금 업무와 지급결제 업무만을 수행하는 은행이 있었다. 16~17세기에 있었던 북부 이탈리아의 지로 Giro은행, 네덜란드의 암스테르담은행, 독일의 함부르크은행 등이 대표적이다. 이 은행들은 대출 업무를 하지 못하므로 수익을 낼 수 없어 국가의 세금으로 운영된 공립은행이었다.

이 은행들은 돈과 귀금속의 안전한 보관, 원활한 자금 이체, 나라에 따라선 보관된 귀금속 등을 기초로 한 표준화폐 공급 등의 업무를 수행했다. 예금과 결제를 은행의 기본 업무로 본 것이다. 그러나 이탈리아의 일부 지로은행과 암스테르담은행은 보관하고 있는 돈을 국가나 특정 기관에 비밀리에 대출했고 이것이 부실화되면서 망했다. 예금과 지급결제 업무만을 하는 지로은행 등은 지로(자금 결제라는 의미)라는 용어만 남기고 역사 속으로 사라졌다.

현대의 은행은 예금과 대출을 동시에 취급하고 모두 중시하기 때문에 예금과 대출로 나뉘는 은행업의 뿌리는 역사적 의미만을 갖게 되었다. 그러나 은행, 신협, 저축은행 등과 같이 예금을 받고 대출을 하는 금융기관을 총칭하는 용어가 독일과 영미권이 다른 것은 은행업의 뿌리와 관계가 있는 것 같다. 독일 등은 은행, 신협, 저축은행 등을 합해서 신용기관credit institution이라고 부르고 영미권에서는 예금기관depositary institution이라 부른다. 즉, 명칭에서 독일 등은 예금과 대출 중 대출 기능을, 영미계는 예금 기능을 우선시하고 있다.

현대의 은행은 대출을 하는 신용공급기관이면서 예금을 수취하는 기관이므로 기업으로 생존해나가려면 계속 예금을 받고 대출을 할 수 있어야 한다. 계속 예금을 받으려면 고객의 신뢰가 지속되어야 하며, 대출을 하려면 자본력, 즉 경영 건전성이 유지되어야 한다. 이렇게 본다면 현대 은행업의 실질적인 뿌리는 신뢰와 건전성이며 둘 중 하나라도 무너지면 은행으로 존립하는 것이 불가능하다.

우리나라 은행업의 뿌리

우리나라 은행업의 뿌리*는 어떤 모습일까를 알아보는 것도 흥미 있는 일이다. 현재 우리나라 은행들이 국제경쟁력이 없고 금융의 기본 기능인 자금융통 기능을 제대로 수행하지 못하는 것은 은행업의 뿌리와도 관계가 있는지 모른다. 우리나라의 은행사나 금융사에 관한 연구가 별로 없어서 상상력을 보태 가볍게 이야기해보고자 한다.

한반도에서는 구석기시대부터 사람이 살았다고 한다. 세계 다른 지역에서와 마찬가지로 우리나라에서도 신석기시대에 들어 농경 생활을 하면서 종자, 가축, 농기구 등을 빌려주고 생산물로 이자를 받는 원시적 형태의 금융이 있었을 것이다. 고조선시대에 사용된 화폐로 추정되는

---

* 우리나라 은행업의 뿌리와 관련한 내용은 이석륜·이정수, 『은행개론』을 많이 참조했다.

명도전이 다량 발견된 것으로 볼 때 당시에는 상업이 어느 정도 발달하고 금융도 더 다양해졌을 것이다. 고구려 고국천왕 16년(서기 194년)에는 재상 을파소가 어려운 사람에게 무이자로 양곡을 대여하고 추수기에 돌려받는 진대법을 시행했다. 이때 귀족의 반대가 심했다는 기록이 있는 것으로 보아 귀족이 자신의 부를 바탕으로 대부업을 했을 가능성이 크다. 또 신라 문무왕 때에는 가난한 사람이 빌린 곡식에 대한 채무와 이자를 감해주었다는 기록이 있는 것으로 보아 삼국시대에 이미 화폐경제와 관계없이 대부업은 상당 수준 존재했던 것으로 보인다.

우리나라에서 상업이 융성하고 화폐경제가 커진 시기는 고려시대다. 고려 상인은 국내 상업과 함께 중국, 일본 등은 물론 멀리 중동 지역과도 활발하게 교역했다. 해동통보와 은화인 은병이 발행·유통되었고, 고려 말에는 저화라는 지폐도 사용되었다는 기록이 있다. 당연히 환전과 송금 등의 은행 업무가 이루어졌을 것이다. 또한 고려시대에는 국가의 지원과 특권을 바탕으로 부를 모은 절(사원)이 대부업자 역할을 했다. 고려시대 절의 대부업은 보寶와 장생고長生庫라는 이름으로 조직화되고 규모도 커졌다.

우리나라는 중세 유럽과는 달리 이자를 금지하는 법이나 관행이 없어 이자의 과다가 항상 문제가 되었다. 고려 문종 때(1020년)에는 최고 이자율을 연 30%로 하고 이자는 원금을 초과할 수 없다는 자모정식법을 제정했다. 고려 말 공양왕 시기에는 이자에서 이자가 발생하는 금리, 즉 복리로 대부업을 하는 것을 처벌하기도 했다. 이러한 이자율 상한제, 복리 방식 이자 부과 금지는 조선시대에도 계속되었는데 현실에서는 잘 지켜지지 않았던 것으로 보인다. 예나 지금이나 대부업은 고리로 서민을

힘들게 했던 것이다.

고구려시대에 진대법으로 시작된 서민에 대한 곡식대여제도는 고려시대에는 흑창·의창, 조선시대에는 의창·환곡으로 발전했다. 그러나 서민지원제도가 관리의 부정부패와 연결되면서 관에 의한 고리대부업으로 변질되기도 했다. 특히 환곡제도는 조선 후기에 와서 지방관과 아전의 치부 수단이 되었다. 정약용의 『목민심서』에 따르면 환곡은 백성의 뼈를 깎는 병폐가 되어 백성이 죽고 나라가 망하는 일이 눈앞에 이르게 되었다고 한다.*

이처럼 열악한 금융환경하에서 서민이 자금융통과 저축 등을 위해 자조적으로 활용했던 것이 계契다. 계는 신라시대의 가배에서 기원했다는 설이 있으며 고려, 조선시대로 오면서 활성화되고 다양화되었다. 계는 지역공동체를 기반으로 한 조직, 특정 집단이나 산업의 이익을 위한 조직, 관혼상제 등을 위한 상호부조 조직, 동호인 조직, 저축·대부 등을 위한 금융조직 등 다양한 형태가 있었다. 계는 이렇게 형태가 다양했지만 기본적으로 공동체의 상호부조적 특징을 띠고 있었다. 우리의 고유한 계가 협동조합 등과 같은 좀 더 체계화된 상호부조 조직으로 발전했다면 현재 우리나라 서민의 금융 여건도 많이 나아졌을 것이다. 계는 정책적 지원이 없었던 데다 공동체의 파괴, 서구적 제도 금융기관의 확대, 일부 계주의 잘못된 운영 등으로 계속 위축되어 현재는 흔적만 겨우 남은 상태다.

이러한 대금업, 서민에 대한 곡물 대여제도, 상호부조적인 계 이외에

---

* 정약용, 『정선 목민심서』, 다산연구회 편역(창비, 2005).

근대적인 은행업 및 금융업과 유사한 형태도 몇 가지 있다. 대표적 사례가 고유 어음於音제도, 객주客主의 상업금융 업무, 개성상인의 시변時邊제도 등이다.

첫째, 우리의 고유 어음제도는 기원이나 연혁은 명확하지 않고 조선 후기 상평통보가 많이 쓰이면서 활성화된 것으로 보인다. 우리 고유 어음은 현재의 약속어음과 같이 채무자가 채권자에게 발행했다. 어음은 직사각형 모양의 종이에 작성되었으며 중앙에 지급 금액, 상부에 작성 연월일, 하부에 발행자(채무자)의 성명을 기입하고 날인했다. 지급 기일이 기재된 것은 지급 기일에, 지급 기일이 기재되지 않은 것은 언제든지 지급 요구가 있으면 지급이 이루어지는 방식이었다. 일반적으로 어음은 단기로서 오일장을 기준으로 하여 5일, 10일짜리가 많았고 길어야 1~2개월 정도였다. 그리고 우리 고유 어음은 양도 가능했으며 무거운 상평통보를 대신해 편하고 실용적인 대금 지급 수단으로 널리 사용되었다.

둘째, 객주가 예금과 대출, 어음의 발행 및 인수, 환업무 등 은행과 유사한 업무를 수행했다. 객주는 이동하며 장사하는 객상(보부상 등)의 주인(주선하는 사람)을 의미하고 고려 말부터 있었던 것으로 추정된다. 객주는 전문적 금융업자는 아니지만 상품의 매매를 주선하고 보관 과정에서 다양한 금융 관련 업무를 수행하게 되었다. 객주는 위탁받은 상품을 매각했을 때 상품의 주인이 돈이 당장 필요하지 않으면 매각 자금을 예탁받고 이자를 지급했다. 이때 이자는 월 1~2% 정도였다. 반대로 객주는 위탁받은 상품이 바로 팔리지 않는데 상품의 주인이 돈이 필요하면 상품을 담보로 대출해주었다. 그리고 소상인에게는 토지나 가축을 담보로 잡고 영업 자금을 대출해주기도 했다. 대출금리는 연 30~40%에 이른 것으로 알려져 있다. 객주의 예금과 대출 기능이 확대되면서 왕실, 양반 등으로부터 여유 자금을 예탁받아 대신 운용해주는 경우도 많았다.

객주는 자신이 산 상품의 대금 지급을 위해 어음을 발행하거나 다른 상인이 발행한 어음을 인수했다. 신용 있는 객주가 발행하거나 인수한 어음은 현금과 같이 유통되었다. 그리고 객주는 원격지 상인이나 객주 사이에서 자금 이체나 송금 업무도 수행했다. 이렇게 볼 때 객주의 상업 금융 기능은 근대 은행업으로 발전할 수 있는 기반이 될 수 있을 정도로 다양했던 같다.

셋째, 개성상인 간에 이루어졌던 시변제도는 현재 금융기관 간 무담보 단기자금 대차 거래인 콜시장과 매우 유사하다. 시변제도는 자금의 대여자와 차용자 사이에 거간을 통해 담보 없이 신속하고 확실하게, 정해진 금리와 규칙에 따라 자금거래가 이루어지는 금융시장이었다. 시변 거래는 빌린 자금의 상환은 월말에 하는 것으로 정해져 있고, 차입 시점이 월초에서 월말로 올수록 금리가 떨어지는 구조였다. 예를 들어 월초 1~5일 사이에 빌린 사람은 원금의 1.25%를 모두 내고 6~10일 사이에 빌린 사람은 1%, 11~15일 사이에 빌리면 0.75% 등이다. 개성상인은 시변 제도를 통해 단기 여유 자금을 운용하거나 부족 자금을 쉽게 조달할 수 있어 다른 지역 상인보다 사업이 훨씬 유리했다.

조선 말기에 우리나라는 고유의 어음제도, 객주의 상업금융, 개성상 인의 신용에 근거한 자금대차제도 등 근대적 은행업의 뿌리가 상당한 정도로 발달했다. 개성, 종로, 의주 등의 일부 상인은 꽤 많은 자본도 축적 했을 것으로 보인다. 이러한 역사적 전통과 업적이 현재 우리의 은행산 업으로 이어지지 못한 것은 은행산업의 경쟁력 강화, 경제의 균형적 발전 등 여러 가지 측면에서 아쉬움이 많이 남는 부분이다. 그 원인은 많겠지만 다음 두 가지가 가장 큰 원인인 것 같다. 첫째는 일제가 식민지 침탈 과정에서 우리 은행업의 뿌리를 훼손한 것이고, 둘째는 해방 이후 제대로 된 은행 또는 금융산업 발전정책이 없었다는 것이다.

일제는 1905년 화폐개혁을 시행해 구화와 신화의 교환비율을 2대 1 또는 그 이하로 하여 한국인은 보유 화폐의 3분의 2 정도를 수탈당했다. 그리고 새로운 수형手形(일본식 어음) 조례를 발포해 우리 고유의 어음은 발행하지 못하고 새로운 수형을 신화폐로만 발행하게 했다. 이 과정에서 많은 종로상인과 객주 등 한국의 상인이 금융공황으로 파산했다. 또한 개항 이후 많은 일본계 은행과 대금업자가 들어와 금은, 쌀 등을 헐값에 수탈하고 고리대금업에 종사했다. 1890년대 말, 1900년대 초 한흥은행, 대한은행, 한성은행, 대한천일은행 등 민족 자본으로 은행이 설립되었지만 경쟁에서 일본계 은행에 밀리게 되었다.

일본계 여러 민간은행은 1905년 이후 일본 통감부나 총독부의 지원을 받아 식민지 조선의 은행업을 주도했고, 특수 은행인 조선은행과 식산은행 등과 함께 일본의 식민지 경영을 지원했다. 이 과정에서 민족 은행은 위축되고 우리 은행업의 뿌리인 고유 어음제도, 객주, 시변제도도 사라졌다. 뿌리가 깊었던 객주는 1930년 정도까지 명맥을 유지했던 것으로 알려진다.

해방 이후에도 우리 은행산업은 뿌리가 있는 전문 금융자본가에 의해 제대로 된 발전의 길을 걷지 못했다. 한국전쟁 이후 1954년 자유당 정부는 은행의 민영화를 추진했으나 일반 은행 주식을 일부 재벌에게 불하하는 데 그쳤다. 이는 은행이 대주주(재벌 등)의 사금고가 되고 정치자금의 공급원이 되는 폐단을 초래했다. 5·16 군사정변 이후 은행은 다시 국유화되었고 관치하에 경제개발을 위한 개발금융을 지원하는 역할만을 수행했다. 1981~1983년에는 시중 은행을 다시 민영화했으나 관치금융의 근본적인 틀을 벗지 못한 채 은행산업의 낙후성이 1997년 IMF 사태까지 이어졌다. IMF 금융위기 이후 은행산업은 여러 은행의 퇴출과 인수·합병, 공적 자금 투입 등 대대적인 구조조정이 있었다. 이 과정에서 몇몇 은행은 외국계로 넘어가고 살아남은 대형 은행 대부분도 주주의 50% 이상이 외국인이 차지하는 상황으로 변했다.

구조조정 이후 은행산업의 건전성, 수익성은 개선되었으나 은행산업의 국제경쟁력, 자금 중개 기능, 고용 창출 기능 등은 나아지지 못하고 더 악화된 면도 있다. 이렇게 된 데에는 IMF 금융위기 시 은행 부실화의 충격이 너무 커서 은행은 망하지 않고 문제만 일으키지 않으면 된다는 생각이 정책당국이나 국민 사이에 굳게 자리 잡았기 때문이다. 은행이 망하지 않고 건전성을 유지하는 것만으로는 은행산업이 발전하는 데 충분하지 못하다. 늦은 감이 있지만 우리나라의 은행산업도 하나의 산업으로서 또한 실물 부문에 대한 지원 부문으로서 제 역할을 할 수 있게 해야 할 때다.

나쁜 은행 나쁜 금융, 좋은 은행 좋은 금융

은행이나 금융에 대한 일반적인 인식은 좋은 편이 아니다. 셰익스피어 의 희곡 〈베니스의 상인〉에 나오는 냉혹한 사채업자 샤일록이 금융인이 나 은행원의 전형이 되기도 한다. 우리나라도 앞에서 설명한 대로 고리 사채의 역사가 깊다. 고려시대 사찰과 귀족의 사채부터 조선시대 지방 토호의 장리 쌀, 탐관오리의 환곡 등 다양했다. 지금도 이러한 전통 때문 일지 몰라도 여러 가지 부류의 개인 사채업자뿐 아니라 일본계 대부업체 까지 우리나라의 사채시장은 매우 활성화(?)되어 있다. 또 상당수 사람 들이 사채업자나 대부업체로부터 높은 이자와 불법 추심 등의 어려움을 당하고 있다.

이런 금융 피해가 커지면서 나쁜 은행, 나쁜 금융의 대표적인 형태로 약탈적 금융, 약탈적 대출이라는 말이 자주 사용된다. 약탈적 금융은 병 원비나 대학 등록금, 생활비, 사업자금 부족 등 상황이 절박한 사람에게 고금리 대출을 하는 것 이외에도 다음과 같이 여러 가지 형태가 있다.

첫째, 상환 능력이 부족한 사람에게 대출이나 금융서비스를 제공하고 그 사람의 다른 재산을 빼앗거나 곤경에 처하게 하는 것도 약탈적 금융의 대표적인 행태다. 예를 들어 미국의 서브프라임모기지나 우리나라 일부 주택담보대출과 같이 소득이 충분하지 못한 사람에게 대출해주어 집을 사게 한 다음 원리금을 상환하지 못하면 집을 경매에 부치는 경우가 있다. 또 다른 예는 2002~2003년 신용카드 사태 시 소득이 없는 학생이나 무직자 등에게 신용카드를 발급해 신용불량자로 만든 경우도 이에 해당한다. 과거 일제강점기에는 채무자가 빌린 돈을 갚으러 오면 사채업자가 일부러 피했다가 나중에 돈을 제날짜에 안 갚았다고 재산을 빼앗는 경우까지 있었다.

둘째, 고객의 금융지식 부족이나 부주의 등을 이용해 금융기관이 이익을 취하거나 고객에게 피해를 주는 것이다. 상호저축은행이나 증권회사 등이 고금리를 미끼로 금융을 잘 모르는 사람에게 부실한 후순위채권이나 기업어음 commercial paper: CP을 파는 것, 2008~2009년 중소 수출업체가 큰 피해를 본 키코 KIKO 사태가 대표적이다. 또한 연금보험이나 생명보험 등의 경우 고객에게 불리한 내용을 어렵게 표현하거나 깨알 같은 글씨로 쓰는 것 등이다.

셋째, 금융기관이 힘의 우위를 이용해 고객에게 손실을 주는 것이다. 대출을 하면서 예금이나 적금을 들게 하는 꺾기, 다른 금융상품을 강제로 같이 파는 끼워 팔기 등이다. 또한 경기가 좋아 돈이 별로 필요 없을 때는 돈을 쉽게 빌려 쓰게 했다가 경기가 나빠져 돈이 절실히 필요할 때는 힘의 우위를 이용해 대출을 줄이는 우산 뺏기 사례도 거론된다.

이러한 약탈적 금융뿐 아니라 한국에서는 신설기업, 영세기업, 저신용자 등 자금이 절실히 필요한 사람에게 자금을 융통해주는 금융의 기본 기능마저 취약하다. 즉, 대기업이나 우량 중소기업, 좋은 직장에 다니는 사람 등 외형적으로 신용 상태가 좋은 경우는 대출을 받기 쉬우나 그렇지 못한 경우는 대출을 받기가 매우 어렵다. 이렇게 금융이 제 기능을 못하는 데도 2012년까지는 대형 은행 등 금융기관은 많은 수익을 내고 고배당을 했다. 또 직원들에게 많은 급여를 주고 근무 환경도 좋다. 이러한 여러 가지 이유로 금융과 금융인에 대한 국민의 인식이 좋지 않다.

금융은 원래부터 이렇게 탐욕스럽고 사악한 것일까? 또 국민경제의 지속적 발전을 위해서 금융은 엄격한 규제를 통해 잘 돌아가지 못하게 해야 하는 산업일까? 금융은 어디 쓸 만한 구석이 별로 없고 국민경제에 부담만 주는 것인가? 이에 대해 한번 생각해보자.

자본주의사회에서 자본가계층(경제적으로 이미 성공한 사람)과 비자본가계층(경제적으로 아직 성공하지 못한 사람) 간의 가장 큰 차이는 자본력이다. 자본주의체제가 유지되는 상황에서 저축을 통해 비자본가계층이 자본가계층으로 이동하는 것은 많은 시간이 걸릴 뿐 아니라 저축 여력이 충분한 극히 일부 계층만 가능하다. 그러나 금융이 제 기능을 한다면 돈 없는 사람도 기술과 아이디어만 좋다면 성공해서 자본가가 될 기회가 많아진다. 특히 담보나 과거 실적이 아니라 사업성을 기준으로 대출이 이루어진다면 돈 없는 사람이 성공할 가능성이 더 커진다. 이렇게 되면 금융은 자본주의의 모순, 즉 자본가와 비자본가의 격차를 심화시키는 것이 아니라 모순을 개선하는 역할을 할 수 있다. 물론 쉬운 일은 아니지만 불가능한 것도 아니다.

다음으로 대형 프로젝트사업도 금융이 없으면 실행하기 어렵거나 돈이 아주 많은 기업이나 사람만이 할 수 있게 된다. 예를 들어 북부 아프리카 국가에 대규모 태양광 발전단지를 조성하는 사업을 추진하는 데 100억 달러가 소요된다고 하자. 한 명 또는 몇 명의 돈 많은 자본가가 자기 자금으로 한다면 참여할 사람이나 기업은 세계에 몇 없을 것이다. 100억 달러를 조달하기도 어렵겠지만 사업의 불확실성이 크고 잘못되었을 때 손실이 너무 크기 때문이다. 그러나 아이디어와 기획 능력이 있는 사람(모험적 사업가)과 자본가(투자자본), 금융기관(대출)이 합해지면 사업은 훨씬 쉬워진다. 자본 투자자는 모험적 사업가의 사업 아이디어를 금융기관의 전문 인력을 통해 평가할 수 있고 금융기관의 참여를 통해 투자자금의 규모를 줄이고 위험을 분산할 수 있다. 이러한 금융을 프로젝트 파이낸싱project financing: PF이라 하여 대형 프로젝트성 사업에는 거의 모두 이러한 금융기법이 적용된다. 이런 사업에서 북아프리카 국가의 토지나 태양광 발전설비와 같은 담보물은 사업이 잘못되었을 때 경제적 가치가 거의 없다. 따라서 북아프리카 지역 토지 등에 대한 담보물 평가 능력은 의미가 거의 없고, 사업성 평가 능력이 프로젝트 파이낸싱의 핵심이다.

금융기관의 이런 기능과 능력이 없다면 대형 프로젝트를 추진하기가 어렵다. 우리나라에서 프로젝트 파이낸싱이라 하면 상호저축은행의 상가, 아파트 등 부동산 개발금융으로 생각해 인식이 좋지 않으나, 원래 프로젝트 파이낸싱이란 산업단지, 발전소, 관광단지, 대형 플랜트 등의 설립을 추진하기 위한 금융으로 철저한 사업성 평가가 필요한 어려운 금융기법의 하나다. 한국 기업은 이런 대형 프로젝트에 참여할 때 거의 외국계 금융기관을 이용한다. 한국의 은행은 이런 능력과 경험이 거의 없기 때문이다.

금융이 발전하지 못했을 때 이익 보는 계층과 손해 보는 계층이 누구일까? 기득권층, 즉 이미 성공한 사람은 새로운 경쟁자가 쉽게 시장에 들어오는 것을 원하지 않기 때문에 금융이 발달하지 않을수록 이익이다. 따라서 금융의 발전을 원치 않는다. 기득권층은 금융의 발전 없이도 천천히 새로운 사업을 자신만이 할 수 있기 때문이다. 그러나 새로이 출발하는 사람은 금융의 도움 없이는 사업의 기회를 갖는 것이 거의 불가능하다. 물론 금융은 현실적으로 기득권층, 즉 가진 사람에게 더 많은 기회를 주는 경향이 있지만, 사업이 사업성만으로 평가된다면 새로이 시작하는 사람이나 후발 주자에게도 기회는 돌아간다.

금융을 이렇게 긍정적인 상태로 전환하는 것은 하나의 혁명과 같다고 볼 수 있다. 그러나 이런 금융혁명은 우리가 많이 경험한 정치혁명이나 산업혁명보다 훨씬 어렵다.* 정치혁명은 시민의 힘이나 총칼의 힘으로 정치체제나 지배계급을 바꾸는 것이다. 프랑스대혁명, 러시아혁명처럼 세계 역사를 뒤흔든 혁명부터 우리나라의 4·19혁명, 2010년 북아프리카 국가의 자스민혁명 등과 같이 다양한 형태로 많은 나라에서 발생했다. 산업혁명은 기술과 과학 등의 힘으로 생산방식을 바꾸어 경제력을 비약적으로 발전시키는 것이라고 볼 수 있다. 산업혁명은 18세기 영국에서 시작해 프랑스, 독일 등 유럽 대륙과 미국, 일본으로 이어진 다음

---

* 금융혁명, 정치혁명, 산업혁명에 관한 내용은 필자가 어느 책에서 본 것인데 책 이름과 저자를 찾지 못했다. 추후 확인되는 대로 출처를 명기할 것이다.

1960년대 이후 한국, 대만 등, 1980년대 이후 중국 등의 급격한 성장으로 연결되었다.

정치혁명과 산업혁명은 이렇게 많지만 금융혁명이 거의 없는 이유는 그만큼 기득권자의 저항이 크기 때문일지도 모른다. 혁명을 통해서 금융을 완벽한 상태로 바꾸는 것은 불가능할지 몰라도 '좋은 은행, 좋은 금융'이 '나쁜 은행, 나쁜 금융'보다 조금이라도 더 많아지게 하는 것은 가능할 것이다. 국민의 금융에 대한 애정 어린 관심과 정책당국의 노력이 합해진다면 한국의 금융을 이렇게 바꾸는 과정은 좀 더 쉬워질 수 있다. 저신용자와 신규 사업자의 금융 이용 기회 확대, 금융 부문에서의 더 많은 일자리 창출, 금융기관의 국제경쟁력 확보 등과 같은 '좋은 은행, 좋은 금융'의 역할이 커지면 한국 경제도 훨씬 나아질 것이다.

관계금융과 협동조합은행

좋은 은행, 좋은 금융이 되기 위한 과제로서 먼저 집세, 병원비, 등록금 등이 없어 대부업체나 사채업자로부터 당하는 약탈적 금융의 피해를 줄여야 한다. 이를 위해서는 금융의 역할도 중요하지만 주거, 의료, 교육 등 인간의 기본적 생활을 위한 복지 확충이 더 시급하다. 그리고 발전소 건설, 산업단지 조성 등과 같은 대형 프로젝트에서 한국 금융기관이 역할을 제대로 하는 것은 금융이 좀 더 발전했을 때의 과제다.

한국에서 현재 좋은 은행, 좋은 금융을 만들기 위한 일차적이고 우선적인 과제는 창업자, 영세사업자, 저신용자 등의 금융 이용 기회 확대다. 그러나 한국의 은행들은 기업대출의 경우 재벌 계열기업 등 대기업, 우량 중소기업, 보증서와 담보가 있는 기업에 주력하고, 개인대출도 주택담보대출이나 좋은 직장에 다니는 사람에 대한 대출이 대부분이다. 이들에 대한 대출은 대출금을 떼일 가능성이 적기 때문에 은행들은 큰 고민이나 노력 없이 대출해주고 쉽게 수익을 낼 수 있다.

이에 비해 창업자, 영세사업자, 저신용자 등은 기술력이 입증된 아주 소수를 제외하고는, 담보가 부족하고 과거 영업 실적이나 소득 등 신용 상태를 평가할 객관적 자료가 거의 없어 은행에서 대출을 받기 어렵다. 일부 창업자, 영세사업자 등은 대출금 상환 의지가 높고 사업도 잘되어 대출금을 잘 상환할 수 있지만, 또 다른 상당수는 여러 가지 이유로 대출금을 제대로 상환하지 못하는 경우가 많다. 따라서 한국의 은행은 창업자나 영세 사업자 등에 대해 보증기관의 보증을 요구하거나 대출을 거절하는 것이 일반적 상황이다.

그러한 창업자와 영세사업자 중에서 대출 상환 가능성이 높은 사람을 잘 골라내는 능력도 대형 프로젝트 파이낸싱이나 복잡한 파생금융상품 거래 못지않게 어려운 금융기법이다. 이러한 노하우를 지닌 금융 전문가나 은행이 늘어나야 창업자나 영세사업자의 금융 기회가 확대된다. 담보나 과거 실적 등 객관적 자료가 부족한 기업이나 개인에 대한 신용평가는 그들과의 오랜 접촉과 거래, 관찰 등을 통해 이루어질 수밖에 없다. 이러한 지속적인 관계를 바탕으로 대출 등 금융거래가 이루어지는 것을 관계금융relationship banking이라 한다.

관계금융은 은행의 관리 비용 증가, 기업의 협상력 약화 가능성 등의 문제는 있지만 창업자나 영세사업자 등이 담보 없이 적절한 금리*로 대출을 받을 수 있는 거의 유일한 방법이다. 물론 첨단기술을 보유한 일부

---

* 관계금융에 의한 대출금리는 평상시에는 일반 거래금융 대출금리보다 높지만 위기 시에는 오히려 낮은 것으로 알려져 있다. Balton Patrick et al., "Relationship and Transaction Lending in a Crisis"(BIS, 2013).

창업가는 미국과 같이 창업투자가 활성화되어 있는 경우 자금을 조달할수 있지만 이 또한 기술평가나 투자수익의 배분 등의 어려움이 많고 일반적이지 못하다. 관계금융은 지역 밀착형, 조합원 밀착형 영업이 주된업무인 협동조합은행에서 하는 것이 유리하고 협동조합은행의 모범적사례의 하나가 독일 신용협동조합은행이다.

독일 신용협동조합은행은 1,200개 정도의 단위신협과 2개의 신협중앙회로 구성되어 있고 모든 단위신협과 중앙회는 각각 독립된 은행이다. 신협중앙회별로 모기지대출, 자산 운용, 보험, 리스 등을 전문으로 하는금융기관을 보유하고 있어 종합금융서비스를 제공하는 금융그룹의 형태를 갖추고 있다.

단위신협에는 독일 경제활동인구의 40% 정도인 1,600만 명이 조합원으로 가입해 있다. 조합원이 상공업자인 단위신협 Volksbank과 농민인단위신협 Reifteisenbank이 대부분이고 철도 역무원, 체신 공무원, 의료인등 직업인별로 구성된 단위신협도 있다. 단위신협이 독일 은행산업에서차지하는 비중은 자산 기준 16%, 점포 수 기준 32% 정도이고 1974년부터 비조합원도 거래 대상이다. 단위신협은 법률상 증권 업무를 포함 모든 은행 업무를 취급할 수 있으나 예금, 대출, 자금 이체, 신용카드 업무와 함께 간단한 증권 업무를 주로 수행한다.

가계와 기업의 예금으로 자금을 대부분 조달하고, 또 가계와 기업에대한 대출로 자금을 주로 운용한다. 대출은 가계대출과 기업대출이 거의 반반인데 대출의 많은 부분이 지역 상공업자와 농민, 자영업자 등에대한 관계금융 형태로 이루어진다. 단위신협의 여유 자금과 부족 자금은 신협중앙회와의 거래를 통해 조정한다.

독일의 신협중앙회는 과거 주 단위로 있었으나 합병 등을 통해 DZ Bank와 WGZ Bank 2개만 남아 있다. 신협중앙회도 독립된 은행이며 단위신협의 지급결제망 운영, 유동성 관리 등과 함께 대기업에 대한 기업금융, 투자금융, 국제금융 등 도매금융 업무를 수행한다. 신협중앙회는 단위신협과 업무 경합이 발생할 수 있는 소매금융 업무는 거의 취급하지 않는다. 신협중앙회 중 DZ Bank는 자산 규모로 독일 내 3~4위, 세계 40위 정도이며 투자금융과 국제금융업무의 비중이 컸는데도 2008년 세계 금융위기 시 공적 자금 투입 없이 자력 회생한 건실한 은행이다.

또한 1930년대 이후 독일 신용협동조합은행은 파산한 사례가 없어 뛰어난 안정성을 인정받고 있다. 독일 신용협동조합은행의 건전성은 연합회의 자체 감사 조직과 독일의 중앙은행 및 감독당국의 감독·검사라는 이중 감사·감독 시스템이 잘 작동한 결과다. 독일 신용협동조합은행은 관계금융을 통해 좋은 은행의 역할을 할 뿐 아니라 건전성, 안정성도 유지하고 있어 독일 국민의 사랑을 받고 있다.

한국에도 독일의 협동조합은행과 비슷한 성격의 금융기관으로 신협, 새마을금고, 농·수협의 단위조합이 있다. 그러나 한국의 이런 금융기관은 관계금융 면에서는 제 역할을 못 하고 있다. 신협, 새마을금고 등도 담보대출 중심이고 신용대출은 아주 소액이나 직장 등이 확실한 사람에게만 해주고 있다. 규모가 상대적으로 큰 농·수협의 단위조합도 정부의 정책자금 공급 역할을 제외하고는 신협, 새마을금고와 거의 차이가 없다. 이렇다 보니 이런 금융기관은 받은 예금의 60~70% 정도만 대출로 운용하고 나머지는 중앙회로 보내 채권 등에 투자하고 있다.

한국에서 이런 금융기관이 제 역할을 못 하는 데에는 여러 가지 이유가 있을 수 있다. 무엇보다 우리 사회의 정직성, 신뢰성 등이 많이 부족해 담보 없이 대출하기가 쉽지 않은 것이 가장 큰 이유일 것이다. 그리고 신협, 새마을금고 직원의 노력과 능력 부족, 그리고 정책당국의 무관심과 잘못된 정책도 현실적으로 큰 제약 요인이다. 한국의 신협, 새마을금고를 독일의 협동조합은행과 같이 좋은 은행, 좋은 금융의 역할을 어느 정도 하고 경쟁력도 갖춘 금융기관으로 만들어가는 작업은 쉽지는 않지만 포기하지는 말아야 한다.

우리 사회의 정직성, 신뢰성 제고는 금융만의 문제가 아니므로 장기 과제로 남겨놓고, 먼저 신협·새마을금고의 발전을 막는 제도적 족쇄를 풀어주어야 한다.

첫째, 서민금융은 취급 비용이 크고 거래 대상의 신용도가 낮은 점을 고려해 신협과 새마을금고의 예금 출자금에 대한 세제 혜택은 상당 기간 유지해야 한다.

둘째, 신협과 새마을금고의 업무 제한을 완화해 은행과 경쟁할 수 있게 하는 한편 건전성 규제는 거액 여신 중심으로 강화해서 부실화 가능성을 줄여야 한다.

셋째, 신협중앙회와 새마을금고연합회를 농협중앙회와 수협중앙회와 같이 특수은행화하여 폭넓은 금융서비스를 제공할 수 있게 해야 한다. 다만 특수은행으로 전환한 신협중앙회와 새마을금고연합회는 단위 신협과 새마을금고와의 업무 경합이 발생하지 않도록 소매금융 업무를 제한해야 한다.

이러한 제도적 개선이 이루어지면 우리나라의 신협·새마을금고 제도는 독일과 유사해질 수 있다. 그러나 이것만으로는 충분하지 못하고 우리나라에서 생소하고 비용이 많이 드는 관계금융을 활성화하려면 추가적인 대책이 있어야 한다. 구체적인 방안으로 관계금융 취급 실적이 많은 신협과 새마을금고에 대한 세제 혜택 강화, 지점 설치 우대 등을 생각할 수 있는데, 좀 더 많은 연구가 필요한 부분이다. 물론 관계금융의 활성화와 함께 신협·새마을금고의 건전성 유지를 위해서는 감독당국의 감독 검사 기법도 더 정교해져야 한다. 신협·새마을금고의 관계금융이 조금씩 활성화되면 금융의 국민경제에 대한 기여도가 높아지고 금융에 대한 국민의 부정적 인식도 점차 줄어들 것이다.

finance
5
money

은행의 위험성

은행에 대해 좋은 은행의 역할을 강제하기 어려운 현실적인 이유는 은행 산업이 위험하여 건전성이 쉽게 훼손될 수 있기 때문이다. 은행이 좋은 은행의 역할을 한다고 아무에게나 대출을 해주어 대출을 회수하지 못하면 은행은 바로 망할 수 있다. 은행이 망하면 예금자 보호와 은행의 회생을 위해 국민의 부담인 공적 자금이 투입되는 일이 발생한다. 또한 소형 은행 한두 개가 망하는 것은 큰 문제가 없지만 대형 은행이 망하거나 소형 은행이 연쇄적으로 망하면 시중에서 돈을 빌려 쓰기 어려운 신용 경색이 발생해 국민경제에 큰 피해를 주게 된다.

은행이 일반 기업보다 훨씬 쉽게 망하는 이유, 즉 위험성이 더 큰 산업인 이유를 살펴보자.•

_____
•   정대영, 『신위험관리론』(한국금융연수원, 2005), 307~308쪽을 기초로 재구성했다.

첫째, 은행은 우량 은행이라도 부채비율이 1,500~2,000%에 이른다. 일반 기업의 경우 우량 기업은 부채비율이 100%를 넘지 않는다. 부채비율 2,000%의 의미는 은행이 가진 투자나 대출 등의 총자산 중 5%만 손실이 나도 자기자본이 모두 없어져 도산 상태에 빠지게 된다는 것이다. 개인투자자의 경우 주식 투자 등에서 5% 정도(100만 원 투자 시 5만 원 손실)의 손해를 보는 것은 쉽게 일어난다. 그러나 은행이 이렇게 되면 망한다. 따라서 은행은 금융시장 상황이 급격히 나빠지거나 잘못된 투자 등 경영실패가 발생하면 바로 도산 상태에 빠질 수 있다. 2007~2008년 세계 금융위기 시 메릴린치, 리먼, 시티, RBS, 코메르츠 등 세계 유수 은행들이 좋지 않다는 소식이 나오고 나서 바로 도산하거나 공적 자금을 받아야 할 상태에 빠진 것이 이 때문이다.

둘째, 은행은 예금이나 차입금의 아주 낮은 비율만 지급준비금으로 보유하고 나머지 대부분은 대출이나 투자 등 수익이 높은 곳에 자금을 운용하고 있어 쉽게 망할 수 있다. 즉, 대출이나 투자를 잘해 수익이 나고 있어도 전체 시장 상황이 나빠지거나 잘못된 소문 등으로 예금 인출이 일시에 몰리면 유동성 부족으로 도산 위기에 처한다. 은행이 받은 예금을 모두 안전한 지급준비자금으로만 보유하고 있게 되면 수익을 낼 수 없어 지속 가능하지 못하다. 은행업의 뿌리에서 잠깐 설명했듯이 역사적으로 예금의 전액을 지급준비금으로 보유하던 지로은행 등이 있었으나 이러한 은행은 국민의 세금으로 운영될 수밖에 없었다. 그리고 이들이 자금 운용의 유혹에 빠지면 자금 운용 경험 부족 등으로 더 쉽게 망했다. 즉, 은행은 기업으로서 수익을 내면서 생존하려면 항상 유동성 부족이 발생할 위험을 감수해야 하는 것이다.

셋째, 은행은 다른 은행이나 금융기관과 복잡하게 얽힌 상호 거래로 다른 기관의 잘못 때문에 망할 수도 있다. 은행 간의 상호 거래는 국내외 지급결제 과정, 자금 과부족 조정 과정, 파생상품 거래 등 다양한 경로를 통해 발생한다. 대형 금융기관 하나가 잘못되면 문제가 한 기관, 한 지역에 국한되지 않는다. 이는 2008년 세계 금융위기 시 미국 대형 금융기관 몇 개가 망하면서 여러 다른 금융기관과 세계경제에 미친 충격을 생각해보면 쉽게 알 수 있다.

은행은 이러한 위험성 때문에 생존과 성장에 위험관리 능력이 필수적이고 또한 많은 규제와 감독이 존재한다. 한국은 1997년 IMF 금융위기 시 은행 등 금융기관들이 부실화되어 많은 국민에게 큰 고통을 주었다. 이후 은행의 경우 건전성 유지를 위해 규제와 감독이 대폭 강화되었고 구조조정 과정에서 합병 등을 통해 은행 수가 대폭 줄어들었다. 그럼에도 신규 설립을 허가하지 않고 영업 활동을 보호해주고 있는 이유는 건전성 유지 때문이다. 한국의 은행은 여러 면에서 감독당국의 눈치를 보고 살아야 하지만 신규 진입이 없어 독과점적 수익을 향유할 수 있는 상황이다.

이에 따라 한국의 은행은 경영진의 능력과 관계없이 꽤 괜찮은 수익을 낼 수 있고 이러한 은행의 양호한 수익성 덕분에 2000년대 이후 한국의 금융시스템은 안정성을 유지해왔다. 또한 감독당국은 업무를 잘하고 있는 것으로 인정받을 수 있고 막강한 힘과 여러 가지 혜택을 누리게 되었다. 감독당국이 객관적으로 평가받으려면 미국이나 유럽 국가처럼 은행 설립이 자유롭고 업무 규제가 투명한 상태에서도 은행들의 건전성을 유지하고 금융시스템을 안정시켜야 한다.

한국에서 은행과 감독당국이 이러한 이익과 혜택을 누리는 대신 국민은 보이지 않는 여러 가지 손실을 부담하고 있다.

첫째는 은행 수가 적어 괜찮은 일자리인 은행원 수가 인구 대비 미국이나 유럽의 절반 정도에도 미치지 못한다. 한국의 은행원 수가 비정규직 포함 10만 명* 정도에 불과하다. 독일은 인구 8,200만 명에 은행원 수가 무려 70만 명에 이른다. 은행원 수가 10만 명 정도만 더 늘어날 수 있다면 괜찮은 일자리 창출을 위해 얼마나 좋은 일일까?

둘째는 은행들이 좋은 은행, 좋은 금융의 역할을 할 유인이 없어진다는 것이다. 한국의 은행은 신용을 객관적 지표로 쉽게 평가할 수 있는 기업과 사람에게만 대출을 해도 영업에 지장이 없다. 신용을 평가하기 어려운 기업이나 사람까지 오랜 시간을 들여 관찰해가면서 대출해줄 필요가 없는 것이다.

셋째는 대형 프로젝트 관련 금융이나 해외 영업과 같은 어렵고 국제적인 경쟁이 치열한 분야의 금융업무가 발전하지 못하고 있다는 것이다. 한국의 은행들은 쉬운 업무, 편한 국내 영업만 해도 충분한 수익을 낼 수 있기 때문이다. 경쟁이 치열해지면 동네 치킨집도 해외 진출을 할 수밖에 없다. 은행들이 국내 영업에만 안주하는 것은 그만큼 경쟁이 없다는 것이다. 자본주의사회에서 좋은 제품, 세계적인 기업은 경쟁을 통해서 나온다. 좋은 은행, 경쟁력 있는 은행도 마찬가지다. 아울러 경쟁력 있는 금융기관 직원이나 감독당국 직원도 육성되지 못한다.

---

* 1997년 IMF 금융위기 이전에는 은행원 수가 15만 명 정도였다. 은행업의 범위가 넓은 독일 등과의 비교를 위해 신협, 새마을금고, 증권회사 등의 직원을 합해도 한국의 은행 관련업 직원은 20만 명을 넘지 못한다.

그러면 은행 수가 몇 개 안 되고 은행들이 쉽고 단순한 업무만을 취급하면 은행의 건전성과 금융시스템의 안정성을 계속 보장할 수 있을까? 그렇지 않을 것이다. 금융위기는 탐욕을 자제하지 못하는 인간의 한계가 근본 원인으로 자본주의의 역사보다도 오래전부터 계속되었다. 한국의 1997년 IMF 금융위기는 은행이 많아서 금융이 복잡해서 발생한 것이 아니다. 2002~2003년의 신용카드 사태나 2010~2011년의 상호저축은행 부실화도 마찬가지다. 한국의 은행들이 국내에서 주택담보대출, 신용카드업무 등 손쉽고 안전해 보이는 업무만 치중했던 문제점이 머지않아 드러날 수 있다.

이렇게 본다면 2013년 시점에는 한국 대형 은행들이 상호저축은행이나 신협, 새마을금고에 비해 훨씬 건실하지만 장기적으로도 꼭 그런 것은 아니다. 세계적인 대형 은행도 앞에 설명한 바와 같이 몇 번의 위험관리 실패로 바로 도산 상태에 빠질 수 있고 미래의 금융위기는 언제 어떤 모습으로 올지 모르기 때문이다. 또한 몇 개 안 되는 대형 은행의 건전성에 의존하는 한국 금융시스템 전체의 안정성도 쉽게 훼손될 수 있다.

상업은행과 투자은행

상업은행은 예금, 대출, 지급결제 등의 업무를 하며 우리 주변에서 쉽게 접하는 은행을 말한다. 원래는 영국에서 예금을 받아 무역이나 상업과 관련된 단기자금을 공급하는 은행을 의미했는데 현재는 투자은행과 구분하여 일반적인 은행 업무를 수행하는 은행을 지칭하는 말로 많이 사용한다.

투자은행은 주식과 채권 등에 대한 매매와 인수, 주식과 채권의 중개, 기업의 인수·합병 관련 업무, 파생금융상품의 개발 및 거래 등을 하는 금융기관이다. 그리고 투자은행 업무는 빠르게 변하고 있어 투자은행들이 현재 하고 있는 업무가 투자은행 업무라는 말아 있을 정도다. 미국의 골드만삭스, 모건스탠리 등이 세계적인 투자은행이고 한국에서는 증권회사(금융투자회사)가 투자은행 업무를 수행한다.

앞서 은행의 위험성을 설명하면서 언급한 부채비율 1,500~2,000%는 상업은행의 경우이고 투자은행은 부채비율이 더 높아 2,500~3,000%에 이르기도 한다. 또한 투자은행은 대출보다 훨씬 위험한 주식이나 유동성이 낮은 장기자금에 많이 투자한다. 이에 따라 투자은행은 은행보다 수익을 많이 낼 수 있지만 그만큼 더 위험하다.

그러나 한국의 증권회사는 대부분 주식과 채권의 중개나 펀드 판매의 비중이 크기 때문에 미국의 투자은행에 비해 위험성이 훨씬 덜하다. 이명박 정부 때 금융산업 발전 방안의 하나로 추진되었던 국제적인 투자은행 육성전략은 산업은행이나 다른 대형 증권회사를 미국의 골드만삭스와 비슷한 영업을 하는 대형 투자은행으로 키우겠다는 정책이었다. 투자은행 육성전략은 전문 인력 부족, 국내시장 협소 등으로 인해 달성하기 쉽지 않은 과제이기도 했지만, 위험관리 능력이 부족한 한국 금융기관이 국제적 투자은행과 같은 고위험·고수익 업무를 운영하는 것은 매우 위험한 일이다. 국제적 투자은행 육성전략이 제대로 추진되지 못한 것이 어쩌면 다행일지도 모른다.

투자은행의 이러한 위험성 때문에 상업은행과 투자은행 업무를 같이하는 것(겸영주의)이 좋은 것인지, 엄격히 분리하는 것(전업주의)이 좋은 것인지는 금융계의 오랜 논쟁거리다. 장기자금의 효율적 공급과 경쟁력 면에서는 겸영주의가 유리하고, 은행의 건전성과 금융시스템의 안정을 위해서는 분업주의가 더 좋다고 하는데 항상 그런 것 같지는 않다.

미국은 1929년 대공황 이전에는 빠른 산업화를 위해 겸영주의를 채택했으나, 겸영주의가 대공황의 위기를 키웠다고 보고 1934년 '글래스스티걸법'을 제정해 이후 엄격한 전업주의를 채택했다. 즉, 은행이나 은행지주회사는 투자은행업을 직접 영위할 수도, 투자은행업을 하는 자회사를 가질 수도 없었다. 1970~1980년대에 들어 미국 은행산업의 경쟁력 강화를 위해 엄격한 전업주의를 조금씩 완화했다. 은행지주회사의 경우 지주회사 총수익의 일정 비율 이하에서 투자은행을 자회사로 보유할 수 있고 은행도 주식과 채권의 중개 업무와 같이 위험 부담이 없는 투자은행 업무를 일정 부분 수행할 수 있게 했다.

이러한 전업주의 완화는 계속 확대되어 1999년 '금융현대화법'의 제정으로 자회사 형태로는 투자은행 업무에 대한 규제가 거의 없어져 미국도 겸영주의체제에 가까워졌다. 그러나 2008년 세계 금융위기가 발발하자 겸영주의에 대한 의문이 제기되고 은행예금을 이용한 위험자산 투자 금지 등(볼커 룰) 전업주의 원칙이 강화되고 있다.

이에 비해 독일 등 유럽 대륙국가들은 겸영주의를 대공황 이후에도 크게 수정하지 않고 유지해왔다. 독일은 제2차 세계대전 이후 자국 내의 요인으로 인한 금융위기가 없었다. 2008년 세계 금융위기 시에 독일의 몇몇 대형 은행도 미국 서브프라임모기지 관련 금융상품에 잘못 투자해 도산 상태에 빠졌으나 미국, 영국 등과 비교하면 상황이 양호했다. 어떤 면에서 보면 독일 등 겸영주의를 채택한 국가는 투자은행 업무도 은행 업무의 일부이기 때문에 투자은행 업무에 대한 감독이 미국보다 더 엄격하게 이루어져 위험이 적을 수 있다.

미국은 투자은행과 상업은행이 분리되어 있지만 투자은행에 대한 규제와 감독이 거의 없었기 때문에 2008년 세계 금융위기 시 투자은행이 위기의 도화선이 되었다. 결국 은행의 건전성과 금융시스템의 안정성 유지는 투자은행과 상업은행 업무를 분리하느냐 같이하느냐보다는 규제와 감독을 얼마나 잘하느냐에 달렸다고 보인다.

한국은 상업은행과 투자은행(증권사)이 외형적으로는 분리된 전업주의를 채택하고 있으나 실질적으로는 겸영주의로 봐야 한다. 은행이나 은행지주회사가 증권사를 자회사로 갖는 것에 대한 제한이 없기 때문이다. 즉, 은행 점포 안에서 투자은행(증권) 업무를 못 할 뿐이지 금융지주회사라는 금융그룹 전체로는 상업은행, 투자은행 업무를 제한 없이 할 수 있다. 눈 가리고 아웅 하는 식의 어설픈 구조다.

현재로선 한국의 증권사(금융투자사)가 투자은행 업무를 본격적으로 수행하지 않기 때문에 증권사의 경영실패로 금융그룹 전체의 건전성이 망가질 가능성은 미국보다는 적은 상황이다. 그러나 한국의 증권사도 새로운 수익원의 발굴과 성장 등을 위해 국내외에서 투자은행 업무를 확대할 수밖에 없다. 이렇게 되면 증권사의 경영실패로 금융그룹 전체가 흔들릴 수 있다. 상업은행과 투자은행을 포괄하여 금융감독당국이 건전성 감독과 검사를 잘해야만 금융기관의 건전성과 금융시스템의 안정이 달성될 수 있을 것이다. 관계금융과 같은 좋은 금융, 투자은행과 같은 고수익 금융은 저절로 생기는 것이 아니고 금융기관과 금융감독당국 모두 제 역할을 잘해야 얻을 수 있는 어려운 과제다.

그림자금융

그림자금융(Shadow Banking)은 2008년 세계 금융위기 이후 금융위기 원인의 하나로 언론 등에 자주 등장한다. 또한 2013년 들어서는 중국 경제의 잠재적 불안 요인으로 지방정부의 과다 부채와 함께 그림자금융의 팽창이 지적되고 있다. 그림자금융은 쓰는 사람에 따라 조금씩 개념이 다르다. 핵심은 규제를 거의 안 받으면서도 은행과 유사하게 자금 중개 기능을 하는 여러 가지 금융 형태를 의미한다. 그리고 그림자금융은 규제를 받지 않기 때문에 중앙은행으로부터의 자금 지원이나 정부의 보증 등이 없이 자금을 조달하고 운영한다. 그림자금융의 범주에 들어가는 것은 규제의 정도에 따라 나라마다 다르겠지만 파생금융상품, 자산유동화 관련 금융, 증권대차와 환매조건부채권(RP) 관련 금융, 기업어음(CP) 관련 금융 등이다. 그리고 이들의 거래는 투자은행, 헤지펀드 등 펀드, 자산유동화 관련 특수목적회사, 금융회사(finance company) 등을 통해 많이 이루어진다.

그림자금융이 번성하는 이유는 크게 세 가지로 나누어볼 수 있다. 첫째는 금융 자유화의 폭이 넓어진 데다 금융혁신이 빠르게 일어나 감독당국의 규제가 금융기법의 발달을 따라가지 못하는 경우다. 둘째는 감독당국이 은행 등 소위 제1금융권만 감독하고 나머지 분야의 금융에 대해서는 이권이나 로비 등으로 인해 감독을 소홀히 하는 경우다. 셋째는 제도금융권의 규제금리가 시장금리에 비해 너무 낮아 규제를 피해 높은 수익을 내기 위한 금융이 나타나는 경우다.

그림자금융에 대해서는 규제와 감독이 거의 없을 뿐 아니라 대부분 규모와 구체적 운용 방식도 감독당국이 정확히 파악하지 못하고 있다. 또한 부채비율이나 위험 추구 성향은 은행보다 훨씬 크고 공격적이다. 이러한 요인 때문에 그림자금융이 규모가 크지 않더라도 금융위기를 촉발하곤 했다.

2008년 세계 금융위기는 비우량 주택담보대출(서브프라임모기지)을 기초로 한 자산유동화증권 등에서 발생한 부실로 여러 헤지펀드와 투자은행 등이 도산하고 이어 상업은행에까지 위험에 빠진 것이다. 비우량 주택담보대출을 유동화하고 관련 파생금융상품을 만드는 과정뿐 아니라 그것의 매매와 투자에 대해 감시가 거의 이루어지지 않았다. 이러한 파생금융상품이 얼마나 부실하게 만들어졌는지, 규모가 얼마나 되는지 감독당국이 알지 못했던 것이다. 첫 번째 유형의 그림자금융의 대표적 사례다.

1997년 한국의 IMF 금융위기도 실제로는 그림자금융인 종합금융사의 부실에서 시작되었다. 1972년 사채를 양성화하기 위해 만들어진 투자금융사가 1990년대 초반 대거 종합금융사로 전환되면서 종합금융사는 숫자가 많아지고 업무 규모도 크게 늘어났다. 1997년 30개의 종합금융사 중 상당수가 금리가 낮은 단기 외화자금을 차입해 국내에서 장기 리스나 시설자금 대출로 운용해 쉽게 돈을 벌고 있었다. 종합금융사는 1997년 하반기부터 국제금융시장이 경색되어 외화자금의 자체 조달이 어려워지자 국내 외환시장에서 외화를 매입해 외화 차입금을 상환하게 되었다. 종합금융사의 외화 매입은 국내 외환시장에서의 외환 부족을 촉발하고, 이어 은행들의 외화 차입이 막히고 외환보유액이 고갈되면서 외환위기 상황에 빠지게 된 것이다. 그리고 종합금융사들은 대부분 도산하거나 흡수·합병되었다. 당시 종합금융사에 대한 실질적인 감독은 재정경제부 직원 몇 명이 담당하고 업계와 유착되어 있어 감독과 감시가 거의 이루어지지 못했다. 두 번째 유형의 그림자금융인 것이다.

그리고 2013년 들어 관심이 커지고 있는 중국의 그림자금융은 세 번째 유형이다. 중국은 부동산시장 등 실물 부문의 활황세에 비해 은행의 예금·대출금리가 낮게 규제되고 있고 이를 피하기 위한 다양한 그림자금융이 생겨났다. 개인사채, 전당포 등 전통적 금융부터 신탁회사, 캐피털회사, 기업어음 등 좀 더 제도화된 그림자금융도 있다. 또한 중국의 그림자금융은 많은 부분이 은행 내부에 정상적인 예금·대출과 연결되어 있기도 하고 장부외거래(off-balance sheet) 형태로 존재한다고 한다.

종합해볼 때 그림자금융은 기본적으로 금융혁신을 따라잡지 못하는 금융감독, 감독당국의 무능과 부패, 금융권 간 규제의 차이 등에서 발생한다. 따라서 감독제도 정비와 감독당국 구성원의 자질 향상이 그림자금융의 부작용을 최소화할 수 있는 제도적 장치다.

은행의 국제화

은행의 국제화는 은행이 규모를 키우고 경쟁력을 늘리는 데 필수적이다. 세계적인 많은 대형 은행은 앞서 언급한 메디치가나 로스차일드가의 은행처럼 국제적 업무를 통해서 큰 수익을 내고 성장해왔다. 은행은 국내 시장의 한계와 경쟁을 극복하고 더 넓은 시장의 개척과 새로운 수익원의 발굴을 위해 업무를 국제화하고 있다. 그러나 정책적이고 국민경제적 시각에서 보면 은행의 국제화는 은행의 위험관리와 금융시스템의 안정성 유지를 위해 더 필요하다.

한 국가의 경제 상황이 항상 좋을 수는 없다. 때에 따라서는 심각한 경제위기나 금융위기가 올 수도 있다. 1997년 한국의 IMF 금융위기나 1990년대 초반 북유럽 국가의 금융위기, 2011~2013년의 그리스, 아일랜드, 스페인 등의 재정위기 등이 대표적이다. 이러한 경제위기를 겪은 국가는 미국과 같은 대국이 아닌 경우 국가 전체의 거의 모든 경제 주체가 큰 어려움을 겪을 수밖에 없다.

은행은 은행이 지닌 위험성 때문에 더 빨리 더 큰 어려움에 처하게 된다. 심각한 경제위기가 발생하면 기업과 개인에 대한 대출의 부실화, 심지어 가장 안전하다고 생각되었던 국채마저 가격이 폭락하면서 은행 보유자산의 5% 정도는 바로 손실로 이어질 수 있다. 이렇게 되면 은행은 자기자본이 모두 사라져 도산 상태에 빠지게 된다. 나라 전체로도 경제 상황이 나쁜 데다 여러 은행이 도산하게 되면 신용 경색이 장기화되어 경제위기가 악화되고 위기 극복은 더 어려워진다.

은행은 어떻게 하면 이러한 상황을 피할 수 있을까? 국내에서의 영업을 대기업, 중소기업, 소매금융 등으로 다각화하고 대출도 산업별, 지역별로 분산하면 어느 정도 위험을 줄일 수 있다. 그러나 경제위기의 정도가 심각하고 국가가 크지 않을 때는 이러한 국내에서의 위험 분산은 별 효과가 없다. 더 근본적인 방안은 은행의 업무를 국제화하여 영업과 수익이 여러 국가(가능하다면 대륙도 다르게)에 걸쳐 발생하게 하는 것이다. 즉, 위험을 국외로 분산하는 것이다.

이와 관련하여 좋은 사례는 2011년 이후 재정위기를 심하게 겪고 있는 그리스, 스페인의 최대 상업은행들이다. 2011년 이후 그리스의 상황은 국가라고 부르기 어려울 정도로 엉망이고, 스페인도 매우 안 좋다. 그리스는 준국가부도, 반값 이하로 떨어진 국채, 마이너스 성장, 고실업, 계속되는 파업과 시위에 시달리고 있다. 스페인도 부동산 가격 폭락, 마이너스 성장, 고실업, 국채 가격 대폭 하락 등을 겪고 있다. 당연히 많은 은행이 도산 상태에 빠지고, 재정위기를 겪고 있는 국가가 은행을 구제하기 위해 공적 자금을 투입함으로써 재정 상황은 더 나빠지게 되었다.

불행 중 다행으로 두 국가의 최대 상업은행은 국제화되어 있어 국가 경제가 형편없는데도 그럭저럭 버티고 있다. 그리스 최대 상업은행인 그리스국립은행National Bank of Greece은 터키와 인접 발칸반도 국가 등으로 영업이 분산되어 있다. 중요 해외 영업 지역인 터키의 경제 상황이 그간 좋아 터키 등에서 벌어들이는 수익으로 그리스국립은행은 망하지 않고 생존 상태는 유지하고 있다.

스페인의 최대 상업은행인 산탄데르은행Banco Santander은 세계에서 가장 많은 해외 점포를 보유한 국제화가 잘된 은행이다. 브라질, 칠레, 아르헨티나 등 남미 국가에서 영업 기반이 강하고 영국, 노르딕 국가, 폴란드, 미국 등에서도 활발히 영업 활동을 벌이고 있다. 스페인 경제의 침체, 스페인 국채 가격 폭락, 부동산 거품 붕괴 등에 따라 산탄데르은행의 스페인 국내 영업은 큰 어려움을 겪고 있지만 남미 등 다른 지역의 수익이 양호해 아직은 잘 버텨내고 있는 상황이다. 그리스, 스페인에서 국제화가 안 된 많은 은행은 이미 부실화되어 공적 자금 투입, 자금 중개 기능 약화 등으로 국민경제의 어려움을 가중시켰다. 그나마 산탄데르은행 등 국제화된 대형 은행 몇 개는 정부보다 재무 상황이 양호하여 재정 부담을 줄여주고 있다.

한국의 은행산업은 IMF 금융위기 이후 여러 차례의 인수·합병 등을 거쳐 과점화·대형화되었다. 몇몇 대형 은행은 규모로는 세계 60위권에 진입했으나 국제화라는 측면에서는 걸음마 수준이다. 대형 은행의 해외 영업 비중(해외 현지법인과 지점의 영업 비중)은 3~4% 수준에 그친다. 이러한 미미한 해외 영업 규모도 교포, 한국 기업의 해외지사 등과의 거래가 대부분을 차지한다. 실물 부문에서는 수출 비중이 50%를 넘어선 기업이 대기업뿐 아니라 중소기업에서도 많은 것과는 대조적이다.

이렇다 보니 한국 기업의 해외 금융 수요에서도 규모가 크거나 내용이 복잡한 것은 외국 은행의 몫이 되어 있다. 한국의 대형 은행은 국내에서는 금융산업을 주도하고 그럴듯해 보여도 국제적 시각에서 보면 우물 안 개구리, 살만 찐 어린애에 지나지 않는다. 만약 앞으로 스페인 정도의 경제위기가 한국에 온다면 한국의 대형 은행들은 어떻게 될까? 주택 가격과 국채 가격의 폭락은 안전자산으로 여겨지던 주택담보대출과 보유 국채에서 엄청난 손실이 발생하고 실업 증가와 경기 부진에 따른 일반 대출에서의 연체 증가로 많은 대형 은행이 바로 도산 상태에 빠질 것이다. 국내에서 발생한 손실을 벌충할 방법이 없기 때문이다.

또한 대형 은행은 도산 상태에 빠졌을 때 상호저축은행과 같이 5,000만 원 이하 예금만 보상해주고 부실 금융기관을 정리하기는 사실상 불가능하다. 엄청난 신용 경색, 대외 신인도 저하 등의 문제가 발생하기 때문이다. 결국 국가재정으로 은행의 손실을 메워 정상화해야 한다. 여기에는 엄청난 재원이 소모될 것이다. 국민, 신한, 우리 등 대형 금융지주회사의 총자산은 300조 원이 넘는다. 1개 금융지주회사에 대해서 총자산의 10% 정도만 손실을 메워준다고 해도 30조 원이다. 몇 개 금융지주회사가 얼마큼 손실을 낼지 알 수 없다.

한국에서 은행의 국제화, 대형화, 경쟁력 강화가 어떤 조합의 형태로 이루어져야 국민경제에 도움이 될까? 한국에서 은행이 국제화가 안 되고 경쟁력이 약한 이유는 규모가 작기 때문이라는 생각이 많다. 즉, 메가뱅크 주장과 같이 합병 등을 통해 대형화한 다음 국제화를 추진하겠다는 것이 금융계의 주류다. 그러나 국제화와 은행 규모는 다른 나라 사례를 볼 때 큰 관계가 없다. 2005년 영국의 스탠다드차타드은행이 제일은행을 인수할 때 스탠다드차타드은행의 자산 규모는 당시 한국의 국민은행보다 작았다.

여기에다 국제화가 안 된 국내의 대형 은행은 경제위기 시 폭탄으로 변할 수 있어 국민경제에 큰 짐이 된다. 은행은 앞에서 설명했듯이 매우 위험한 산업으로 2008년 세계 금융위기 과정에서 미국과 유럽의 세계적 대형 은행이 수없이 도산하거나 공적 자금을 받고 살아났다. 한국도 예외일 수는 없고 언젠가 한국의 대형 은행도 도산할 수 있다. 국내 대형 은행의 도산이 한국에 주는 피해는 국제화된 세계적 대형 은행이 해당 국가에 주는 피해보다 훨씬 클 것이다. 한국의 대형 은행은 영업의 95% 이상이 국내에 집중되어 도산의 피해가 모두 국내에 남기 때문이다.

종합해보면 은행의 대형화는 국제화 과정을 통해 이루어져야 국민경제에 부담이 적다. 또한 경쟁력 강화는 국제화를 통해서만 이룰 수 있다. 한국의 많은 대기업이나 중소기업 중 제대로 된 경쟁력을 가진 기업은 세계시장의 경쟁에서 살아남은 기업이다. 즉, 은행산업은 국제화 없이는 대형화해서는 안 되고 국제화를 안 하고서는 경쟁력을 가질 수 없다.

그러나 은행의 국제화는 일반 기업의 해외시장 개척, 현지공장 설립보다 훨씬 어렵고 위험하다. 은행산업은 그 자체가 위험한 산업인 데다 사람과 사람이 접하는 서비스산업이고 전문화된 인력이 필요하며 이미 세계화된 다른 세계적인 은행과 경쟁해야 하기 때문이다. 은행의 국제화는 능력과 열정을 가진 은행 경영층이 있어야 하고 감독당국의 지원과 협조가 필요한 어려운 과제다.

먼저 가장 중요한 것은 해외 현지법인 등 해외 영업조직의 손실이 본점이나 해외 다른 지역으로 파급되지 않고 해당 지역에서 끝날 수 있는 지배구조를 구축하는 것이다. 즉, 금융지주회사의 해외 영업조직을 총괄하는 중간지주회사를 만들고 해외 영업조직은 이 중간지주회사의 자회사로 해야 한다. 이를 위해서는 중간지주회사 설립이 좀 더 자유롭도록 한국의 「금융지주회사법」을 개정해야 한다.

다음은 은행이 해외 영업조직의 위험을 관리할 수 있는 능력과 내부 통제시스템을 구축하는 것이다. 그리고 우리나라 은행이 잘할 수 있는 지역과 상대적인 경쟁력이 있는 영업 분야를 중심으로 단계적으로 국제화하는 것이다. 감독당국은 우리나라 은행의 진출 국가와 협조체제를 구축하는 등의 지원과 함께 특정 지역에 우리 은행이 몰려나가 과당 경쟁하는 것에 대해 교통정리 등을 해야 한다.

은행의 국제화는 한국 금융의 질적 발전을 위해 꼭 필요한 과제이나 어렵고 위험한 일이다. 한국의 대형 은행들은 국제화를 못 하는 경우 더 이상 국내에서 규모를 키우지 못하게 해야 한다. 대형 금융지주회사 1개의 자산 규모가 한국 1년 예산 규모와 비슷한 정도로 커졌다. 이렇게 볼 때 하나금융지주와 외환은행의 합병은 론스타의 먹튀 방조뿐 아니라 한국 금융산업 발전을 위해서도 바람직하지 않았다.

외환은행과 론스타에 얽힌
의혹과 의문

론스타와 관련된 이른바 외환은행 불법 매각 사태는 일단락되었다. 2003년 외환은행이 론스타에 매각되고 불법 매각에 대한 검찰 수사 등 우여곡절을 겪었으나 2012년 론스타가 많은 이익을 보고 외환은행을 하나금융지주에 매각하고 떠났기 때문이다. 론스타의 세금 불복 소송, 한국 정부를 상대로 한 투자자 국가 소송Investor-State Dispute: ISD 등이 진행되고 있지만, 이는 조만간 국민의 관심 밖으로 사라져버릴 사건이다. 그러나 역사를 통해 반성하지 못하는 민족은 발전할 수 없다는 말이 있다. 외환은행 사태는 사건으로는 잊히고 있지만 역사로라도 남겨져야 한다. 특히 금융산업 발전과 사회정의 실현 등을 위해 반성이 꼭 필요한 사건이다.

외환은행 사태는 정상적인 사람의 판단으로는 도저히 이해가 안 되는 의문과 수많은 의혹이 있고 한국 금융과 관료의 악습과 문제점이 농

축된 사건이지만 앞으로도 의문과 의혹은 쉽게 풀리지 않을 것 같다. 어쩌면 외환은행 사태는 소설이나 영화로 사건이 재구성되면 이때 겨우 상상력을 통해서 의혹이나 의문이 어느 정도 해소될지는 모른다. 그리고 외환은행 사태에는 소설적 요소도 있다. 외환은행의 매각 관련 핵심 실무자가 젊은 나이에 죽고 금융감독원의 관련 실무자도 죽었다. 두 사람의 죽음은 외형적으로 사건과 직접적인 관계가 없어 보인다. 그래도 추리소설감이다. 이러한 외환은행 사태를 호기심 있는 사람들을 위해 의혹과 의문을 중심으로 정리해놓고자 한다.

외환은행 사태는 시간상으로는 2002년 하반기 국민의 정부 말에 론스타가 외환은행에 대해 투자를 고려하면서 시작되어 2012년 초 이명박 정부 후반기에 론스타가 외환은행을 하나금융지주에 매각함으로써 끝났다. 거의 10년을 끈 사건이다.

사태의 핵심은 실제 그렇게 부실하지 않은 외환은행을, 이상하게도 파는 사람(외환은행 경영진과 감독당국)이 부실해질 가능성이 있다고 박박 우겨, 은행을 인수할 자격이 없는 펀드(론스타)에 관료들이 주도해 매각한 것이다. 그리고 론스타(실제는 펀드 투자자)는 큰돈을 벌었다. 외환은행 사태의 근본적이고 풀리지 않는 의혹과 의문은 다음과 같다.

첫째, 사건은 국민의 정부 말에 시작되어 참여정부 때 저질러지고 이명박 정부 때 마무리되었다. 그간 검찰 수사, 감사원 감사, 론스타에 대한 대법원 유죄 판결, 언론과 시민사회단체 그리고 학자들의 수많은 지적이 있었으나 해소되거나 해결된 것은 하나도 없이 결과는 이미 결정된 것처럼 진행되었다. 도대체 어떤 세력이 국민의 정부, 참여정부, 이명박 정부 3개 정부를 관통하며 자기가 원하는 대로 힘을 쓸 수 있었을까? 이

것이 가장 큰 의문일 것 같다. 이 의문에 대한 답을 찾을 수 있다면 나머지 의혹과 의문도 쉽게 풀릴 수 있다.

둘째, 무엇 때문에 전도양양한 경제관료들이 위험을 무릅쓰고 무리한 일을 추진했을까? 이것도 첫 번째 의문과 관련해 매우 궁금한 부분이다. 실제 외환은행 사태의 주역의 한 명인 당시 재정경제부 국장은 외환은행 검찰 수사 과정에서 나온 다른 사건이 문제가 되어 옷을 벗고 민간에서 활동할 수밖에 없었다. 이 사람은 행정고시를 수석으로 합격하고 장래 장관감으로 지목되던 아주 유능한 관료였다. 물론 민간 쪽으로 나와서도 능력 때문인지 다른 이유 때문인지는 몰라도 성과가 좋았다고 알려져 있다. 재정경제부 국장 1명을 제외하고는 나머지 관련자는 뒤에 약간의 부침은 있었지만 대부분 승승장구했다. 무엇인가 큰 힘이 뒤를 봐준 것 같기도 하다.

셋째, 외환은행을 매입한 론스타 4호 펀드의 실제 투자자들은 누구일까? 이것도 첫째 의문과 밀접히 연결되어 있다. 론스타 4호 펀드에 한국인이 상당 부분 투자한 것으로 검찰 수사 과정 등에서 밝혀졌는데 누가 얼마나 투자했는지를 알 수 있는 송금서류가 검찰 수사 직전에 파기되어 확인이 불가능한 것으로 나타났다. 일반적으로 은행의 투자자(주주)는 은행이 정상적인 은행으로 인정받기 위해서는 공개되어야 하나 외환은행의 주주인 론스타 4호 펀드의 실제 투자자는 끝까지 공개되지 않았다. 이러한 이유 등으로 론스타가 소유할 당시 외환은행은 미국에서 은행으로 전혀 인정받지 못했고 유럽에서도 일부 불이익이 있었다. 즉, 외환은행은 미국에서 은행이 아니고 예금을 못 받는 금융회사finance company라는 이름으로 영업해야 했다.

넷째, 외환은행은 부실 은행이 아니었기 때문에 부실 은행 '등'(당시 「은행법」 시행령 제8조)에 넣어 론스타에 매각했다. 또 부실 은행 '등'에 넣기 위해서도 실제보다 더 나쁜 BIS자기자본비율 추정치가 필요했다. 혼자 이 추정치를 작성해 금융감독원에 보내준 것으로 알려진 외환은행 실무자는 사건화되기 전에 병으로 죽었다. 이 직원이 지병으로 죽었을까? 그리고 살아남은 자의 주장처럼 추정 BIS자기자본비율을 이 직원이 혼자 만들었을까? 이 또한 의문이다. 이 직원이 죽지 않았다면 론스타, 감독당국과 외환은행 경영층의 관계가 쉽게 밝혀지고 외환은행 사태의 의혹이 조금은 해소될 수 있었다. 그리고 론스타의 외환은행 인수 관련 인가 업무를 담당했던 금융감독원 실무직원도 외환은행 사태가 한창 사건화되었을 때 갑작스럽게 병으로 죽었다.

다섯째, 론스타의 외환은행 매입의 최종 승인은 2003년 9월 26일 금융감독위원회 본회의 의결로 결정되었다. 이때 핵심 관료인 금융감독위원장, 재정경제부 차관은 참석하지 않고, 민간인 출신 금융감독위원회 부위원장이 주재하여 민간 금융감독위원 중심으로 간단한 토의만 거쳐 의결되었다. 사안의 중요성으로 보아 금융감독위원장이 당연히 직접 본회의를 주재해야 했고, 외환은행 매각은 재정경제부에서 처음 제안된 것이었기 때문에 재정경제부 차관도 평상시에는 참석하지 않더라도 당시 회의에는 참석해야 했다. 관료들은 자신이 추진해왔던 외환은행 매각이 뒤에 큰 사회문제가 될 것을 미리 예상하고 관료 출신 금융감독위원을 참석시키지 않고 외환은행 매각 승인을 결정한 것일까? 대단한 예측 능력이다. 2006년 외환은행 사태에 대한 검찰 수사 당시 2003년 9월 26일 의결에 참여했던 금융감독위원들은 수사 대상에 포함되어 큰 곤혹을 겪었다.

여섯째, 2003년 당시 외환은행의 실질적인 대주주였던 독일 코메르츠방크Commerzbank가 주당 2,848원의 손실을 보고 주식을 론스타에 매각했다. 코메르츠방크가 1년 정도만 더 늦게 팔았어도 1998년 한국이 어려울 때 위험을 무릅쓰고 외환은행에 투자한 것에 대한 보상을 받을 수 있었다. 코메르츠방크의 매각 이유가 알려진 대로 본부의 자금난 때문일까? 론스타 등과의 다른 거래 가능성은 없었을까? 이것은 매우 중요한 의문이다. 외환은행의 대주주인 코메르츠방크가 손실을 보고 팔았다는 것이 외환은행 매각의 불가피성을 합리화하는 주요 논거였기 때문이다. 몇 년이 지난 다음 이와 관련해서 코메르츠방크의 대외 담당 임원에게 물어볼 기회가 있었다. 구체적인 답은 얻지 못했지만, 자금난 때문에 외환은행을 어쩔 수 없이 팔 수밖에 없었다는 답은 아니었다. 오히려 여러 가지 선택 중의 하나였는데 가장 나쁜 선택을 했다는 것이었다.

일곱째, 2005~2006년 외환은행 사태가 큰 사회문제가 되었을 때 이루어진 감사원 감사와 검찰 수사도 의문이다. 이때 감사나 수사의 초점은 최악의 시나리오에 의해 추정한 2003년 말 BIS자기자본비율 6.16%(죽은 외환은행 실무자가 작성했다고 하는 것)에 대한 조작 여부에 맞추어져 있었다. BIS자기자본비율은 판단적 요소에 영향을 받는 자산건전성 분류를 어떻게 하느냐에 따라 상당 수준 변동한다. 더욱이 2003년 7월에 작성한 2003년 말 추정, 즉 미래의 BIS자기자본비율은 관점과 시나리오에 따라 큰 차이가 날 수밖에 없다. 따라서 최악의 시나리오를 가정한 2003년 연말 추정 BIS자기자본비율 6.16%가 맞느냐 틀리느냐 하는 것은 정답이 없는 질문이다. 또한 이 비율은 추정했다고 알려진 사람이 이

미 죽어 어떻게, 왜 만들었는지를 확인하기도 어려웠다. 여기에 감사나 수사의 초점을 맞춘 것은 무지 때문인가, 아니면 수사할 의지가 원래부터 없어서인가? 이것도 큰 의문이다.

외환은행과 론스타 관련 의혹과 의문은 대부분 풀리지 않고 잊히고 있다. 외환은행 사태는 사람이 죽고, 일부 관련 인사들은 돈을 벌고 출세하고, 사회정의를 훼손하고, 금융산업이 더 나빠지고, 많은 국력이 낭비된 사건이다. 의혹과 의문이 풀리지 않는다면 유사한 사건은 또 발생할 수밖에 없다.

네 번째 이야기
국제금융

/

국제 자금 흐름에 대한 이해

국제적 또는 국가 간의 자금 흐름과 이와 관련한 금융을 총칭하는 국제금융은 일반인이 접근하기 어려운 전문가의 영역으로 여겨진다. 그러나 환율과 나라별 규제 등이 추가되어 어렵고 복잡해 보이는 것일 뿐 국제 자금 흐름도 기본적으로는 국내 자금 흐름과 큰 차이가 없다. 실제 국제 자금 흐름도 국내의 경제활동과 같이 상품의 매매, 여행 운송 등 서비스 거래, 일하거나 투자한 것에 대한 소득의 발생, 주식이나 부동산에 대한 투자 등과 관련해 발생한다.

이러한 국가 간 상품과 서비스 거래, 자금 이동을 정리한 기본적인 통계가 국제수지표다. 국제수지표는 경상수지, 자본·금융계정, 오차와 누락으로 구성되고, 국제금융을 이해하려면 먼저 국제수지표를 조금은 알아야 한다.

경상수지는 상품의 수출입과 여행 등 서비스에서 벌어들인 돈과 지급한 돈의 차이, 한국 사람이 외국에서 일하거나 투자해서 번 돈과 외국인이 한국에서 일하거나 투자해서 번 돈의 차이, 외국에 기부하거나 외국으로부터 기부받은 돈의 차이 등을 포함한다. 즉, 경상수지는 일상적이고 기조적인 거래의 결과로, 국민경제의 안정성을 평가할 수 있는 주요 경제지표의 하나다.

자본·금융계정은 한국인의 외국에 대한 직접투자와 외국인의 한국에 대한 직접투자의 차이, 주식이나 채권에 대한 한국인의 외국 투자와 외국인의 국내 투자의 차이, 파생금융상품 거래, 준비자산 등이 포함된다. 경상수지의 적자와 흑자는 자본·금융계정을 통해 부족한 부분이 보충되거나 조정된다. 예를 들어 경상수지가 적자면 직접투자나 증권투자 등의 자본거래에서 흑자를 내 균형을 잡을 수 있다. 자본거래를 통해서도 경상수지 적자를 메우지 못하면 준비자산(외환보유액)이 감소한다. 반대로 경상수지 흑자는 자본거래 적자나 외환보유액 증가로 나타난다. *

오차와 누락은 국제수지 통계 작성 시 여러 다른 자료를 사용함으로써 일치하지 않거나 통계에 잡히지 않는 거래 부분이 기록된다. 오차 및 누락은 국제수지표 이외에 다른 통계에도 있지만 국제수지표의 오차 및 누락이 해외 자본 도피와 관련되어 논란이 많은 부분이다. 해외 자본 도피는 방법에 따라 오차 및 누락에 포함되기도 하고 정상적인 경상수지나 자본계정에 포함되기도 한다. 기업의 수출입 가격 조작, 외국 주식의 매입·매도 가격 조작, 대외 수수료 과다 지급 등과 같이 합법성을 가장하는

---

* 자본거래 흑자는 해외에서 직접투자나 증권투자 형식으로 자본이 유입된 것을 의미하며 대외 부채 증가로 이어진다.

경우 정상적인 거래에 잡힌다. 허위 서류를 작성해 수입대금을 지급하거나 정상적인 수출의 수출대금을 회수하지 않는 방식으로 이루어지는 외화 도피는 오차 및 누락에 포함된다.

경제와 금융이 개방화·국제화되면서 상품과 서비스의 수출입 관련 거래, 즉 경상적 거래 이외에 금융적·투기적 요인에 의한 국제 자본 이동이 빠르게 증가하고 이것이 각국 경제에 큰 영향을 미치게 되었다. 이에 따라 국제수지표의 자본계정을 중심으로 국가의 대외 투자 규모와 외국인의 국내 투자 규모를 좀 더 자세히 파악할 수 있는 통계도 만들어졌다. 이 통계는 국제투자대조표international investment position라 하며 이를 통해 한 국가의 모든 금융 채권과 채무, 외환보유액, 총외채 규모, 순외채 규모 등을 알 수 있다. 한국도 국제투자대조표 통계를 한국은행에서 분기마다 발표한다. 그러나 금융불안 시기가 아니면 국민이 관심을 많이 갖는 통계는 아닌 것 같다.

한국은 실물 부문에서 수출입 의존도가 100%를 넘어 일부 도시국가를 제외하고는 개방 상태가 세계 최고 수준이며 금융 부문에서도 주식시장의 외국인 투자 비중이 30%를 웃돌아 개방도가 매우 높다. 그렇다 보니 한국에서의 국제 자금 이동은 경상적 거래와 함께 투기적 거래까지 가세해 환율뿐 아니라 주가 등 국내 금융 변수마저 크게 변동시킨다. 국내 주식시장은 외국인 투자자의 움직임에 따라 주가 등락이 결정될 정도다. 환율은 당연히 국제금융시장 동향과 외국인 투자자금의 움직임에 따라 크게 변동하고, 이제는 국내 금리에 대해서도 외국인 투자자의 영향력이 커지고 있다.

한국의 경상수지는 2012~2013년을 기준으로 볼 때 상품수지가 큰 폭의 흑자를 지속하는 가운데 서비스수지는 적자 또는 소폭 흑자를, 투자 수익 등 소득수지는 소폭 흑자를 내서 전체적으로 흑자를 유지하여 큰 문제가 없다. 그러나 나라가 고령화될수록 상품수지와 서비스수지에서 흑자를 내기 쉽지 않다. 사람으로 치면 70~80세까지 생산 현장이나 가게에서 일하는 것이 어려운 것과 마찬가지다. 은퇴 연령을 늦추고 산업 구조를 고부가가치화하고 출산율을 높여나간다면 충격을 줄일 수 있겠지만 근본적인 방향 전환은 매우 어렵다.

따라서 일본과 같이 상품수지와 서비스수지에서 적자가 나더라도 해외 투자의 규모와 수익을 늘려(투자수지의 대폭 흑자) 경상수지 전체는 흑자를 유지할 수 있어야 국민경제가 돌아갈 수 있다. 특히 한국은 에너지와 식량의 대외 의존도가 높고 남북문제 등 지정학적 위험이 있어 경상수지 흑자 기조가 더 중요하다. 노인이 금융소득과 연금소득으로 살아가는 것과 비슷하다. 이렇게 보면 일본의 '와타나베 부인'*은 일본 경제에 기여하고 있지만, 한국의 복부인으로 대표되는 부동산 투기는 한국 경제를 좀먹고 있다.

한국인이 보유하는 자산은 대부분 주택, 건물, 토지 등 부동산이다. 주택 등 부동산은 외국인이 우리나라에 들어와 세 사는 경우 등 예외적인 경우를 제외하고는 외화를 벌어들일 수 없다. 그리고 부동산 가격 상

----

* 와타나베 부인은 일본에서 저금리 기조가 장기화되면서 보유 금융자산을 해외에 투자해 수익을 내는 가정주부를 말한다. 와타나베 부인은 자기 자금으로 해외 투자를 하다가 일부는 일본의 낮은 금리를 이용해 금융기관 차입을 통해서 투자하기도 한다. 세계 여러 나라에서 개인투자자의 해외 투자가 늘어나면서 미국은 스미스 부인, 유럽은 소피아 부인이라는 말을 사용하기도 한다.

승은 공장 설립 비용 증가, 사무실 임대료 상승, 근로자의 임금 인상 요구 등을 통해 산업 경쟁력을 약화시킨다. 또한 주택 가격 상승에 따라 주택 소유자의 재산이 늘어나는 것은 국부가 실질적으로 늘어나는 것이 아니고 거품일 뿐이다. 최종적으로는 무주택자가 부동산 가격 상승의 부담을 지는 것이다.

한국의 돈 있는 사람들도 국내에서 부동산 투기만 하지 말고 다양한 투자를 통해 해외에서 돈을 벌어들여야 한다. 이를 위해서는 국민의 금융자산 축적이 많아져야 하고 축적된 금융자산 일부가 해외로 투자되어 괜찮은 수익을 내야 한다. 또한 은행 등 금융산업이 국제화되어야 하고 국제금융, 자산 운용 등에서 경쟁력이 있어야 한다. 2013년 기준으로 한국의 수출입 규모는 세계 10위권 이내이고 경제 규모는 15위 정도인 데 비해 국제금융 규모나 능력은 순위조차 거론하기 어려울 정도로 낙후되어 있다.

한국은 지금까지 국제적인 투기자본의 놀이터가 된 경우가 많아 국제 자본 이동에 대한 인식이 좋지 않다. 하지만 그렇다고 피해의식에 사로잡혀 백안시해서는 안 된다. 한국 경제는 개방화와 국제화의 한복판에 있다. 이는 실물뿐 아니라 금융 면에서도 마찬가지다. 국제 투기자본에 대해서는 잘 감시하고 필요하면 적절한 규제도 해야겠지만 기본적으로는 이와 함께 살아가야 한다. 공자님 말씀 같지만 한국이 장기적으로 살아남으려면 더 적극적으로 국제 자본 이동에 대한 이해와 관심을 높이고 관리 능력도 키워야 한다.

국제통화제도의 변천

국제통화제도는 국가 간 결제에 사용하는 돈, 각국 통화 간 교환비율(환율), 국가 간 자금 결제 등을 운영하기 위한 제도다. 세계 최초의 체계적이고 잘 작동하는 국제통화제도는 19세기 후반의 금본위제도gold standard system라고 볼 수 있다. 그전까지는 경제력이 강한 국가의 통화, 금은 등 귀금속, 다양한 형태의 상품화폐가 국제결제통화로 사용되었다. 이 중에서 금은은 동서양에 걸쳐 광범위한 지역에서 오랫동안 결제통화의 역할을 했다.

중국에서는 고대부터 청나라까지 국내 거래와 대외 교역에서 은이 기준 화폐로 널리 쓰였다. 돈을 다루는 기관인 은행銀行이 bank의 번역어로 사용된 것도 이와 관련이 있다. 청나라 중기까지 중국은 비단, 도자기, 차 등을 수출하고 대가로 은을 받아 세계의 은 중 많은 양이 중국으로 유입되었다. 더욱이 중국은 유럽 등에 비해 은의 가치가 상대적으로 높았다. 16세기 금과 은의 가격 비율이 유럽은 1대 12, 중국은 1대 6 정도로 유럽에서 은을 가져다 중국에서 금으로 바꾸어 유럽으로 가져가면 큰돈을 벌 수 있었고 이렇게 돈을 버는 상인도 생겨났다.* 초보적인 형태의 차익거래arbitrage가 이미 있었던 셈이다. 이러한 차익거래 등이 늘어나면 금은 가격 비율의 격차는 축소되었다가 교역이나 거래가 줄면 격차가 다시 늘어나곤 했다.

유럽은 대항해시대 이후 아메리카 대륙에서 은이 많이 유입되었지만 중국과의 무역 적자 등으로 18세기 후반부터 경제 규모의 빠른 확대에 비해 돈의 양인 은이 부족해졌다. 특히 영국은 식민지로부터의 은 유입이 적었던 데다 나폴레옹전쟁으로 은 부족이 심해지자 1816년 먼저 금본위제를 채택했다. 영국에서는 1844년 영란은행이 은행권 발행을 독점하고, 영란은행 은행권에 대해 금평가(시중 금가격)에 의한 금태환이 보장됨으로써 체계화된 형태의 금본위제가 시행되었다. 금본위제는 1870년대 들어 프랑스, 독일 등 유럽 주요국도 채택하여 1914년 제1차 세계대전 발발 시까지 원활히 운영되었다.

당시 금본위제가 잘 작동했던 것은 금본위제의 중심 국가였던 영국 경제가 건실했을 뿐 아니라 미국과 남아프리카 등에서 대규모 금광이 발견되어 금 공급이 충분했기 때문이다. 금본위제는 제1차 세계대전 종전 후 부분적으로 복원되었으나 1929년 세계 대공황 등의 영향으로 다시 붕괴했다. 금본위제도의 중심국이었던 영국은 전비 지출과 계속되는 경상수지 적자 등으로 1931년 9월 파운드의 금태환을 정지하고 이어 프랑

---

*   주경철, 『대항해시대』(서울대학교출판부, 2008), 257~261쪽.

스, 미국 등도 금태환을 정지하게 된 것이다.

제2차 세계대전이 끝나가면서 금본위제를 대체한 새로운 국제통화제도를 도입하기 위한 논의가 활발히 진행되었다. 이러한 논의를 바탕으로 연합국 44개국은 1944년 7월 미국 브레턴우즈Bretton Woods에서 국제통화회의를 열어 국제통화기금IMF 설립에 합의하고 새로운 국제통화제도를 출범시켰다. 새로운 국제통화제도는 브레턴우즈체제라고 불렸으며, 이는 국제거래 관행이나 시장원리에 의존하던 금본위제도와는 달리 성문화된 국제협약(IMF 협정문)에 근거한 인위적 제도였다. 브레턴우즈체제의 기본 골격은 금·달러 본위제와 고정환율제였다.

기축통화인 미 달러화의 가치는 금에 고정(순금 1온스당 35달러)하고 다른 나라는 자국의 통화가치를 미 달러화에 고정했다. 브레턴우즈체제에서는 미국의 경제력과 달러의 금태환에 대한 신뢰를 바탕으로 미 달러화가 국제준비통화와 결제통화, 즉 기축통화의 역할을 수행하게 되었다.

또한 각국 통화의 가치는 금가격 또는 미 달러화에 고정하고 각국 통화당국은 환율을 정해진 기준율par value의 상하 1% 범위에서 유지하게 했다. 단, 가맹국의 국제수지가 기조적으로 불균형fundamental disequilibrium 상태에 있을 때는 IMF와 협의를 거쳐 애초 기준율을 10% 범위에서 변경할 수 있게 했다. 따라서 브레턴우즈체제하의 환율제도는 조정 가능 고정환율제도라고 볼 수 있다. 즉, 환율의 안정을 유지하면서 외환 거래의 자유화를 도모하고 미국의 강한 경제력을 바탕으로 미 달러화를 국제결제통화 및 국제준비통화로 사용하는 것이다.

그러나 브레턴우즈체제가 지향하는 이런 경제 상황은 모순적이어서 장기간 유지되기 어려웠다. 국제 자본거래가 늘어나고 외환 자유화가 이루어지면 환율의 안정은 어려워지고 환율의 변동성은 커질 수밖에 없다. 또 국제유동성의 공급 확대와 미 달러화의 신인도는 서로 상충하게 되어 있다. 즉, 1960년대 후반에 들어 국제 자본거래가 늘어나고 베트남전쟁의 여파로 미국의 국제수지 적자가 확대되자 금값의 상승, 환율 불안, 미 달러화의 신인도 저하 등이 나타나 브레턴우즈체제가 흔들리게 되었다.

미국과 유럽 국가는 금시장 개입, IMF의 특별인출권special drawing rights: SDR 창출 등을 통해 국제통화제도의 안정을 도모했다. 그러나 1971년 8월 15일 미 정부가 경제긴급조치로 미 달러화의 금태환을 정지하면서 브레턴우즈체제는 사실상 붕괴했다. 이어 미 달러의 금평가 조정(온스당 35달러에서 38달러로), 환율 변동 폭 확대(상하 1%에서 상하 2.25%로) 등 브레턴우즈체제를 보완한 스미스소니언Smithsonian system체제를 도입했으나 오래 지속되지 못했다. 미 달러화의 금태환이 정지된 상태에서 금평가는 더 이상 의미가 없어 경상수지 적자 등 경제 기초여건이 나쁜 국가는 계속 평가절하 압력을 받을 수밖에 없었기 때문이다.

영국이 평가절하 압력을 못 이기고 변동환율제로 이행하고, 미국이 1973년 2월 10% 평가절하하고, 1973년 3월에는 유럽공동체EC가 공동환율제를 도입하면서 국제통화제도는 근본적으로 바뀌게 되었다. 국제적인 고정환율제에서 변동환율제나 각국이 선택하는 독자적인 환율제도로 전환한 것이다. 이는 킹스턴체제Kingston system라 불리는 현재의 국제통화제도로, 주요 선진국은 자유변동환율제를 채택하고 있다. 그리고 일부 국가는 관리변동환율제를, 일부 국가는 자국 통화가치를 선진국 통화가치에 연동시키는 페그시스템Peg system 등을 운용하고 있다.

킹스턴체제에서는 각국 환율제도가 다양하게 운용되지만 기본은 선진국이 사용하는 자유변동환율제도다. 1971년 미국의 금태환 정지 이후 변동환율제 등 새로운 국제통화제도에 대한 연구와 논의가 많이 있었다. 이를 바탕으로 IMF는 1974년 변동환율제도 운용 지침을 제정했고, 1976년 1월에는 자메이카의 수도 킹스턴에서 환율제도, IMF 신용제도 등에 합의하게 되어 1978년 4월부터 킹스턴체제가 출범했다. 킹스턴체제의 핵심은 자유변동환율제가 일반화되었다는 점과 금이 더는 국제통화의 공동 가치기준으로 역할을 하지 않는다는 점 두 가지다.

미 달러화는 국제결제 수단이나 핵심 준비자산으로 계속 사용되어 기축통화의 지위는 유지하게 되었으나 기축통화의 가치가 미국 경제 여건과 국제금융시장 상황에 따라 민감하게 변동하게 된 것이다. 이 때문에 다른 나라의 통화가치도 자국 경제 여건과 미국 경제 여건이 동시에 반영되어 변동성이 더 커지게 되었다. 현재의 국제통화제도는 각국의 경제 기초여건과 고정환율 간의 괴리가 장기간 축적되었다가 일시에 조정될 위험은 줄었지만 조금 후의 환율이 어떻게 될지 모르는 불확실성을 갖게 된 것이다.

환율의 예측과 대응

현 국제통화제도에서는 한국을 포함한 주요국의 환율이 시시각각 변한다. 그리고 환율 변동은 기업뿐 아니라 개인의 경제생활에도 많은 영향을 미친다. 자녀 유학 비용, 해외여행 경비는 환율에 따라 바로 바뀌고 기름값 등 수입 물가도 환율의 영향을 크게 받는다. 기업 부문에 대한 환율의 영향은 더 광범위하다. 환율이 오르면 수출기업은 수출대금의 원화 환산 금액이 커져 수익이 늘어나고 반대로 수입업체는 수입대금의 원화 환산 비용이 늘어나 원가 부담이 증가한다.

또 키코 사태와 같이 환율 변동 위험을 잘못 관리하면 멀쩡한 기업이 망하기도 한다. 외국인 관광객도 환율 변동에 따라 늘어나고 감소하여 국내 자영업자의 영업도 환율에 많은 영향을 받는다. 특히 한국 기업의 외국 현지법인이나 지사는 원·달러의 환율뿐 아니라 달러와 유로 간 환율, 달러와 엔화 간 환율 등의 변동에 따라 수익과 매출이 크게 변한다.

당연히 환율에 대한 관심은 커지고 환율의 흐름을 미리 알고 싶어 한다.

경제의 핵심 가격 변수인 금리, 주가, 환율은 모두 예측이 어렵지만 이 중 환율의 움직임이 가장 제멋대로인 것 같다. 이와 관련해 재미있는 조크가 있다. 사람이 죽어서 하늘나라에 가면 아이큐에 따라 하는 일이 정해진다고 한다. 아이큐 200인 사람이 죽어서 하늘나라에 갔는데 하느님이 아인슈타인과 함께 상대성원리를 더 연구하는 일을 시켰다. 다음에 아이큐 150인 사람이 오니 복잡해진 하늘나라의 구조조정 업무를 맡겼다. 그런데 아이큐 50인 사람이 죽어서 하늘나라에 왔다. 하느님이 고민하다가 결국 시킨 일이 환율 예측이었다.

환율을 예측하는 데 많은 지식이나 좋은 머리는 필요 없다. 누가 하든 틀리기 쉽고, 맞는다 하더라도 실력으로 맞춘 것이 아니라 어쩌다 맞춘 것이기 때문이다. 환율에 영향을 주는 요소는 너무 많다. 물가, 경제성장, 국제수지 등 각국 경제의 기초여건, 금리, 주가, 통화량 등 금융시장 동향, 금융기관 경영 상황, 국제금융시장 동향, 외환당국의 외환시장 개입, 경제정책의 신뢰성, 정치 상황, 국제정세, 우리나라의 경우 남북 대치 상황 등 무수히 많다. 또 이러한 요소가 서로 다른 방향으로 환율에 영향을 주기 때문에 신도 알기 어려운 것이 내일의 환율이다.

이렇게 예측 불가능한 환율도 장기적으로 또는 큰 흐름 속에서 보면 방향성을 알 수 있는 몇 가지 기준은 있다.

첫째, 물가 안정, 경상수지 흑자, 지속적 성장 등 경제의 기초가 강한 국가의 환율은 단기적으로 기복은 있지만 장기적으로 하락(통화가치 상승)한다. 제2차 세계대전 이후 강력한 제조업 경쟁력을 기반으로 수출을 늘려 경제발전을 이룩한 독일과 일본이 대표적이다. 일본 엔화는 브레턴우즈체제가 흔들리던 1969년부터 2013년까지 40여 년간 미 달러화 대비 3배 이상 가치가 올랐다. 독일은 마르크화가 유로화로 통합되었지만 같은 기간 미 달러화 대비 3배 정도 가치가 상승했다. 아마 마르크화가 유로로 통합되지 않고 유지되었다면 가치가 훨씬 더 올랐을지도 모른다.

이와 조금 비슷한 나라가 중국이다. 중국은 1994년 3월 이후 20여 년간 위안화 가치를 조금씩 올리면서 수출을 늘리고 성장세를 지속하고 있다(미 달러당 1994년 3월 8.7위안, 2005년 5월 8.3위안, 2013년 4월 6.4위안으로 절상).* 독일, 일본, 중국은 자국의 통화가치를 올려(환율을 내려) 국가와 국민의 부를 늘리면서도 국가경쟁력을 유지하는 경제 체질이 강한 국가다.

둘째, 시장참가자들이 안전통화라고 생각하는 나라의 통화는 세계경제가 불안하고 어려울 때 가치가 상승한다. 현재 안전통화라고 생각되는 대표적인 통화는 스위스 프랑화, 일본 엔화, 미 달러화다. 물론 시장참가자들이 생각하는 안전통화는 시장 상황이나 해당국의 경제 여건에 따라 바뀔 수 있다. 과거 독일 마르크화는 안전통화로 인식되었으나 현재의 유로화는 안전통화로 보지 않는다.

스위스 프랑화, 일본 엔화, 미 달러화는 세계경제가 잘나가고 평온할 때는 가치가 떨어지고 금융위기와 같은 불안기에는 가치가 상승한다. 2013년 이후의 일본 엔화 가치가 하락하는 것이 세계경제 상황이 개선

---

* 　중국도 1993년까지는 자국 통화가치를 떨어뜨려왔다. 특히 1994년 초 관리변동 환율제로 이행하면서 종전 미 달러당 5.8위안에서 8.7위안으로 50% 정도 위안화를 일시에 평가절하했다. 그래도 이후 20년 가까이 계속 평가절상한다는 것은 쉬운 일이 아니다.

되고 있다는 증거인지, 시장에서 일본 엔화를 더 이상 안전통화로 보지 않는다는 것인지, 아니면 단순한 일시적 조정인지 생각해보는 것도 흥미로운 일이다. 어느 것이 맞는지는 시간이 지나면 알 수 있을 것이다.

이에 비해 한국 원화는 국제금융시장에서 2013년 상반기까지는 대표적인 위험통화로 인식되었다. 경제 상황이 나빠지거나 위기 가능성이 있으면 가장 먼저 팔아버리는 통화였다. 물론 경제 상황이 호전되면 다시 산다. 이 때문에 한국 원화는 지속적으로 가치가 떨어졌을 뿐 아니라 변동 폭도 매우 컸다.

셋째, 정책 기조의 변화도 때에 따라서는 첫째와 둘째 요인 못지않게 환율 흐름을 변화시킨다. 닉슨 행정부 때 금태환 중지 사건, 폴 볼커Paul A. Volcker 전 미국 중앙은행총재가 추진한 물가 안정을 위한 고금리정책, 클린턴 행정부 시절 로버트 루빈Robert Rubin 재무장관이 추진한 강한 달러가 강한 미국을 만든다는 정책, 이명박 정부 시절 환율주권론으로 포장한 환율 상승 정책, 1985년 플라자합의를 통한 엔화와 마르크화 강세 정책 등이 환율 흐름에 큰 영향을 주었다.

이렇게 변화무쌍하고 국민경제에 큰 영향을 주는 환율과 관련해 현실 경제에서 중요한 것은 두 가지다. 하나는 어떤 환율정책이 최선인가이고, 다른 하나는 기업이나 개인이 환율 변동에 어떻게 대응할 것인가이다.

먼저 한국처럼 자유변동환율제를 채택하고 국가 규모가 크지 않으며 개방도가 높은 나라에서는 정책당국의 환율정책에 대한 재량권이 거의 없다. 한국의 외환보유액이 많다고는 하나 총외채, 외국인 주식 투자, 수출입 규모 등을 고려할 때 시장을 완전히 지배할 정도는 아니기 때문이다. 이는 2008년 세계 금융위기 때 그대로 드러났다. 당시 미국과 통화스와프를 체결하지 못했다면 원화 환율은 더 큰 폭으로 올랐을 것이다.

따라서 시장의 큰 흐름을 따라가되 환율의 빠르고 급격한 변동을 가능한 한 줄이는 것이 최선의 정책이다. 환율이 어느 방향으로든 천천히 변할 때는 경제주체가 적응하기 쉽지만 빠르게 변동하면 적응하는 데 어려움이 크기 때문이다. 시장에서 위험통화로 인식되는 한국 원화의 변동성을 줄이는 것은 쉬운 일이 아니다. 정책당국이 통화금융정책의 신뢰도를 높이고, 경제 기초여건을 강화하며, 금융 안정을 기하고, 남북관계를 개선해 나감으로써 원화에 대한 시장의 인식을 바꾸어야 한다.

특히 이명박 정부 초기처럼 원화 환율을 인위적으로 올려 수출을 늘리려는 정책은 절대 피해야 한다. 환율이 올라 수출기업의 늘어난 수익은 해외에서 생기는 것이 아니라 국내의 내수기업이나 일반인의 소득이 이전된 것에 지나지 않는다. 정책당국의 인위적인 환율 인상 정책은 일부러 집값을 올려 무주택자의 돈을 안 보이게 뒤로 빼앗아 다주택자에게 몰아주는 것과 똑같은 아주 나쁜 정책이다.

다음으로 기업이나 개인이 환율에 대응할 때 핵심은 환율이 항상 어떻게 변할지 모른다는 것을 받아들이는 것이다. 그리고 환율이 기업의 이익과 반대 방향으로 크게 변해도 기업이 생존할 수 있을 정도로 항상 선물환 등을 통해 환율 변동 위험을 헤지(위험 회피)해야 한다. 즉, 시장에서 이른바 전문가들이 환율이 어떻게 될 것 같다는 전망에 맞추어 환율 변동 위험을 한쪽 방향으로 관리하는 것은 매우 위험한 일이다.

예를 들어 2007년에는 원화 환율이 연초 930원 수준에서 완만한 하락세를 보였고 이러한 하향 안정세가 상당 기간 지속되리라는 것이 시장의 분위기였다. 정책당국은 당시 원화 환율이 너무 빨리 떨어지는 것을 막으려고 정유업체나 항공사와 같이 달러 수요가 많은 업체에 선물환 등을 통해 달러를 미리 사달라고 부탁하기도 했다. 정유업체 등은 환율이 앞으로 더 떨어질 것이므로 미리 살 필요가 없다고 생각했다. 수출업체도 환율 하락 가능성만 생각하고 아직 들어오지 않은 수출대금까지 미리 파는 경우도 있었다. 심지어 일부 수출업체는 환율 하락 위험을 수수료 없이 헤지하고자 원화 환율이 일정 수준 이상 올랐을 때는 달러를 계약 금액의 두 배 이상 지급해야 하는 키코 같은 계약을 체결하기도 했다.

2007년 10월 원화 환율은 900원 수준까지 떨어진 다음 2008년부터 빠르게 올라 2008년 11월 1,500원 수준까지 상승했다. 이어 조금 주춤했다가 2009년 3월에는 다시 1,570원까지 상승했다. 정유업체는 환율 상승분을 국내 유가에 전가할 수 있어 문제가 없었지만 외국에서 경쟁해야 하는 항공사 등은 경영상의 어려움이 컸다. 더욱이 키코 관련 수출기업은 환율이 올랐는데도 수익이 늘기는커녕 오히려 오른 환율로 달러를 두 배로 사서 물어주느라 도산한 기업이 많았다.

환율을 예측하고 대응책을 마련하는 것은 중요하다. 그러나 섣불리 예견하고 한쪽에 모든 것을 거는 것은 도박이지 지속기업이 선택할 일은 아니다. 환율 예측은 앞에서 든 조크처럼 아이큐 50인 사람이 하는 것과 진배없다. 그런 예측에 기업의 사활을 거는 것은 우스운 일이다. 그래도 환율의 움직임을 꼭 예측해야 한다면 머리나 지식보다는 몸과 마음으로 하는 것이 조금 나을 수 있다. 시장 앞에서 마음을 비우고 겸손해지면 시장 흐름을 조금이나마 느낄 수 있을지 모르기 때문이다. 이것이 하느님이 아이큐 50인 사람에게 환율 예측을 맡긴 진정한 의도인지도 모른다.

finance

4

m o n e y

국제통화제도의 현재와 미래

자유변동환율제를 근간으로 하는 킹스턴체제는 40년 가까이 약간의 문제는 있지만 그럭저럭 잘 작동되어왔다. 그리고 금태환이 정지된 종이화폐인 미 달러화는 계속 기축통화 역할을 하고 있다. 그러나 가끔 경제상황이 나빠지면 기축통화로서 미 달러화에 대한 의문과 함께 국제통화제도의 개편 문제가 제기되곤 했다. 이러한 주장의 근거는 크게 두 가지로 첫째는 미국이 별 힘 안 들이고 기축통화가 주는 혜택을 거의 독점하고 있다는 것이고, 둘째는 이른바 트리핀 딜레마°로 국제유동성 확대와 기축통화의 신뢰성이 서로 상충하여 특정국 통화를 기축통화로 하는 것은 장기적으로 불가능하다는 것이다.

먼저 기축통화국인 미국이 얻는 이익은 아주 많다. 미 달러화의 해외

● 　벨기에 경제학자 트리핀(Robert Triffin)이 1960년대에 주장한 이론이다.

사용 때문에 미국 중앙은행의 화폐 주조 이익seigniorage이 다른 나라 중앙은행보다 훨씬 크며, 미국 기업은 수출입 등에서 환율 변동 위험(통화불일치 위험)은 부담하지 않아도 되고, 미국이 자연스럽게 국제금융의 중심지가 되어 금융산업이 발전하며, 미국 국채 등에 대한 외국의 투자가 몰려 국내 금리가 낮아지는 것 등이 대표적인 이익이다. 기축통화국에 더 좋은 것은 기축통화로서의 신뢰를 유지하는 한 경상수지 적자가 누적되어도 외환위기를 피할 수 있다는 점이다. 부족 외환은 화폐 발행이나 국채 발행으로 충당할 수 있기 때문이다. 미국이 1990년대 이후 대규모 경상수지 적자를 기록하고도 외환위기를 겪지 않았던 이유다.

트리핀 딜레마도 이와 관계가 있다. 세계경제가 원활히 성장하려면 기축통화인 미 달러화가 국제유동성으로서 충분히 여러 나라에 공급되어야 한다. 미 달러화가 세계 각국에 공급되려면 통상 미국이 경상수지 적자를 기록해야 한다. 그런데 기축통화국이 계속해서 경상수지 적자를 기록하면 경제 기초여건이 나빠져 기축통화의 신뢰가 떨어지게 된다. 즉, 특정 국가의 통화를 기축통화로 사용하면 국제유동성의 원활한 공급과 기축통화의 신뢰 유지는 상충되어 동시에 두 가지를 달성할 수 없다는 것이 트리핀 딜레마의 핵심 내용이다. 그리고 이것이 현 킹스턴체제의 근본적 한계이기도 하다.

이러한 상황에서 2008년 세계 금융위기가 기축통화국인 미국을 진원지로 해서 세계경제에 심각한 타격을 주자 국제통화제도를 근본적으로 개혁해야 한다는 주장이 몇 가지 제기되었다.

첫째는 소수의 극단주의자들이 계속 주장해왔던 것으로 국제통화제도가 과거의 금본위제도로 돌아가야 한다는 것이다. 금본위제도는 특정 국가가 화폐 주조 이익 등 기축통화가 주는 혜택을 독점하는 것을 막고 기축통화의 가치와 신뢰를 계속 보장할 수 있다는 장점이 있다.

그러나 금본위제도하에서는 금 보유량의 편재에 따라 국제유동성이 편재되고 금의 공급량이 충분하지 못하면 세계경제는 금값(돈값)이 지속적으로 상승하는 디플레이션 상황에 빠질 수 있다. 장기적인 디플레이션은 인플레이션 못지않게 고통스럽다. 더 큰 문제는 심각한 경기후퇴나 금융위기 시 중앙은행을 통한 신속하고 충분한 유동성 공급이 불가능해져 경제위기를 탈출하기 어려워진다는 것이다.

그리고 현실적으로는 국제교역이나 투자 또는 자본 이동 시 비용 때문에 대금결제를 금 현물로는 할 수 없을 것이고 어떤 증서나 금 대체 계좌를 이용해야 하는데 이런 증서와 계좌의 신뢰성을 완전하게 확보하기란 불가능하다. 은행과 같은 민간기관이나 미국과 같은 특정 국가가 이러한 신뢰성을 항상 담보할 수 없기 때문이다. 또한 별도의 국제기구를 만든다 해도 어느 순간 금태환에 대한 신뢰성을 잃어버리면 금을 기초로 한 국제통화제도는 바로 붕괴할 수 있다. 16세기 유럽에서 지로은행이 생겼다가 사라진 것과 비슷한 것이다.

두 번째 대안은 세계 금융위기 이후 2009년 3월 중국에서 제안하고 브라질, 러시아 등이 동의한 방안으로 IMF의 특별인출권SDR을 새로운 기축통화로 사용하는 것이다. SDR는 IMF에서 1969년 7월 국제유동성 추가 창출과 새로운 준비자산으로서 역할을 하게 하고자 도입했다. SDR는 도입 시에는 '1SDR = 1달러 = 금 1/35온스'였으나 1974년 이후 주요국 통화에 가치를 연동한다. 2001년 1월부터는 미 달러화, 유로화, 일본 엔화, 영국 파운드화 등 4개국 통화를 기준으로 SDR의 가치가 매일 결정된다. SDR는 국가별 배분액 등을 기준으로 미 달러 등과 교환해 사용할 수 있고 IMF로부터 받은 대출에 대한 원리금 상환용으로 사용한다.

SDR을 기축통화로 사용하자는 논의는 꽤 오래전부터 있었지만 아직 구체적 방안이 도출되지 않고 단순한 연구 대상으로 남아 있는 상태다. 즉, SDR을 계정에서만 사용하는 화폐단위를 넘어 실물화폐로까지 만들 것이냐, 국가 간 어떻게 배분할 것이냐, SDR을 발행하는 기관을 새로 만들 것이냐 또는 현 IMF의 지배구조만 바꿀 것이냐 등등 연구와 합의 도출에 너무 많은 과제가 남아 있다.

현실적으로는 IMF나 SDR에 지분이 가장 많은 미국이 동의해야 하는데 미국이 바보가 아닌 한 기축통화로 달러를 포기하고 SDR을 채택할 것 같지는 않다. 따라서 SDR을 기축통화로 사용하자는 주장은 앞으로도 계속 연구와 논의 대상으로만 남을 가능성이 크다.

셋째는 기축통화로 미 달러 이외의 현실적인 대안은 없지만 미 달러의 독주는 막자는 것이다. 미 달러를 일부 대체할 수 있는 통화는 국제적 통용성이 있고 사용국의 경제 규모가 어느 정도 되는 유로화, 영국 파운드화, 일본 엔화와 함께 경제 대국으로 급성장하고 있는 중국 위안화일 것이다. 이 중 파운드화는 영국 경제의 규모가 작은 데다 계속 쇠퇴하고 있기 때문에, 그리고 엔화는 일본 경제가 활력을 잃은 데다 금융 부문의 낙후와 과도한 규제 등으로 인해 국제통화로서의 위상이 약화되고 있다. 따라서 이러한 통화들이 달러를 대체할 수 있는 기축통화가 될 가능성은 시간이 지날수록 줄어들 것이다.

유로화는 독일, 프랑스 등 유럽 17개국이 공동으로 사용하는 단일 통화다. 1999년 통화 통합 이후 점진적으로 위상이 높아져 기축통화의 위치를 놓고 미 달러화와 경쟁할 수 있는 후보로 부상했다. 특히 2008년 세계 금융위기 직후에는 미국식 금융자본주의가 한계를 보이자 유로화가 미 달러화를 대체할 수 있을지도 모른다는 유럽인들의 희망(?)이 잠깐 있었다. 그러나 2011년부터 유럽 재정위기가 심각해지고 이를 수습할 수 있는 유럽 국가들의 정치적·경제적 능력이 충분하지 못하다는 것이 알려지면서 기축통화로서의 유로화 대망론은 급격히 소멸했다. 그러나 유럽의 정치적·경제적 안정성 등을 생각할 때 달러를 보완하는 준기축통화의 역할은 할 수 있을 것으로 보인다. 특히 유로존 국가(유로화 사용국)들이 재정위기 등을 잘 극복하면서 정치적·경제적 통합을 진전시켜 나간다면 이러한 역할은 더 커질 것이다. 현재도 현금통화(현찰)로서는 유로화가 달러보다 더 많이 쓰이기 때문이다.

중국은 장기적으로 세계 1위 경제 대국이 될 수 있을 정도로 경제가 빠르게 성장하고 있고 화교를 중심으로 아시아 지역에서 중국의 영향력이 커지고 있어 중국 위안화가 국제통화로 더 많이 사용될 것은 확실하다. 그러나 중국 경제의 자유도와 투명성이 낮은 점, 금융산업의 낙후성, 정치 민주화가 요원한 점 등을 고려할 때 기축통화의 역할까지 수행하기에는 많은 시간이 걸릴 것으로 보인다. 즉, 위안화는 잠재력은 크지만 아직은 기축통화와는 거리가 너무 멀다.

종합해보면 기축통화국은 경제력만으로 되는 것이 아니고 여기에 정치, 군사 나아가 문화의 힘까지 가세해야 하기 때문에 기축통화로서 달러의 위상은 상당 기간 유지될 것이다. 또 강력한 대안이던 유로화도 어떤 이유에서인지 가능성이 줄어들고 있고, 위안화는 아직 너무 멀리 떨어져 있다. 아마 미국은 기축통화로서의 달러의 위상에 도전하는 다른 대안이 나타나면 어떻게든 이를 막으려 할 것이다. 미국이 기축통화국의 지위를 잃으면 미국의 앞날도 어려워질 것이기 때문이다. 그러나 세상은 인간의 뜻대로 움직이지 않는다. 세계를 지배했던 모든 제국도 결국 끝이 있었다.

뉴욕과 런던 국제금융시장, 그리고 한국

금융은 자금융통의 준말로 자금이 여유가 있는 곳에서 부족한 곳으로 흘러가는 과정이다. 국제금융시장도 간단히 보면 자금융통이 국제적으로 이루어지는 장소 또는 어떤 추상적 공간이다. 어떤 지역이 국제금융시장이 되려면 먼저 그 지역에 돈이 충분히 있거나 국제적으로 돈이 모여들어야 한다. 다음에는 돈을 빌리려는 사람이 세계 여러 곳에서 모이거나 투자할 것이 많아야 한다. 이렇게 되려면 해당 지역이나 국가의 기본 인프라가 튼튼해야 한다. 경제적·정치적·군사적으로 안정되어 있어 보유자산이 안전하게 지켜져야 하고, 금융거래가 명료하고 분쟁이 적어야 하며 비용도 저렴해야 한다. 또한 금융인이나 투자자의 의사소통이 자유롭고 거주나 근무가 편해야 한다.

이러한 조건을 다 갖춘 국가는 발전된 정치체제와 부강한 경제력 그리고 군사력까지 갖춘 진정한 초강대국일 것이다. 현재 세계 최대의 국제금융시장은 미국 뉴욕이다. 제1차 세계대전 전까지는 영국 런던이 세계 최대의 국제금융시장이었다. 미국도 당시에는 부족 자금의 상당 부분을 런던 금융시장에서 조달해 사용했다. 미국 뉴욕이 제2차 세계대전이후 세계 최대의 국제금융시장으로 등장하면서 영국 런던은 급격히 쇠퇴했다.

그러나 런던은 1980년대 들어 국제금융시장 환경 변화와 영국의 적절한 금융개혁 조치로 뉴욕과 쌍벽을 이루는 국제금융시장으로 다시 부활했다. 그리고 외환 거래, 국가 간 대출 등 특정 분야에서는 런던이 뉴욕보다 거래 비중이 더 크다. 현재 뉴욕과 런던은 조금 다른 방향에서 서로 보완하며 세계를 주도하는 국제금융시장의 역할을 하고 있다.

먼저 뉴욕은 1·2차 세계대전을 거치면서 미국이 세계 최고의 부국이고 기축통화국이 되면서 런던을 제치고 세계 금융의 중심지가 되었다. 안정된 정치, 강한 군사력과 함께 주식시장과 장단기 채권시장이 발달해 있어 세계의 투자자금이 모였다. 미국은 축적된 금융자산과 모여든 투자자금에다 발달한 금융기법이 결합해 자국 내에서 자금 조달이 어려운 세계 여러 금융기관이나 기업이 상대적으로 쉽게 자금을 조달할 수 있는 곳이 되었다.

특히 뉴욕은 기축통화국의 경제 중심지인 데다 양도성예금certificate of deposit: CD, 기업어음CP, 단기재무성증권, 은행 간 대출 등 단기금융시장이 발달해 있어 금융기관이 일시 여유 자금을 운용하고, 부족 자금을 조달하기에 용이한 곳이다. 따라서 세계 주요 금융기관은 뉴욕에 현지법인이나 지점을 두게 되고 금융기관 간 국제자금 결제도 많은 부분이 뉴욕에서 이루어지게 되었다. 이에 따라 뉴욕은 세계적인 상업은행과 투자은행, 자산운용사, 투자회사뿐 아니라 세계 주요국의 중앙은행, 국부펀드, 연기금 등의 사무소까지 있어 명실상부한 국제금융의 중심지가 되었다. 이와 함께 금융산업을 지원할 회계, 법률, 컨설팅 회사와 연구기관, 교육기관 등도 충분하다.

이러한 인프라는 금융거래 분쟁의 소지를 줄이고 비용을 낮추는 것 외에도 새로운 금융상품과 거래를 만들어내 뉴욕이 세계 금융산업을 선도하게 했다. 뉴욕 국제금융시장은 미국의 강한 정치력·경제력과 크고 효율적인 국내금융시장을 바탕으로 성장한 것이다. 즉, 국내금융시장이 국제금융시장화한 것이라고 볼 수 있다.

이에 비해 런던 국제금융시장은 성격이 다르다. 런던은 제1차 세계 대전 전까지는 지금의 뉴욕과 같은 역할을 했다. 영국을 중심으로 한 금본위제와 파운드화의 안정성, 해가 지지 않는 제국이라는 영국의 경제력과 정치적 영향력 등을 바탕으로 런던이 세계 금융의 중심지였다. 런던이 세계 최고의 국제금융시장이 된 것은 오래전부터가 아니고 영국의 산업혁명이 성공적으로 정착하고 식민지 지배체제가 완성된 19세기 중반 이후부터다.

그 이전 15세기에서 18세기까지 유럽의 국제금융 중심지는 북부 이탈리아 롬바르드 지역의 베니스와 제노바 그리고 프랑스의 리옹, 다음은 네덜란드의 암스테르담 등이었다. 이러한 지역의 국제금융시장은 경제력의 이동과 함께 소멸하거나 흔적만 남아 있는 상태다. 이에 비해 런던은 크게 쇠퇴했다가 다른 형태로 회생하여 뉴욕과 경쟁하는 국제금융시장으로 성장했다. 쇠퇴했던 국제금융시장이 다시 살아나는 것은 과거 사례를 볼 때 쉬운 일은 아니다.

뉴욕이 국내금융시장이 국제화된 것이라면 현재 런던은 국가 간 금융거래, 비거주자 간 금융거래, 즉 국제금융시장 자체로 발전한 것이다. 런던은 과거 세계 최대의 국제금융 중심지로서 갖고 있던 기본 인프라에다 영국 파운드 이외의 거래에 대한 규제 철폐 등을 기초로 외국 금융기관, 외국 투자자를 유치해 외국 자금 수요자에게 자금을 중개하는 역외 국제금융시장으로 발전했다.

1950년대 이후 냉전 시대에 소련 등 동구권 국가는 달러 예금을 런던에 예치했다. 미국의 예금 동결 조치를 피하면서 런던의 발달한 국제금융 결제망 등 금융인프라를 이용할 수 있기 때문이다. 1960~1970년대에는 미국의 예금금리 규제 등의 회피를 위한 미국 자금도 런던에 들어왔고 이어 중동의 오일머니도 소련 등과 비슷한 이유로 런던을 선호했다. 이렇게 되면서 달러 표시 채권 발행 등 달러 자금의 조달도 뉴욕보다는 런던이 비용과 절차 면에서 유리하게 되었다. 런던 금융시장의 경쟁력은 1986년 빅뱅이라 불리는 금융개혁 조치로 더 강화되었다.

이러한 런던 국제금융시장의 발달은 유로달러 또는 유로커런시라는 새로운 개념의 국제금융거래를 탄생시켰다. 유로달러는 미국 이외 지역에 소재한 금융기관에 예치된 달러 자금을 말한다. 이러한 개념은 미 달러 이외의 통화로 확대되어 일본 밖에 예금된 엔화 자금인 유로엔, 과거 독일 밖에 예금된 유로마르크 등이 나오게 되었다. 한국 원화가 국제화된다면 유로원도 언젠가 나올 수 있다. 이렇게 자국 바깥에 예치된 자금을 통칭해 유로커런시라고 한다.

비거주자, 즉 역외금융을 중심으로 한 런던 국제금융시장과 자국 내 금융시장을 기초로 한 뉴욕 국제금융시장은 세계 여러 다른 국제금융시장의 설명 모델이 될 수 있다. 도쿄는 세계 2~3위의 경제력을 바탕으로 뉴욕의 모델을 따랐으나 과도한 규제, 금융인프라 부족 등으로 국제금융시장으로 성장하지 못하고 있다. 독일의 프랑크푸르트는 도쿄보다는 많이 발달해 있으나 유행하는 말로 몇 가지 부분에서 2%가 부족하여 뉴욕과 런던에 비해 경쟁력과 규모가 떨어진다. 모일수록 경쟁력이 커진다는 금융의 집적 효과도 다른 지역이 국제금융시장으로 발달하기 어려운 이유이기도 하다.

한편 런던의 역외금융을 모델로 한 싱가포르와 홍콩은 아시아 지역의 국제금융시장으로 서로 경쟁하며 확고히 자리를 잡고 있다. 이들 외에 틈새 국제금융시장으로 고액 개인금융private banking의 자금 유치로 발전한 스위스와 룩셈부르크, 이슬람 금융을 주도하는 쿠알라룸푸르, 상품 선물 등 파생상품시장이 강한 시카고 등이 있다.

그리고 미래의 국제금융시장으로 성장 가능성이 있는 곳은 상하이다. 상하이는 홍콩과 달리 중국의 국내금융시장을 국제화하고 있어 뉴욕 모델을 지향한다고 볼 수 있다. 시간이 오래 걸리고 쉽지는 않겠지만 상하이가 제대로 작동하는 국제금융시장의 역할을 한다면 중국은 자국 내에 세계적인 국제금융시장을 2개 소유하는 금융강국이 될 것이다. 이는 중국이 제조업과 군사력 그리고 금융까지 갖춘 진정한 초강대국이 되는 것을 의미하기도 한다.

한국도 참여정부 때 서울을 동북아의 금융허브로 만들겠다는 정책을 추진했고 금융허브정책이 한때 유행해 부산, 인천 송도 등의 도시를 국제금융 중심지로 키우겠다는 계획도 있었다. 동북아 금융허브라는 말은 동남아 쪽에 홍콩과 싱가포르가 있어 경쟁이 안 될 것 같아 쓴 말인 것 같다. 당시 자산운용업을 전략업종으로 삼고 카이스트에 금융대학원을 만드는 등 의욕적으로 추진했으나 별 성과는 없었고 현재는 기억하는 사람도 많지 않다.

어떤 국가나 지역이 경쟁력 있는 국제금융시장으로 성장하려면 경제 기초여건과 인프라 등 갖춰야 할 것이 많다. 물가 안정과 환율 안정, 지속적 성장세 유지, 다양한 금융상품, 규제의 예측성과 합리성, 정치적·지정학적 안정성, 의사소통과 생활 편의 등을 갖추어 외국의 돈과 사람이 모일 수 있게 해야 한다. 그리고 국제금융시장의 발전 모델을 뉴욕이나 런던으로 할 것인지, 스위스나 룩셈부르크처럼 틈새시장으로 갈 것인지, 아니면 우리만의 모델을 새로 만들 것인지도 결정해야 한다.

서울이나 한국의 다른 도시를 국제금융 중심지로 만들기는 쉽지 않지만 포기할 필요는 없다. 송도 개성상인의 시변제도와 같이 금융과 관련한 깊은 뿌리를 우리도 갖고 있기 때문이다. 또 독일의 프랑크푸르트도 뉴욕과 런던에는 못 미치지만 제조업과 금융업의 균형 발전이라는 시각에서 국가와 지방자치단체가 부단히 노력하고 있어 조금씩 국제금융시장으로 성장하고 있다. 어쩌면 미래에는 뉴욕이나 런던과 경쟁할 수 있는 또 다른 형태의 국제금융시장으로 발전할지도 모른다. 우리도 장기적인 시각에서 꾸준히 추진해나간다면 분명 성과가 있을 것이다.

finance

6

m o n e y

국제금융시장의 큰손

국제금융시장도 국내금융시장과 같이 상업은행, 투자은행, 자산운용사 등의 기관투자자, 연기금과 사학기금, 헤지펀드 등이 큰손이다. 이 외에 중앙은행의 외환보유액과 국부펀드도 성격은 다르지만 국제금융시장의 큰손이다. 와타나베 부인이나 스미스 부인으로 불리는 소액의 개인투자자도 있지만 국제금융시장에서도 이들보다는 큰손들에 의한 국가 간 대출과 투자가 국제자금 이동의 중요한 부분을 차지하고 있다.

국제자본 이동 규모는 2008년 세계 금융위기를 전후로 하여 크게 변동했다. 맥킨지 보고서*에 따르면 금융위기 이전에는 과잉 유동성과 거품 등으로 말미암아 국제자본 이동은 2007년 12조 달러 수준까지 늘어

● McKinsey Global Institute, "Financial Globalization: Retreat or Reset — Global Capital Market 2013"(March 2013). 국제자본 이동 규모는 해외직접투자, 주식·채권 등 포트폴리오 투자, 국가 간 대출의 합계로 산정했다.

낮으나 2009년에는 세계적인 신용 경색 등으로 2조 달러 이하로 급감했다. 이후 조금씩 회복하여 2012년에는 5조 달러 정도에 이른 것으로 알려져 있다. 국제금융시장에서 움직이는 돈의 양, 즉 국제유동성도 이러한 추세로 늘었다가 감소한 것으로 볼 수 있다. 2007년까지 거품의 크기와 2008년 세계 금융위기 충격의 강도는 이렇게 급격히 변동한 국제자본 이동의 규모를 통해서도 가늠해볼 수 있다. 그리고 세계 금융위기에 따른 국제자본 이동의 위축은 신흥시장국보다 선진국, 특히 재정위기까지 겹친 유럽에서 심하게 나타났다.

이러한 과정에서 국제금융시장의 큰손들도 크게 위축되었고 투자전략도 크게 변하고 있다. 2008년 세계 금융위기 이전까지 국제금융시장을 주름잡던 투자은행의 영업 행태가 바뀌고 있다. 특히 일부 유럽의 투자은행은 대체투자라 불리는 원자재, 부동산 등의 투자를 금지했고, 파생상품 거래도 은행과 고객의 위험 회피를 위한 것이 아닌 경우 영업 대상에서 제외했다. 또한 주식과 채권에 직접 투자하는 투자은행의 기본 업무도 최대한 억제하고 있다. 즉, 투자은행이 헤지펀드 성격에서 상업은행 성격으로 변화하고 있는 상황이다.

국제금융시장의 큰손 중에서 여전히 공격적인 투자 행태를 보이는 것은 헤지펀드이고, 그 반대쪽에서 보수적인 자산 운용을 지속하는 것은 중앙은행의 외환보유액이다. 이렇게 성격이 크게 다른 큰손인 헤지펀드와 외환보유액의 투자 행태를 조금 알면 나머지 큰손들의 투자 행태도 이해하기 쉽다. 나머지 큰손들은 위험 선호 성향에 따라 양쪽의 투자 행태를 적절히 혼용하기 때문이다.

먼저 헤지펀드는 소수의 투자자로부터 사모 방식으로 자금을 모집하고 이 자금을 투자해서 수익을 내 배당하는 투자회사다. 1949년에 미국에서 처음 만들어졌고 1980년대 후반 이후 금융 규제 완화로 급격히 성장했다. 공모 방식으로 다수의 투자자(통상 100명 이상)로부터 투자를 받아 운영하는 뮤추얼펀드와 달리 헤지펀드는 공시 의무가 면제되는 등 자산 운용에 대한 감독당국의 규제가 거의 없다. 헤지펀드의 투자자산은 주식, 채권, 외환, 파생금융상품, 원자재, 부실자산 등 돈이 될 수 있는 것은 거의 모두를 대상으로 한다.

투자 방식도 다양해 남과 다른 방식과 기법으로 돈을 벌려고 한다. 초기의 헤지펀드는 헤지(위험 회피)라는 이름에 걸맞게 매입과 매도 포지션의 균형을 맞추는 등 위험 중립적인 펀드가 많았으나 이러한 방식으로 큰 수익을 내기 어려워지면서 더 공격적으로 투자하게 되었다.

세계 각국의 거시경제 상황을 분석해 수익 기회를 잡으면 대규모 차입금까지 이용해 거액을 투자하는 방식도 많이 사용되었다. 1992년 유럽 통화위기 당시 큰돈을 번 조지 소로스의 퀀텀펀드가 대표적이다. 도산 위기에 있는 기업 또는 구조조정 대상 기업의 증권에 투자하는 펀드, 기업 인수·합병 과정에서 인수 기업이나 피인수 기업에 투자하는 펀드, 신흥시장국을 주요 대상으로 하는 펀드, 특정 산업에 주로 투자하는 펀드도 있다. 그리고 워런 버핏의 투자 방식을 따라 가치주에 투자하는 펀드, 과대평가된 주식이나 외환을 매도하고 가격 하락 후 다시 매입하는 공매도펀드short-sellers fund 등이 있다.

이렇게 헤지펀드가 다양해지면서 고위험·고수익을 추구하는 개인투자자뿐 아니라 투자은행, 연기금, 보험회사, 자산운용사도 일부 자금을 헤지펀드에 투자하기에 이르렀다. 나아가 상업은행이나 투자은행이 직접 헤지펀드를 운영하거나 헤지펀드와 연계된 펀드(펀드의 펀드)를 개발하기도 했다. 헤지펀드의 전성기는 1990년대 말부터 2008년 세계 금융위기까지 이어졌다.

그리고 헤지펀드는 수수료에 대한 규제가 없어 1~2%의 기본 수수료 이외에 20% 정도 성과 수수료를 받고 펀드의 운영자도 펀드에 투자할 수 있다. 따라서 헤지펀드 운영자는 펀드의 성과가 좋을 때는 거액의 성과 보수와 함께 자신의 운용 수익까지 벌 수 있다. 조지 소로스의 퀀텀펀드나 줄리언 로버트슨Julian Robertson의 타이거펀드 등과 같이 장기간에 걸쳐 고수익을 내서 펀드 운용자나 투자자 모두 큰돈을 벌고 헤지펀드의 전설이 된 펀드도 있다. 하지만 헤지펀드의 절반 정도는 시장 평균 수익률 이상의 수익을 내지 못하고, 20% 정도는 설립 후 5년 이내에 파산하는 것으로 알려져 있다. 1994년 노벨경제학상 수상자 등 초호화 경영진이 모여 설립해 초반에 큰 수익을 내다가 1998년 파산한 LTCM이 대표적이다.

헤지펀드는 대부분 공격적인 투자전략을 취해 시장 환경 변화에 따라 펀드 간 운용 성과가 큰 차이가 나고 성과나 순위도 빠르게 변한다. 2012년에는 아팔루사펀드, 브리지워터펀드 등이 성과가 좋았고 이 펀드들의 최고경영자는 각각 연간 20억 달러 내외의 돈을 번 것으로 알려진다.* 한국도 2011년 말부터 헤지펀드를 설립해 운영할 수 있는 제도적 장치가 마련되었으나 운용 능력 부족 등으로 규모나 성과는 아직 미미한 수준이다.

---

* *Financial Times*, March 15, 2013.

헤지펀드와는 대조적으로 중앙은행 등의 외환보유액은 수익성보다는 유동성, 안전성을 중심으로 하여 보수적으로 자산을 운용한다. 외환보유액 규모는 중국, 일본, 러시아, 대만, 브라질, 스위스, 인도, 한국, 홍콩, 싱가포르 등이 크다. 이 중 일본과 스위스를 제외하고는 신흥시장국이다. 영국과 유로 사용국은 자국 통화의 국제 통용력이 있는 데다 필요하면 미국 등과 통화스와프를 통해 외환을 확보할 수 있어서 외환보유액을 많이 유지할 필요가 없다. 외환보유액을 유지하는 데는 역마진 등으로 인해 비용*이 든다. 한국을 포함한 신흥시장국은 이 비용을 금융위기 시 등에 대비한 보험료로 생각하고 받아들이는 상황이다.

외환보유액은 국제수지 불균형 시, 투기세력의 공격 시, 환율 조정을 위한 시장 개입 시 등 필요할 때 언제라도 사용할 수 있는 대외자산이다. 세계적인 우량 은행의 예금, 미국이나 독일 등 선진국의 장단기 국채, 국제기구 발행 채권, 선진국의 정부기관 채권 등이 일차적인 자산 운용 대상이다. 외환보유액 규모가 커지면서 유동성, 안정성 이외에 수익성에 대한 관심이 커지고 투자 대상도 확대되었다. 금융채, 자산담보부증권, 물가연동채권 등에 대한 투자와 함께 상장 우량 기업 주식에까지 투자가 확대되는 추세다.

외환보유액의 외국 통화별 투자는 헤지펀드 등과는 달리 환율 동향보다는 각국의 대외 결제 등을 위한 외환 수요가 우선 고려 대상이다.

---

* 한국은행의 외환보유액은 저절로 생기는 것이 아니고 국내의 달러 등 외화를 원화를 주고 산 것이다. 외환보유액이 늘어나면 중앙은행의 본원통화도 늘게 되어 늘어난 본원통화를 흡수하기 위해 통화안정증권 등을 발행해야 한다. 외환보유액의 운용 수익이 통화안정증권 이자에 못 미치면 역마진이 발생한다.

즉, 미 달러화, 유로화, 엔화 등에 대한 투자자산 구성은 각국의 대외 부채와 수출입 거래 통화의 비중과 세계 외환 거래 비중을 주로 고려해 결정된다. 따라서 세계 기축통화인 달러 비중이 가장 크다.

세계 외환보유액 중 미 달러 자산 비중은 2000년 71%에서 지속적으로 감소해 2010년에는 61%로 낮아졌다. 한국의 경우 수출입 등에서 미 달러화의 거래 비중이 높아 2010년 외환보유액 중 미 달러 자산 비중은 세계 평균보다 다소 높은 64% 수준이다.

일부 국가는 보유 외화자산이 많아지면서 외환보유액과는 별도로 국부펀드sovereign wealth fund라고 불리는 좀 더 공격적으로 수익성을 추구하는 펀드를 만들어 운영하고 있다. 대표적인 국부펀드 운용 국가는 아랍 에미리트, 사우디, 쿠웨이트 등 중동 산유국, 싱가포르, 러시아, 노르웨이, 중국 등이다. 한국도 2005년에 한국투자공사KIC를 만들어 국부펀드 경쟁 대열에 동참하고 있으나 짧은 연륜, 운용 규모 열세 등으로 아직 존재감이 크지는 않다.

국제금융시장의 큰손을 위험 추구 성향에 따라 나열해보면 대략 헤지펀드, 투자은행, 연기금, 자산운용사, 상업은행, 외환보유액 순서로 고위험·고수익을 추구한다고 볼 수 있다. 국부펀드는 연기금과 비슷한 정도의 위험을 부담하고 수익을 추구하지만 좀 더 장기적이고 전략적으로 투자하는 경우가 많다.

국제금융시장에서 이러한 큰손 이외에 잘 드러나지 않지만 진짜 큰손은 기축통화국인 미국의 중앙은행Fed이고 그다음은 미 달러에 이어 국제 통용성이 있는 유로화를 발행하는 유럽중앙은행ECB일 것이다. 이 중앙은행들은 돈을 벌려고 국제금융시장에 나타나지는 않고 조용히 움직이지만 가용 자금이나 영향력은 다른 어떤 큰손보다 크다. 국제금융 뿐 아니라 금융 전반을 이해하려면 이 두 중앙은행에 관해 어느 정도 알아야 한다.

Fed와 ECB

중앙은행은 금본위제하에서와는 달리 관리통화제도하에서는 무제한적
인 발권력을 보유하고 있어 이론적으로는 시장 개입이나 투자 시 가용
자금의 제약이 없다.* 그러나 이것은 어디까지나 국내시장에서 자국 통
화로 거래가 이루어질 때뿐이다. 1992년 유럽 통화위기 때 보았듯이 영
국, 프랑스 등의 선진국 중앙은행도 외환시장에서 투기세력이 대규모로
공격할 때는 무력할 수 있다. 외환보유액에는 한계가 있기 때문이다. 개

---

* 　중앙은행은 금리정책이 정상적으로 운영될 때에는 정책금리를 정해진 수준에서
　유지될 수 있는 수준의 본원통화를 공급해야 하므로 본원통화 공급의 재량권이
　별로 없다. 그러나 금융위기 등으로 정책금리의 일시적 조정을 용인하거나 제로
　금리 시기와 같이 금리정책이 무력화되었을 때는 중앙은행이 본원통화의 양을
　의도대로 조정할 수 있다.

발도상국의 중앙은행은 외환시장에서 더 무력하다. 1980~1990년대 아르헨티나, 브라질, 멕시코 등 남미 국가의 외채위기, 1998년 러시아의 모라토리엄, 1997년 한국을 포함한 동남아 국가의 외환위기 등이 대표적이다. 더욱이 2008년 세계 금융위기 시에 한국은 외환보유액이 2,900억 달러에 이르렀는데도 환율이 50% 이상 오르는 등 준외환위기 상황에 처했다. 기축통화국이 아닌 나라의 중앙은행은 외환보유액이 많아도 외환시장을 통제하기 어렵다는 것을 잘 보여주는 사례다.

이러한 제약을 받지 않는 세계 금융시장의 진정한 큰손은 미국 중앙은행인 Fed다. Fed는 중앙집권적 공권력에 대한 거부감이 강한 미국적 특성이 반영되어 지배구조가 복잡한 데다 일반인과의 접촉이 많지 않은 업무 특성 때문에 한때 비밀사원 secret temple 이라 불리기도 했다. 이 때문인지는 몰라도 한국에서는 Fed에 대해 말도 안 되는 이상한 오해가 상당히 일반화되어 있다. 그리고 이상한 오해의 뿌리는 음모론을 좋아하는 사람들과 관련이 있는 것 같다.

첫 번째 일반적인 오해는 Fed가 민간기구로서 국가나 국민의 이익이 아니라 주주인 민간은행, 특히 유태계 금융인의 이익을 위해 존재한다는 것이다. 두 번째 이상한 오해는 미국에서 Fed가 달러를 발행하고 미 정부가 이를 가져다 쓰는데 이때 미 정부가 Fed에 이자를 지급한다는 것이다.

Fed는 1913년 오랜 논의 끝에 각계 의견을 종합해 준민간기구 형태의 12개 지역연준과 국가조직인 워싱턴의 연준이사회가 결합한 특이한 형태로 설립되었다. 연준이사회는 의회에 책임지는 형태의 공조직이며, 7명의 이사로 구성된다. 이사는 상원의 인준을 받아 대통령이 임명하며 임기는 12년이다. 대통령이 임명하는 연준이사회 의장(미국 중앙은행 총재)은 당연직 이사가 된다. 연준이사회는 다른 나라 중앙은행처럼 산하에 방대한 조사연구 조직을 갖고 있다.

지역연준은 해당 지역의 회원 은행이 주주인 주식회사다. 주주들이 6명의 지역연준 이사(3명은 금융 전문가, 3명은 산업·노동·농업 대표)를 선임한다. 또한 본부의 연준이사회는 12개의 지역연준에 각 3명씩 지역연준 이사를 선임한다. 각 지역연준은 이렇게 선임된 총 9명의 이사가 지역연준 총재 임명 등 지역연준을 운영하게 된다. 12명의 지역연준 총재 중 4명(순번제)과 뉴욕연준 총재(당연직) 그리고 본부 연준이사회 이사 7명 등 총 12명이 미국 중앙은행의 실질적 최고 의사결정기구인 연방공개시장위원회FOMC의 구성원이 된다. 이러한 지배구조 때문에 Fed가 지역연준의 주주인 민간은행의 이익을 위해 운영된다는 말이 꽤 있다.

그러나 지역연준 이사 9명 중 6명은 주주인 민간은행에서 선발하지만 금융 전문가 이외에 산업·노동·농업의 실물경제 전문가가 포함된다. 이와 함께 연준이사회에서 임명하는 3인의 이사는 공공부문의 대표 성격을 띤다. 이는 견제와 균형이라는 미국적 정치이념이 반영된 결과로 볼 수 있다. 그리고 지역연준 총재는 주주가 바로 임명하는 것이 아니라 워싱턴에 있는 연준이사회의 승인을 받게 되어 있고, 실제 임명 과정에 연준이사회 의장인 Fed 총재의 영향력이 많이 반영되는 것이 관행이다.

Fed의 주요 정책은 연준이사회(지준율, 재할인금리)와 연방공개시장위원회(정책금리, 공개시장조작)에서 결정하고 지역연준은 이를 집행하는 역할을 수행한다. 더욱이 지역연준 주주인 연준 가맹 민간은행은 법으로 정해진 연 6%의 배당을 받는 것 이외에 지역연준의 재산에 대한 어떠한 청구권도 없다. 지역연준 주식은 팔 수도, 거래할 수도, 담보로 제공

될 수도 없다. 이것이 지역연준이 주식회사 형태이지만 일반 기업과 성격이 다른 점이다. 결국 미국 중앙은행도 지배구조가 조금 복잡하기는 하지만 워싱턴의 연준이사회를 본부로 하고 자율권이 강한 12개의 지방 본부를 갖는 등 실제 운영은 일반적인 중앙은행과 비슷하게 이루어진다.

두 번째는 조금 이상한 오해인데 미국이 달러를 발행할 때 미 재무성이 Fed에 이자를 낸다는 것이다. 출처는 불명확하지만 두 가지를 잘못 이해해 생긴 오해 같다.

하나는 미국 정부도 다른 나라와 마찬가지로 세입보다 세출이 많으면 국채를 발행해 부족분을 메운다. 그리고 발행한 국채에 대해서는 다른 나라와 같이 미 정부가 보유자에게 이자를 지급한다. 보유자는 외국인, 은행, 증권사, 개인 등 다양하고 미국 중앙은행도 포함된다. 미 정부(재무성)는 미국 중앙은행이 보유한 미국 국채에 대해 이자를 지급하는 것이다. 이는 우리나라를 비롯해 시장경제를 채택한 국가에서는 모두 있는 당연한 일이다.

다음은 미국 중앙은행의 손익계산서상에 연방은행권(미 달러 지폐)에 대한 이자interest on Federal Reserve Note라는 항목이 있어 오해를 불러일으킨 것 같기도 하다. 이 이자는 미 정부가 Fed에 지급하는 것이 아니고 반대로 Fed가 미 정부에 화폐 발행 권한을 준 대가로 내는 것이다. Fed가 1914년부터 2011년까지 주주인 민간은행에 배당금으로 지급한 돈은 155억 달러인데, Fed가 미 정부에 은행권 이자로 낸 돈은 무려 8,423억 달러다. 즉, 배당금의 50배 이상을 정부에 납부해 경제적으로도 Fed가 주주보다는 국가를 위해 존재하는 기관인 것을 알 수 있다.

Fed가 많은 전문가의 관심 대상이 되고 오해도 많은 것은 기축통화국인 미국의 중앙은행으로 국제금융시장에 막강한 영향력을 행사할 뿐 아니라 국내에서도 다른 나라 중앙은행보다 업무 범위가 더 넓고 많은 권한을 지니기 때문이기도 하다. Fed의 법률상 설립 목적은 물가 안정과 최대 고용이다. 물가 안정만을 목적으로 하는 다른 나라 중앙은행과 달리 고용 확대도 정책목표에 포함되므로 더 많은 경제문제와 관계될 수밖에 없다. 실제 Fed가 일차로 관심을 쏟는 경제지표가 고용지표다. 또한 Fed는 은행지주회사와 회원 은행을 직접 감독하는 미국의 주된 금융감독당국이며 금융소비자 보호기구를 산하기구로 두고 있다.

이처럼 많은 권한을 가지고 있는데도 Fed가 처음부터 제 역할을 잘했던 것은 아니다. 1929년 대공황 확산과 1970년대 고물가 지속이 Fed의 대표적인 정책실패와 무능의 사례이기도 하다. Fed가 제 역할을 하고 시장의 신뢰를 얻는 데에는 볼커나 그린스펀과 같은 뛰어난 중앙은행 총재의 역할이 컸다. 그리고 Fed도 불완전한 인간이 운영하는 조직이기 때문인지는 몰라도 2008년 세계 금융위기를 막지는 못했다. 그래도 1929년 대공황 때보다는 위기관리를 잘하고 있는 것 같다.

Fed 다음으로 국제금융시장에서 영향력이 있는 중앙은행은 유럽중앙은행ECB다. ECB는 독일, 프랑스 등 17개국이 자국의 통화주권을 포기하고 단일통화의 발행과 단일통화정책의 수행을 위해 설립한 공동 중앙은행이다. ECB는 프랑크푸르트에 본부를 두고 1999년 1월 설립되었으며 단일통화인 유로화 실물은 2002년 1월부터 사용되고 있다.

각 회원국은 자국법에 따라 별도의 중앙은행제도를 유지하고 회원국 중앙은행의 법적 성격도 나라에 따라 주식회사, 공적기구 등으로 다르다. 다만 ECB의 업무 수행과 밀접한 관계가 있는 사항인 중앙은행 독립성, 정부에 대한 대출 금지, 통화정책 운용 방법 등은 유럽통합조약에 따라 통일되어 있다.

공동 중앙은행인 ECB는 ECB 총재, 부총재와 4명의 집행이사, 17개 회원국 중앙은행 총재로 구성되는 정책위원회 Governing Council를 최고 의사결정기구로 두고 있다. 정책위원회에서는 정책금리, 중앙은행 대출제도 등 주요 사항을 결정하고 각 회원국 중앙은행이 이를 집행한다. 각 회원국 중앙은행은 통화정책의 집행 이외에 회원국별로 법에서 부여한 금융 감독 기능이나 금융 안정 기능 등도 수행한다.

ECB와 Fed는 회원국 중앙은행과 지역연준의 재량권이 크고, 본부가 의사결정만 하고 집행 기능이 없다는 점 등이 유사하나 다음의 두 가지 점에서는 큰 차이가 있다.

첫째, Fed의 설립 목적이 물가 안정과 최대 고용인 데 비해 ECB의 설립 목적은 물가 안정 하나다. ECB는 물가 안정을 저해하지 않는 범위에서만 다른 경제정책 목표를 지원할 수 있다. 이것은 1923년 초고인플레이션의 트라우마가 있는 독일의 중앙은행제도가 ECB의 모델이 되었기 때문이다. 독일 중앙은행은 물가 안정에 대한 확고한 의지와 실천력, 제도적 장치 때문에 "모든 독일 국민이 신을 믿지는 않지만 모든 국민이 독일 중앙은행은 믿는다"라는 말이 나올 정도로 신뢰를 받고 있다. 독일 중앙은행은 국민의 이러한 신뢰를 지키려고 최대한 노력하고 있으며, 이것이 독일 경제의 안정과 지속 성장의 밑거름이 되고 있다.

둘째, ECB와 회원국 중앙은행은 회원국 정부에 대한 대출과 회원국 국채를 직접 인수할 수 없게 되어 있다. 즉, ECB는 Fed나 다른 나라 중앙은행과는 달리 중앙은행 기본 기능의 하나인 정부의 은행 기능을 거의 수행하지 않는다는 것이다. ECB의 정부에 대한 대출 금지 등도 독일의 초고인플레이션과 관계가 있다. 일반적으로 초고인플레이션은 정부의 과도한 중앙은행 차입이 일차적인 원인이 되기 때문이다.

ECB가 정부의 은행 기능을 하기 어려운 제도적 제약은 2010년부터 불거진 유럽 재정위기의 실질적 원인이기도 하다. 19세기 중반 중앙은행제도가 정착된 이후 선진국에서 재정위기는 거의 사라졌다. 정부가 돈이 모자라면 국채를 발행하고 국채가 안 팔리면 최악의 경우 중앙은행이 인수하면 되기 때문이다. 그런데 유로화 사용국은 중앙은행이 국채를 직접 인수할 수 없기 때문에 특정 국가가 신뢰를 잃어 시장에서 국채 발행이 어려워지면 국채 금리의 급등 등 재정위기 상황에 처하게 된다.

ECB는 17개 회원국 대표 모두 정책위원회에 참여해 의사결정이 느리고, 설립 목적이 단순해 업무 행태가 보수적이다. 또한 유럽연합EU의 정치적·경제적 통합 수준이 미합중국보다 훨씬 낮고 군사력도 약하다. 이러한 여러 가지 이유로, 유로화 사용 인구가 3억 5,000만 명에 이르고 유로 현금통화가 달러 현금통화보다 더 많이 쓰이는데도 ECB의 영향력이 Fed에 훨씬 못 미치고 유로가 달러를 대체할 가능성이 적은 것이다.

Fed는 시장에서 ECB에 비해 압도적인 힘과 영향력을 가지고 있지만 현실 문제를 해결하는 데 ECB의 협조는 필수적이다. G7, G20 등 국가 간 협력조직에 ECB 회원국인 독일, 프랑스, 이탈리아 등이 포함될 뿐 아니라 중앙은행 간 협력기구이자 국제 금융 감독 기준 등을 제안하는 국제결제은행BIS이 유럽 국가 중심으로 움직이기 때문이다. Fed와 ECB는 세계경제를 이끄는 중앙은행이며 국제금융시장을 좌우하는 실질적인 큰손이다.

국제결제은행과 바젤 I, II, III

1997년 한국이 IMF 금융위기 이후 금융 구조조정 과정에서 BIS자기자본비율을 은행의 퇴출 및 생존의 기준으로 삼으면서 많은 사람이 국제결제은행(BIS)에 관심을 갖게 되었다.

국제결제은행은 제1차 세계대전의 독일 배상 문제를 처리하기 위한 중앙은행 간 협력기구로 1930년 5월 헤이그협정에 따라 스위스 바젤에 설립되었다. 바젤은 스위스, 독일, 프랑스가 맞닿아 있는 라인 강변의 국제도시다. BIS는 독일 배상 문제가 종결된 이후에도 새로운 업무를 추가해 현재는 국가 간 금융협력 증진, 금융거래 중개, 금융 안정, 국제금융거래의 편의 제공, 국제결제와 관련한 수탁자 및 대리인 역할 등을 수행하고 있다.

이와 함께 회원인 주요국 중앙은행 총재들이 1년에 여섯 차례 정도 모여 세계경제와 각국의 경제 상황에 관해 심도 있게 토의하고 BIS의 주요 업무에 대해 보고받는다. 2012년 말 기준 회원은 60개 중앙은행이며, 한국은행은 1997년 1월 정식 회원이 되었다.

BIS도 음모론과 관련해 자주 언급되는 조직이다. 대표적인 것이 유태계 금융재벌에 의해 조정되는 미국 중앙은행이 BIS를 통해 세계 금융을 통제한다는 것이다. BIS는 기본적으로 특정 국가의 통제를 받지 않는 합의제 국제기구이고, 프랑스와 벨기에, 영국, 독일 등 유럽 국가가 의사결정을 주도하고 있어 미국의 영향력이 크지 않다. 또한 미국 중앙은행은 창설 회원이자 당연직 이사로 투표권은 있으나, BIS에 출자하지 않고 참석 빈도도 떨어지는 등 유럽 국가에 비해 BIS에 대한 관심도 낮은 편이다.

BIS자기자본비율에 대한 기준은 BIS 관련 조직인 바젤은행감독위원회(Basel Committee of Banking Supervision, 약칭 바젤위원회)에서 만든다. 바젤위원회는 1974년 말 은행 감독 업무의 국제 협력과 통일된 기준을 제안하기 위해 설립되었고 한국은 2008년 한국은행과 금융위원회(금융감독원)가 회원으로 가입했다 BIS자기자본비율은 금융기관의 자기자본을 위험가중자산으로 나누어 산출한다. 현재 사용하는 자기자본과 위험가중자산의 산정 기준과 방법은 바젤위원회의 제시안을 기초로 각국 감독당국이 조금 수정한 것이다. BIS자기자본 규제는 1988년에 최초로 도입되어 1992년부터 국제적인 영업을 하는 은행에 적용되었다. 바젤위원회에서에서 요구한 최저 BIS자기자본비율은 8%였으며, 우량 은행은 12~13% 정도를 유지했다. 1988년 도입된 최초의 자기자본 규제 방식은 바젤 I 이라고도 부른다. 그리고 두 번째 자기자본 규제 방식인 바젤 II는 차주의 신용등급 차이를 반영한 새로운 규제 방식으로 2004년 6월 확정되어 2007년 1월부터 유럽 국가를 중심으로 시행되었다. 2008년 세계 금융위기를 계기로 바젤 II를 강화한 바젤 III의 도입 방안이 2010년 결정되었고 2013년 말부터 단계적으로 시행할 예정이다.

바젤 III는 바젤 II에 비해 자본으로 인정되는 범위의 축소 등 규제가 강화된 데다 경기 대응적 자본 규제, 유동성 규제 등 거시건전성 규제가 추가된 새로운 금융기관 규제체계다. 바젤 III의 적용 대상에는 국제업무를 영위하는 은행뿐 아니라 각국 감독당국이 정하는 중요 은행도 포함된다. 바젤 I 은 단순하여 은행 회계제도만 제대로 정비되면 비교적 쉽게 적용할 수 있었다. 그러나 바젤 II는 매우 복잡해서 이해하기 어렵고 적용을 위해 은행과 감독기관 모두 많은 준비가 필요한 자기자본 규제체계였다. 이러한 이유 등으로 바젤 II는 금융 선진국인 미국을 비롯해 중국 등 많은 국가에서 시행되지 못한 채 2008년 세계 금융위기를 맞았고 바젤 III로 전환되었다. 독일 등 유럽 국가는 약속한 시점에 미국이 바젤 II를 시행하지 않은 것에 대해 불만이 많다. 바젤 II보다 훨씬 복잡하고 강력한 규제인 바젤 III는 국가 간의 이해가 다르고 준비의 어려움이 커 통일된 시행이 더 어려울 것 같다.

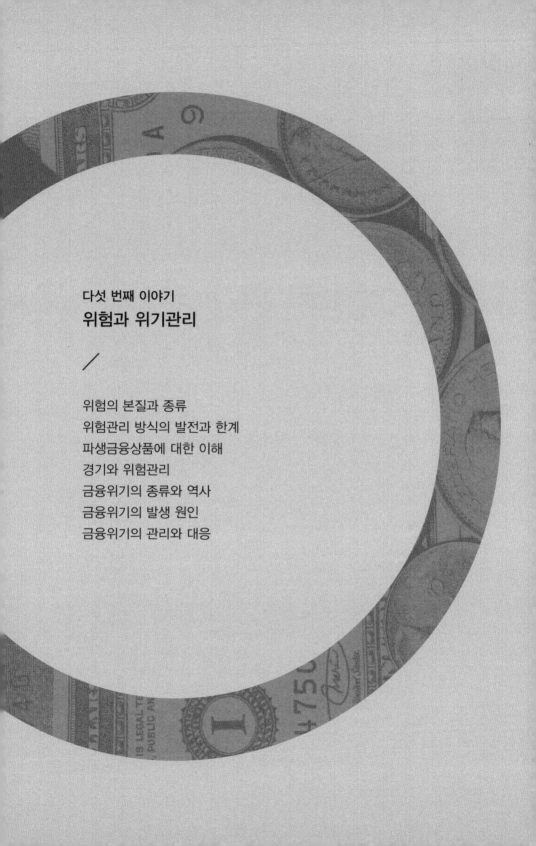

다섯 번째 이야기
위험과 위기관리

위험의 본질과 종류

위험이라는 말은 금융뿐 아니라 기업 활동과 일상생활에서도 많이 쓰인다. 위험하다, 위험지역, 위험 작업, 화재 위험, 부도 위험, 전쟁 위험 등등이 그 예다. 이때 위험은 손실이나 불리한 사건이 발생할 수 있는 상황을 의미한다. 즉, 화재 위험은 화재라는 불리한 사건이 발생할 수 있는 것이고 위험지역이라면 교통사고나 강도 등이 많이 발생하는 지역을 말한다.

이렇게 손실이나 불리한 결과가 발생할 가능성이 크다면 위험이 크다고 볼 수 있을까? 그런 경우가 많겠지만 항상 그런 것은 아니다. 손실이나 불리한 결과가 발생할 가능성이 크더라도 통계자료나 경험, 시장 상황 등을 기초로 이러한 가능성을 예측할 수 있다면 실질적으로는 위험하지 않다. 손실이나 불리한 결과를 피하거나 미리 대비할 수 있기 때문이다. 예를 들어 특정 지역에서 사고가 자주 나면 그 지역을 가지 않거나 그 지역을 여행하는 여행객의 보험료를 인상하면 된다. 또 어떤 업종의 기업이 부실해질 확률이 높으면 그 업종에 대한 대출금리를 높여 손실을 줄일 수 있다. 운전자보험이나 화재보험 등도 비슷한 방식으로 위험을 피할 수 있다.

손실 발생 가능성이 크다고 위험한 것이 아니라면 위험은 무엇이며 어떤 경우에 위험이 더 큰 것인가? 사람들이 손실 가능성을 예상해서 대비하더라도 모든 손실 가능성을 대비하기 어려우며 실제 결과도 예상과 다르게 나타나는 경우가 대부분이다. 이렇게 본다면 손실은 예상되는 손실expected loss과 예상하지 못하는 부분, 즉 예상외 손실unexpected loss로 구분될 수 있다. 또 예상되는 손실보다 손실이 앞으로 어떻게 나타날지 몰라 대비하기 어려운 예상외 손실이 클수록 더 위험하다. 예상되는 손실은 피할 수 있지만 예상되지 않는 손실은 피하기 어렵기 때문이다. 결국 위험의 본질은 예상되지 않는 부분, 즉 앞으로 어떻게 될지 모르는 불확실성에 있으며, 위험의 크기도 불확실성하에 놓여 있다.*

모든 경제주체는 살아가면서 항상 불확실성에 직면하고 있다. 즉, 위험을 안고 살아가는 것이다. 사람은 병이 나거나 사고로 다치거나 죽을 위험, 직장에서의 해고 위험, 사업이 잘못될 위험, 고령화 사회에서 평균수명보다 지나치게 오래 살 위험, 도난이나 화재 위험 등등이다. 기업은 거래 상대방이 물건값을 안 갚을 위험, 직원의 실수나 사취로 큰 손실을 볼 위험, 날씨 변화나 자연재해로 피해를 볼 위험, 경기가 갑자기 나빠져 사업이 어려워질 위험 등등이다.

---

* 정대영, 『신위험관리론』, 4~5쪽을 기초로 재구성했다.

금융기관은 기업이 지닌 일반적 위험과 함께 금융업의 특수성, 즉 다른 경제주체의 위험을 인수하고 평가하는 기능 때문에 더 다양하고 복잡한 위험을 부담한다. 은행은 예금과 대출 업무를 통해 일반인이 직접 돈을 빌려줄 때 부담하는 위험을 은행이 대신 부담하고 수익을 내는 것이다. 지급보증은 기업이나 개인의 신용 부족이라는 위험을 금융기관이 부담하는 것이다. 화재, 도난, 생명보험 등 각종 보험은 보험료를 받고 화재나 도난 시 손실을 보장해주는 것이다. 연금보험은 평균수명보다 지나치게 오래 살 위험을 부담하는 것이고, 신용카드사는 가맹점이 외상값을 받지 못할 위험을 줄여준다. 그리고 금융기관은 선물환, 옵션, 스와프 등의 파생금융상품을 팔아 기업이나 개인의 환율, 금리, 주가 변동 등에 따른 위험을 인수한다.

　그러다 보니 금융기관이 위험관리기관으로 불리고 금융기관의 위험관리 능력이 금융기관의 장기 경영 성과를 좌우하는 요소가 되고 있다. 금융기관의 위험관리는 금융기관의 생성과 함께 있었지만 위험관리 기법이 고도화된 것은 1980년대 금융의 자율화, 세계화 이후다. 그리고 금융기관이 부담하는 위험의 종류도 이때부터 체계적으로 분류되고 개념화되었다. 위험을 분류하는 방식도 여러 가지이지만 국제결제은행에서 제시한 기준에 따라 주요 위험의 개념을 간단히 알아보자.

　첫째는 신용위험으로 거래 상대방이 채무를 이행하지 못하거나 신용상태가 나빠질지도 모르는 위험이다. 신용위험은 은행 등 대출을 하는 금융기관이 부담하는 가장 큰 위험이다. 거래 상대방이 채무를 이행하지 못하는 상태에 이르렀다고 판단하는 것을 영어로 디폴트default라 하고 우리말로는 도산이나 부도라고 한다. 거래 상대방이 도산하면 담보 등을 통해 채권을 회수하지 못하는 부분이 손실로 나타난다. 도산 상태에는 이르지 않더라도 신용등급의 강등과 같은 신용 악화가 나타나도 손실이 발생한다. 대출이나 채권의 가치가 하락하기 때문이다. 신용위험 관리가 은행의 건전성 유지의 핵심이고 1997년 IMF 사태 시 한국의 주요 은행이 도산한 가장 큰 이유는 대기업 대출에 대한 신용위험관리에 실패한 데 있다.

둘째, 신용위험 다음으로 중요한 위험은 시장위험이다. 시장위험은 주가, 금리, 환율, 상품 가격 등이 기대하지 않는 방향으로 움직이면서 발생하는 손실 가능성이다. 즉, 주식·채권·외환·파생금융상품 등의 금융자산과 금·원유·원자재 등의 시장가격 변동에 따른 위험이다. 시장위험은 투자자산의 다양화와 금융 국제화 등으로 가계, 기업, 금융기관 모두 부담이 많이 늘어나고 있는 위험이다. 가계도 주식 투자, 펀드 투자, 유학 경비 지급 등으로 시장위험을 상당히 부담하고 있다. 기업도 금융자산 투자가 늘어나고 수출입, 해외 차입 등으로 금리와 환율 관련 시장위험이 커지고 있다. 금융기관은 파생금융상품을 포함해 아주 다양한 시장위험을 부담한다. 금융기관 중에는 투자은행 성격의 증권회사가 상대적으로 더 많은 시장위험을 부담한다.

셋째는 금리위험으로 이는 시장위험과 비슷해 보이지만 성격이 다르다. 금리위험은 금리 변동에 따른 위험으로 개인의 경우 변동금리 조건으로 주택담보대출을 받았을 때 금리가 올라 이자 부담이 늘어날 가능성이 대표적이다. 기업도 변동금리 조건 대출을 받으면 비슷한 위험에 처한다. 대출을 해주는 금융기관은 개인과 기업의 반대 입장에서 위험을 부담한다. 금융기관은 예금을 받아 대출하기 때문에 예금금리와 대출금리가 같이 움직이면 금리위험이 없으나 현실적으로 그렇지 못하다. 단기로 예금을 받아 장기로 대출하거나 변동금리로 예금을 받아 고정금리로 대출하는 경우 금융기관은 금리위험을 크게 부담한다. 1980년대 미국에서 저축대부조합 사태라는 금융위기가 있었다. 이때 2,700개 정도의 저축대부조합과 중소형 은행이 도산했다. 단기로 예금을 받아 고정금리의 장기 주택자금으로 대출하면서 발생한 금리위험 때문이다. 1970년대 후반 5%대를 유지하던 Fed 금리(한국의 콜금리와 비슷하며 미국의 정책금리)가 1980년대 초반 19%까지 상승하면서 금리위험에 대비하지 않은 많은 금융기관이 도산하게 된 것이다.

넷째는 다양한 형태로 나타나는 운영위험이다. 운영위험은 내부 직원의 부당 업무 처리, 외부인의 사취 행위, 사업장의 안전 문제, 고객 또는 취급 상품의 문제, 자연재해 또는 시스템 장애 등에 따른 손실 가능성이다. 운영위험은 손실 발생 확률은 높지 않을지 몰라도 언제 생길지 모르고 손실 규모도 예상하기 어렵다. 신용위험이나 시장위험은 대부분 대출이나 투자 금액의 범위 내로 손실이 제한되지만 운영위험의 경우 직원의 실수로 금융기관이나 기업이 망할 수도 있다. 1995년 2월 100년 전통의 세계 유수 금융기관인 영국 베어링Barings의 파산이 좋은 예다. 외형적으로 볼 때 베어링의 파산은 싱가포르에서 근무하던 리슨N. Leeson이라는 직원이 파생상품 거래를 잘못해 거액의 손실이 발생함으로써 벌어진 것이었지만, 실제로는 특정 개인이 한도 없이 투자할 수 있었고 손실을 장기 은닉할 수 있었기에 발생한 일이었다. 즉, 직원의 부정과 내부통제 미비라는 대표적인 운영 위험관리 실패 사례다.

다섯째는 유동성위험으로 예기치 않은 자금 유출, 예정된 자금의 입금 지연 등으로 자금 부족 사태가 발생해 손실을 볼 가능성이다. 유동성위험은 개인의 현금 부족이나 기업의 흑자 도산처럼 개인과 기업 부문에서도 발생하나 예금을 받아 대출을 하는 금융기관의 본질적 위험이다. 금융기관은 예금과 차입금의 전액을 지급준비금으로 보유하지 않는 한 언제든지 유동성위험은 발생할 수 있다. 금융기관은 재무구조가 건전하더라도 어떤 이유로든 예금 인출이 일시에 몰리면 지급에 응할 수 없다. 예금은 만기 이전이라도 예금자가 이자만 포기하면 언제든지 인출할 수 있지만 금융기관은 대출해주거나 투자한 돈을 즉시 회수할 수 없기 때문이다. 금융기관의 유동성위험은 시장이 정상적인 상황에서는 잘 발생하지 않는다. 그러나 일단 발생하면 손실이 매우 크고 금융기관 자체로는 관리가 어려우며 다른 금융기관으로의 파급도 빠르게 이루어진다.

신용위험, 시장위험, 금리위험, 운영위험, 유동성위험, 이 다섯 가지를 금융기관의 5대 위험이라 한다. 이 외에도 위험의 종류는 많다. 거래국가의 부채 상환 능력, 정치·경제 상황, 신용등급 등과 관련한 국가위험 country risk이 있고, 경제나 정치 환경의 변화와 경영층의 정책 오류 등으로 발생하는 전략위험 strategic risk이 있다. 또한 고객과의 분쟁이나 비도덕적 업무 수행에 따른 평판위험 reputational risk이 있으며, 고객이나 거래상대방, 종업원 등과의 법률 분쟁에 기인하는 법률위험 legal risk이 있다. 2013년 우리나라 일부 대기업이 우월적 지위를 이용해 밀어내기 등 무리한 영업을 한 것이 밝혀져 시장의 신뢰를 잃고 많은 법률 분쟁으로 이어졌다. 대표적인 평판위험과 법률위험 사례라고 볼 수 있다.

그리고 외환위기와 같은 금융위기 시 금융시스템 전체가 흔들리면서 발생하는 위험은 시스템 리스크 system risk라 한다. 시스템 리스크는 개별 기업이나 금융기관의 입장에서 볼 때 관리 영역 밖이고 정책당국이 챙겨야 할 것으로 생각할 수 있지만 일단 발생하면 개별 기업이나 금융기관도 매우 큰 피해를 본다. 잘못하면 다른 여러 기업이나 금융기관과 함께 망할 수 있어 주의를 기울여야 한다. 이 외에 지급결제제도와 관련한 결제위험settlement risk이 있고, 사회의 인식 변화와 SNS 도입 등에 따른 사회위험social risk도 생겨나고 있다. 앞으로 경제 환경 변화, 새로운 상품의 출현과 기술의 발전 등으로 또 다른 위험이 생기고 위험의 성격도 변할 것이다.

위험관리 방식의
발전과 한계

위험관리는 인식하든 인식하지 못하든 개개인의 삶에 깊숙이 들어와 있다. 사람은 생로병사뿐 아니라 여러 가지 경제적·사회적 불확실성에 직면하면서 살아갈 수밖에 없기 때문이다. 사람에게 가장 큰 불확실성은 죽음일 것이다. 언제 죽을지도 모르지만 죽은 다음에 어떻게 될지는 더더욱 모르기 때문이다. 죽음에 대한 두려움과 불확실성에 대한 대표적인 위험관리 수단이 종교라고 볼 수도 있다. 또 과거에는 오래 사는 것이 축복이었지만 가족이 점점 해체되고 복지제도가 불완전한 한국에서는 평균수명보다 지나치게 오래 사는 것은 더 이상 행운이 아니다. 어떻게 보면 아주 위험한 일이기도 하다. 금융과 세상의 변화에 따라 위험도 변하고 위험관리 방식도 발전하고 있다. 경제활동을 중심으로 위험관리 방식의 발전 과정을 간단히 살펴보자.

첫째, 일차적이고 기본적인 위험관리 방식은 각각의 위험에 대비하고, 위험을 회피하거나 축소하는 방안을 찾는 것이다. 개인은 자동차보험, 화재보험, 생명보험, 연금보험 등에 가입하는 것이 대표적인 위험관리 방식이다. 귀중품이 있는 경우 도난보험을, 해외여행 갈 때는 여행자보험도 든다. 기업도 수출보험, 해상보험, 도난보험 등 여러 가지 보험을 든다. 조선업체와 같이 선박 수출계약 후 수출대금이 장기간에 걸쳐 입금되는 경우 달러를 미리 팔아(선물환 매도) 환율 하락 위험을 없앨 수 있다. 반대로 해운업체나 항공업체는 배나 비행기의 임차료를 달러로 계속 지급해야 하는 경우 미리 달러를 사서(선물환 매입) 환율 상승 위험을 피할 수 있다. 또 기업이 변동금리로 돈을 빌릴 경우 금리가 상승하면 기업의 부담이 커지므로 금리스와프라는 파생금융상품을 이용해 고정금리대출로 바꿀 수 있다.

금융기관도 각각의 개별 위험에 맞춰 다양한 관리 방식을 사용한다. 대출을 할 때 부동산 등을 담보로 잡거나 지급보증 또는 연대보증을 요구한다. 어떤 경우에는 담보와 연대보증 등을 동시에 요구하기도 한다. 기업과 같이 선물환이나 금리스와프 등을 통해 환율이나 금리 변동 위험을 관리하기도 한다. 신용도가 떨어지는 거래 상대방에게는 더 높은 금리를 부과하거나 수수료를 더 받아 손실이 발생했을 때를 대비한다.

그러나 거래 규모와 자산 규모가 커지면서 각각의 개별 위험을 하나하나 관리하는 방식은 너무 복잡해져 감당하기 어려워진다. 특히 다른 경제주체의 위험을 인수하는 금융기관은 개별적인 위험관리 방식으로 영업이 불가능한 경우가 많다. 또 어떤 투자나 거래의 경우 해당 위험은 개별적으로는 회피하기 어려운 경우가 있다. 예를 들어 개인이 가진 모든 돈에다 대출까지 받아 집을 산 경우 위험관리를 어떻게 해야 할까?

집값이 계속 떨어지면 방법이 거의 없다. 집값이 오를 때까지 기다리든지 집을 손해 보고 파는 수밖에 없다. 기업이나 금융기관도 비슷한 경우가 발생한다. 이에 따라 건별로 위험을 하나하나 회피하는 것보다 확실하지는 않지만, 거래나 투자자산을 모아서 위험을 관리하는 방식이 나타났다.

즉, 두 번째 위험관리 방식은 투자자산을 모아서 가격이나 위험이 서로 반대방향으로 움직이는 자산을 이용해 전체 위험을 줄이는 것이다. 이는 상관관계와 분산투자 방식을 활용한 포트폴리오 위험관리 방식이라 한다. 예를 들어 주식 투자를 많이 하는 경우 주식가격과 다르게 움직이는 채권이나 예금 등에도 투자하는 것이다. 주식 투자도 한두 개 종목에 몰아 투자하는 것이 아니라 다른 방향으로 가격이 움직이는 종목을 섞어 투자하는 것이다. 물론 이렇게 하면 위험도 줄지만 수익도 같이 줄어든다.

이렇게 분산투자를 할 때 상관관계가 적을수록 분산투자의 위험 감소 효과가 크다. 상관관계의 크기를 나타내는 상관계수는 1과 -1 사이의 값을 갖는다. 두 자산의 상관계수가 1이면 두 가격이 똑같이 움직여 분산 효과가 전혀 없고, 위험 측면에서 두 자산은 동일 자산인 것이다. 반대로 상관계수가 -1이면 가격이 정반대로 움직여 분산 효과가 100%라는 것을 의미한다. 수출업체의 예상 수출대금과 만기 금액 등을 잘 맞춘 선물환 등은 상관계수가 -1에 근접할 것이다.

분산투자를 통한 위험관리는 '계란을 한 바구니에 담지 마라'라는 투자 격언처럼 오래된 위험관리의 원리다. 개인도 마찬가지다. 개인이 가진 모든 재산을 부동산에 투자하는 것보다는 예금과 주식 등 금융자산에도 투자하는 것이 위험관리를 위해 필요하다. 그리고 이러한 분산투자를 기초로 한 위험관리 기법은 금융상품과 거래 상대방 등에 대한 기초 통계가 축적되면서 정교하게 발전했다.

이에 따라 나타난 세 번째 위험관리 방식은 위험관리 대상을 투자 단위(포트폴리오)에서 사업 부문이나 금융기관 전체로 확대하는 것이었다. 이는 위험의 크기를 금액으로 표시할 수 있는 VaR$^{Value at Risk}$(최대손실가능액)의 개념이 개발되면서 좀 더 용이해졌다. VaR는 정상적인 시장 상황에서 주어진 신뢰 수준과 목표 기간 내에 발생할 수 있는 최대손실금액을 의미한다. 예를 들어 어떤 투자자산의 VaR가 신뢰 수준 99%, 목표 기간 3일 기준으로 100억 원이라는 것은 이 자산에서 3일 동안 발생할 수 있는 최대손실액이 100억 원 이내라는 것을 99% 신뢰 수준에서 확신할 수 있다는 것이다.

VaR의 측정과 활용은 1990년대 중반 주식, 채권, 외환 등 시장위험 분야에서 시작되었다. 이어 VaR 기법이 신용위험, 금리위험 등으로 확대되어 이론적으로는 금융기관이 부담하는 위험 총량을 금액으로 계량화할 수도 있게 되었다. 예를 들어 어떤 금융기관의 경우 신용위험 1조 원, 시장위험 4,000억 원, 금리위험 2,000억 원, 운영위험 2,500억 원, 기타 위험 1,500억 원으로 총 2조 원이고 보유 자본금이 6조 원이라면 이 금융기관은 부담하는 위험을 충분히 감당할 수 있다고 평가할 수 있게 된 것이다.

이러한 현대 위험관리 방식의 핵심을 요약해보면 위험의 본질인 변동성(불확실성)이 낮은 자산에 투자해 위험을 줄이고, 상관관계가 낮은 자산의 결합을 통해서 분산 효과를 높이는 것이다. 그리고 위험을 계량화하여 위험과 수익 및 자본 간의 최적 조합을 찾는 것이다. 이러한 위험 관리 방식은 2008년 세계 금융위기 시까지 세계적인 금융기관이나 투자 회사에서 일상적으로 사용했으며 수익성과 안정성을 높이는 데 크게 기여했다.

그러나 현대 위험관리 방식에는 다음 두 가지 점에서 근본적 한계가 있으며 그 한계가 잘 드러난 사건이 2008년 세계 금융위기다.

첫째는 다른 경제분석이나 정책처럼 위험의 측정과 관리도 시장 수익률이나 환율 등 과거 통계자료를 기초로 한다는 것이다. 이러한 통계자료는 불충분한 경우가 많다. 또한 과거 추세가 이어지는 정상적인 시장 상황이 아닌 경우, 즉 금융위기나 심각한 불안 시기에는 과거 자료에 근거한 평가가 잘 적용되지 않는다. 물론 현대의 위험관리에서도 위기 상황 분석stress test을 하지만 위기란 같은 모습으로 오는 경우가 드물다.

둘째는 위험관리 기법이 일반화·표준화되면서 투자자 대부분이 비슷한 방식으로 위험관리를 한다는 것이다. 더욱이 블룸버그 등과 같은 정보업체로부터 유사한 정보와 통계를 쉽게 사서 사용함에 따라 실제 부담하는 투자자의 위험구조risk profile도 비슷해지고 있다. 이는 각 투자자가 자신의 입장에서 상관관계가 낮은 금융상품에 분산투자해 위험을 낮추더라도 금융시스템 전체로 보면 각 투자자의 상관관계는 매우 높아지는 것을 의미한다. 즉, A, B, C 등 개별 금융기관은 분산투자를 잘하고 있지만 이 A, B, C 등 금융기관은 자산구조가 서로 비슷해 전체 금융시스템은 분산투자가 거의 안 되어 위기에 취약한 구조가 되는 것이다.

이러한 현대 위험관리 기법의 한계는 1990년대 말, 2000년대 초반부터 학계에서 제기되었고 2008년 세계 금융위기로 현실화되었다. 이후 이를 극복하기 위한 논의가 활발히 진행되고 있다. 국제결제은행과 각국 중앙은행은 성장, 물가, 경상수지 등 실물경제와 부동산, 주식 등 자산시장의 거품, 금융기관의 건전성, 투자자의 위험 추구 행위 등을 종합적으로 분석하고 조절할 수 있는 거시건전성정책macro-prudential policy에 대해 많이 연구하고 있다. 그러나 개별 금융기관이나 투자자에게 이는 아직 멀리 있고 활용하기 어려운 상태다.

파생금융상품에 대한 이해

파생상품derivatives은 기초자산underlying assets이라는 특정 상품 가격에 의해 가치가 결정되는 2차 상품(즉, 파생된 상품)이다. 곡물, 원유, 금은 등 상품과 주식, 채권, 외환 등 금융상품과 함께 경제적 가치가 있는 것은 거의 모두 기초자산이 될 수 있고, 파생상품은 이러한 기초자산의 가치 변화와 사고팔 권리 등을 상품화한 것이다. 파생상품은 곡물 등 상품에서 먼저 출발했고 이후 외환, 주식, 채권 등 금융상품에 활용되면서 크게 발전했다.

파생상품의 역사는 오래되었다. 우리나라에서 예전부터 있었던 밭떼기나 입도선매는 파생상품의 한 형태인 선도거래forward와 유사하다. 17세기 초 네덜란드에서 발생한 튤립 투기 열풍 시기에 튤립 알뿌리를 일정 가격에 살 권리와 팔 권리가 매매되어 현재의 파생상품인 옵션과 유사한 거래가 생겨났다. 또 17세기경 일본 오사카에서 쌀 선물거래가 이루어졌고 중국에서도 다른 형태의 파생상품 거래가 오래전부터 있었을 것으로 보인다.

체계화된 파생상품 거래는 19세기 들어 미국의 곡창지대인 오대호 연안 중심 도시인 시카고에서 시작되었다. 당시 곡물 가격은 당연히 작황에 따라 폭등과 폭락을 반복했다. 공급자인 농부와 수요자인 가공업자 모두가 안정적인 경영을 할 수 없어 어려움이 컸고 많이 망하기도 했다. 이를 극복하고자 농부와 가공업자는 곡물을 미리 정해진 가격으로 사고파는 선도거래를 시작했다. 그리고 이러한 거래를 좀 더 쉽게 하기 위해서 특정 장소에 모이게 되었는데 이곳이 1848년에 설립한 시카고상품거래소Chicago Board Of Trade: CBOT다. 시카고상품거래소는 선도거래의 안정성을 높이기 위해 곡물의 품질, 계약조건 등을 표준화하고 증거금 제도를 도입해 선물거래futures로 발전시켰다. 이러한 선물거래가 없었다면 시카고 지역 농부와 농산물 가공업자의 경영상 어려움은 쉽게 해결되지 않았을 것이다.

이어 선물거래는 곡물 이외 축산물, 설탕, 원유, 난방유, 금은, 구리 등의 상품파생뿐 아니라 주가지수, 금리, 외환 등 금융파생상품으로 확대되었다. 그리고 선물거래소도 시카고뿐 아니라 뉴욕, 영국, 독일, 프랑스, 홍콩, 싱가포르 등 세계 전역으로 확대되었다. 한국에서는 이를 1996년 5월 주가지수선물 등 금융파생상품 중심으로 도입했다. 가격 등 무엇인가 변동하면서 경제활동에 영향을 미치는 것은 모두 파생상품으로 만들 수 있게 되었다. 1999년부터 날씨와 관련한 파생상품도 거래된다. 기준 온도보다 높은 경우, 낮은 경우, 일조 일수, 서리 온 날, 눈 온 날 등이 파생상품으로 만들어져 있다.

이러한 파생상품을 거래하는 목적은 크게 두 가지로 나뉜다. 하나는 보유한 위험을 회피하기 위한 헤지hedge 거래이고, 다른 하나는 파생상품 거래를 통해 돈을 벌려는 투기거래다. 헤지거래자는 앞의 농부와 농산물 가공업자, 외화로 수출대금을 받을 수출업자, 변동금리로 돈을 빌려 고정금리로 대출하는 금융기관, 날씨 변화에 민감한 의류나 빙과 생산업자 등 다양할 것이다. 투기거래자는 타인의 위험을 인수해 수익을 올리기 위한 투자자다. 파생상품시장에 투기거래자가 없다면 파생상품 거래의 비용이 높아지고 때에 따라서는 파생상품 거래가 이루어지지 않아 위험을 회피하기 어려운 경우가 발생할 수 있다. 그러나 일부 파생상품은 투자 손실이 투자 원금 이상으로 커지는 경우도 있다. 따라서 파생상품에 대한 투기적 거래는 매우 위험해 잘못하면 개인이나 기업 또는 금융기관을 바로 망하게 할 수도 있다.

파생상품은 세계화, 규제 완화, IT의 발전 등으로 복잡해지고 다양해지고 있다. 기초자산이 곡물, 원유 등 상품이면 상품파생, 주식 외환 등 금융상품이면 금융파생으로 나누고, 공인된 거래소에서 표준화된 방식으로 거래되는 장내파생상품과 거래 당사자 간 조건을 결정하는 장외파생상품으로 나누기도 한다. 또한 거래 형태에 따라 선도와 선물, 스와프, 옵션으로 나눌 수 있다.

여기서는 거래 형태를 기준으로 선도forward와 선물futures, 스와프swap, 옵션option 그리고 최근 발전하고 있는 신용파생상품credit derivatives, 마지막으로 파생상품 여러 개를 결합한 복합파생상품에 관해서 아주 간단히 살펴보고자 한다.

첫째, 선도와 선물은 일정 기간이 지난 뒤 미리 정해진 가격으로 곡물이나 금융자산 등 대상 물건을 교환하는(사고파는) 거래다. 선도와 선물의 차이는 선도거래가 양 거래 당사자 간의 계약에 의해 거래되는 장외파생상품인 반면 선물거래는 거래 단위, 품질 등이 표준화되어 거래소에서 거래되는 장내파생상품이라는 점에 있다. 선도와 선물은 곡물 등 상품에서 시작되었지만 금융 부문에서 더 활발히 거래된다.

한국에서 대표적인 선도거래는 선물환으로 수출기업이나 수입업체가 수출입대금의 환율 변동 위험을 회피하기 위해 많이 사용한다. 예를 들어 6개월 후 1,000만 달러의 수출대금이 들어오기로 된 수출업체의 경우 원자재 수입대금 등으로 400만 달러나 지급될 것이라면 600만 달러 정도의 6개월 선물환을 미리 매도하면 된다. 이때 미 달러 선물환율은 한국과 미국의 이자율 차이, 환율 전망 등이 반영되어 결정된다. 선도거래인 선물환 대신 선물거래인 달러화 통화선물(6개월 만기짜리, 600만 달러)을 매도하는 계약을 체결할 수 있다. 이 외에도 선도거래나 선물거래는 매우 많다. 미래에 대출받을 금리 등을 미리 확정하기 위한 선도금리계약 forward rate agreement, 이와 비슷한 유로달러선물 등 금리선물, 국채선물, 주가지수선물, 금선물, 원유선물 등 다양하다.

둘째, 스와프는 서로 교환한다는 의미로 일정 기간 미리 정해진 조건으로 어떤 물건을 서로 바꾸기로 한 계약이다. 교환 대상이 곡물이나 원유 같은 상품이면 상품스와프, 외환나 채권 같은 금융상품이면 금융스와프라 한다. 금융스와프는 주로 환율과 금리의 변동 위험을 회피하기 위해 많이 사용되는 파생금융상품이다. 금융스와프상품에는 동일 통화의 고정금리상품과 변동금리상품을 교환 대상으로 하는 금리스와프 interest rate swap와 서로 다른 통화로 표시된 금융상품의 이자와 원금을 교환하는 통화스와프cross currency interest rate swap가 있다.

스와프거래를 하는 주목적은 시장에서의 경쟁력 차이 등을 이용해 차입 비용을 절감하는 것이다. 즉, 변동금리 차입이 용이한 기업은 변동금리로 싸게 차입한 다음 금리스와프를 통해 금리를 고정할 수 있다. 또 달러로 차입이 어려운 경우 원화로 차입한 다음 통화스와프를 통해 달러 채무로 전환할 수 있다. 세계 파생상품 중 금리스와프의 거래 규모가 가장 큰 것으로 알려져 있다. 일반적으로 스와프는 거래 기간이 장기이고 대표적인 장외파생상품이기 때문에 거래 상대방의 신뢰가 중요하다. 따라서 스와프시장의 주요 참가자는 신용도가 높은 대기업이나 금융기관이다.

셋째, 옵션은 미래에 어떤 대상을 미리 정해진 가격으로 사거나 팔 수 있는 권리다. 사고팔 대상을 기초자산이라 하며 상품, 금융자산, 날씨, 신용 상태 등 거래에 필요한 것은 모두 포함될 수 있다. 기초자산을 살 수 있는 권리를 콜옵션call option, 팔 수 있는 권리를 풋옵션put option이라 한다. 그리고 기초자산을 사고팔기로 한 가격을 행사가격strike price, 옵션 계약에 따른 권리를 행사할 수 있는 기간을 만기expiry, 권리를 행사할 수 있는 대가로 지급하는 비용을 옵션가격option price 또는 프리미엄premium이라 한다. 프리미엄은 변동성이 클수록, 만기가 길수록 비싸진다. 변동성이 클수록, 만기가 길어질수록 부담하는 위험도 늘어나기 때문이다. 또한 변동성이 크고 만기가 길어지면 투기적 거래자는 수익을 올릴 가능성이 커져 더 많은 프리미엄을 지급할 용의가 생긴다.

옵션은 기초자산에 따라 크게 통화(외환)옵션, 금리옵션, 주가지수옵션, 개별주식옵션, 상품옵션 등으로 구분한다. 한국의 금융상품 중 거래 규모로 세계 최고 수준에 이른 것이 하나 있는데 바로 코스피200 주가지수옵션이다. 적은 돈으로 정해진 기간 내(만기)에 주가지수가 일정 수준 오르거나 내리면 큰돈을 벌 수 있기 때문에 투기 성향이 강한 한국 사람들이 몰려들고 있기 때문이다. 주가지수가 오르고 내리는 것도 맞추기 어려운데 그것을 정해진 기간 내에 정확하게 얼마 정도 오를 것인지 내릴 것인지를 맞춰야 하므로 매우 어려운 투기다.

옵션은 다양한 형태로 변형될 수 있다. 예를 들어 만기 전에 주가나 환율 등이 어떤 수준에 이르면 권리가 생겨나는 녹인knock-in옵션과 반대로 어떤 수준에 이르면 권리가 없어지는 녹아웃knock-out옵션이 있다. 2006~2007년 수출기업이 많이 가입해 큰 피해를 본 키코KIKO 계약이 이두 옵션을 결합한 합성옵션이다. 이는 복잡하고 어려운 파생금융상품 거래로 중소기업이 환율 변동 위험을 회피하는 데 사용할 만한 것은 아니었다.

넷째, 신용파생상품은 대출이나 채권의 신용위험만을 분리해 거래하거나 분리된 신용위험을 가공하여 만든 금융상품이다. 예를 들어 대출의 경우 신용위험 이외에 금리위험, 유동성위험 등이 있다. 이 중 가장 큰 신용위험만을 분리해 파생상품으로 만든 것이다.

신용파생상품의 대표적인 것이 신용부도스와프credit default swap: CDS다. CDS는 대출 등 준거자산reference entity에 대해 보장매입자protection buyer가 보장매도자protection seller에게 수수료를 내고 준거자산의 부도 등 신용사건이 발생했을 때 손실을 보장받을 수 있는 상품이다. CDS의 경제적 기능은 보험이나 보증과 유사한 면이 있다. 예를 들어 그리스국채 투자자는 그리스 정부의 부도 위험이 크다고 보면 그리스 국채 CDS를 매입할 수 있다. 때에 따라서는 그리스 국채라는 준거자산에 투자하지 않은 사람도 그리스 정부의 부도 시 돈을 벌기 위해서 그리스 국채 CDS 를 매입할 수 있다. 이렇게 준거자산과 관계없는 투기성 CDS를 네이키 드naked CDS라 한다.

CDS는 국가나 기업, 금융기관 등의 부도 위험을 보장하는 것이기 때문에 이들의 신용 상태가 나빠지면 수수료가 올라간다. 이에 따라 CDS 수수료인 CDS 프리미엄은 국가나 기업 등의 신용 상태를 평가하는 지표로도 활용된다. 신용파생상품은 CDS를 기초로 계속 진화해, CDS를 채권화한 것이 '신용연계채권credit linked note'이며 자산유동화증권의 신용위험을 분리한 것이 '합성CDOsynthetic collateralized debt obligation'다.

다섯째, 복합파생상품은 선도, 선물, 스와프, 옵션 등 다른 파생상품을 합성하거나 기초상품과 파생상품을 합성해서 만든 복잡한 파생상품이다. 금융공학financial engineering이란 단순한 금융상품을 조립·변형해 고객의 다양한 요구에 맞출 수 있는 복잡한 금융상품을 만들어내는 것이다. 특히 파생상품은 변신 능력이 뛰어나 새로운 금융상품을 만들 수 있는 아주 좋은 부품이다. 복합파생상품의 종류는 다양하고 복잡하다. 앞에서 설명한 키코 이외에 미래에 스와프를 할 수 있는 옵션인 스왑션swaption이 있고 선물 매입과 풋옵션 매입이 결합된 합성콜옵션 매입, 옵션을 이용하여 금리를 일정 범위 내에 고정하는 금리 상·하한대출 등이 있다.

복합파생상품은 어느덧 우리 일상생활하고 많이 가까워져 있다. 일반인도 은행이나 증권회사에서 더 높은 수익을 내려고 주가연동예금equity linked deposit: ELD이나 주가연동증권equity linked security: ELS 등에 많이 가입한다. 이들은 주가가 정해진 조건 내에 있으면 이자를 더 받고, 정해진 조건에서 벗어나면 이자를 덜 받거나 원금의 손실이 발생한다. 즉, 주가연동예금은 주가지수옵션과 예금이 결합한 초보적인 형태의 복합파생금융상품으로 예금을 들면서 주가지수옵션을 매입하는 것이다. 또한 기업 구조조정 과정에서 많이 활용되었던 전환사채convertible bonds나 신주인수권부사채bonds with warrant 등도 채권에 주식 전환이나 주식 매입 권리(콜옵션)가 결합한 복합파생상품이라고 볼 수 있다.

파생상품은 복잡하고 투기성이 있지만 경제활동 과정에서 나타나는 여러 가지 위험을 회피할 수 있는 수단이다. 그리고 더 높은 수익을 내고 구조조정 등 현실 경제가 원활히 돌아가게 하기 위해서도 필요하다. 그러나 일부 파생상품은 지나치게 복잡하고 정확한 가치 측정이 어려워지면서 미국의 서브프라임모기지 관련 파생상품이나 한국의 키코처럼 부작용도 많아지고 있다. 일반인도 파생상품을 조금은 알아야 경제활동이 편하겠지만 자신이 이해할 수 없고 상대방의 설명도 애매한 것은 거래하지 않는 것이 좋다. 모르고 하는 금융거래는 위험할 뿐 아니라 수익을 내기도 어렵다.

다이아몬드펀드와 키코 사태, 그리고 ELS

파생상품과 관련해 한국 금융기관과 기업이 큰 피해를 본 대표적인 사건이 다이아몬드펀드와 키코 사태다. 다이아몬드펀드 사건은 1997년에 발생해 보람은행, 선경증권(현 SK증권), 한남투신 등이 도산한 원인이 되었다. 키코 사태는 2008년부터 문제가 되어 많은 수출기업이 도산하고 2013년에도 관련 소송이 계속되고 있다. 두 사건은 문제가 된 파생상품의 구조, 시장 여건, 피해 상황 등이 무서울 정도로 비슷하다.

다이아몬드펀드 사건은 한국의 금융기관이 투자은행인 JP모건으로부터 마이너스 금리(연 -3% 정도)로 차입해 펀드를 만든 다음 인도네시아 채권 등에 투자했다가 큰 피해를 본 사건이다. JP모건은 마이너스 금리로 대출해주는 대신 일본 엔화 가치가 태국 바트화에 대해 일정 수준 이상 상승하면 한국의 차입 금융기관은 상승분을 보상하는 조건이었다. 1997년 동남아 금융위기로 태국 바트화 가치가 폭락하고 엔화 가치는 상승하여 한국의 차입 금융기관은 감당하기 어려운 손실을 입었다.

키코 사태는 2006~2007년 무렵 은행들이 수출기업에 외형적으로 수수료 없이 환율 하락 위험을 회피할 수 있는 파생상품을 팔면서 발생했다. 예를 들어 기준환율 950원, 하한환율(녹아웃환율) 900원, 상한환율(녹인환율) 1,000원인 2배 조건의 키코 계약(당시 일반적인 계약 형태)을 체결했다면, 환율이 950원에서 900원까지 떨어질 때 수출기업은 미 달러 수출대금을 950원으로 팔 수 있다. 그러나 900원 밑으로 떨어지면 은행에는 책임이 없고 반대로 환율이 1,000원 이상 오르면 수출기업은 계약금액의 2배에 해당하는 달러를 사서 계약환율인 950원으로 은행에 팔아야 한다. 즉, 환율이 900~950원 사이에 있을 때는 환율 하락 위험을 회피할 수 있지만 환율이 1,000원을 넘으면 2배의 손실을 봐야 한다. 2007년 중반까지는 원화 환율이 하향 안정세를 유지하는 분위기였지만 2008년 세계 금융위기가 발발하면서 상황이 급변했다. 2009년에는 환율이 1,500원을 넘어 폭등하고 많은 키코 관련 수출기업이 도산했다.

한 번 일어난 일은 다시 일어나지 않을 수 있지만 두 번 일어난 일은 반드시 일어난다는 외국 속담이 있다. 인간이 미래를 정확히 알 수는 없지만 ELS라고 불리는 주가연계증권에서 비슷한 일이 또 발생할지 모른다. ELS는 종류가 많지만 대부분 코스피나 홍콩 항셍과 같은 주가지수 또는 삼성전자나 현대자동차와 같은 특정 종목 주가에 연계되어 수익률이 결정된다. 연계된 주가지수나 특정 종목의 주가가 일정 기간(예를 들어 3년)에 일정 기준(예를 들어 40%) 이상 하락하지 않으면 예금금리보다 다소 높은 연 5~6% 정도의 이자를 지급한다. 반대로 연계된 주가지수나 종목의 주가 중 어느 것 하나라도 정해진 기준 이상 하락하면 하락 비율에 따라 원금의 손실이 발생할 수 있다. 즉, 주가가 크게 떨어지지 않으면 정기예금보다 2~3% 이자를 더 받지만 만에 하나 잘못되면 원금의 상당 부분을 날릴 수도 있다. 예금금리가 낮아서인지 이러한 ELS가 은행이나 증권사 등에서 많이 팔리고 있다.

다이아몬드펀드나 키코, ELS는 모두 시장이 현재의 정상적 상황을 계속 유지하면 한국 투자자는 약간의 이익이 있고 위기 상황이 오면 엄청난 손실을 입는 구조다. 한국의 투자자들이 위기에 대한 보험자 역할을 하고 반대편 투자자들은(주로 외국인 투자자나 투자은행)은 위기 시 위험을 회피하거나 큰돈을 벌 수 있다. 실제 다이아몬드펀드 사건 때 JP모건 등 투자은행은 저금리인 일본 엔화를 차입해 태국 바트화 등에 투자해 큰 수익을 내고 있었으나 엔화 가치 상승과 바트화 가치 하락 위험이 두려워 한국 금융기관과 이러한 거래를 한 것이다. 명확히 밝혀지진 않았지만 키코 사태도 한국의 주식시장 등에 투자한 외국인 투자자들이 원화 환율의 폭등 시 손실을 회피하기 위한 수요가 이면에 있었을 것이다. ELS도 한국이나 중국 등의 주식시장에 투자한 외국인 투자자들이 반대편에서 한국이나 중국 주식시장의 폭락에 대비해 위험 회피를 하고 있기 때문에 거래가 늘어나는 것 같다.

다이아몬드펀드는 금융기관에 큰 손실을 끼쳤고 키코는 수출기업에 큰 어려움을 주었다. 다음에 개인들이 ELS로 큰 손해를 볼 것인가? 아직 알 수는 없다. 위기는 언제 올지 모른다. 한국에서 발생할 수도 있고 다른 나라에서 발생해 우리에게 영향을 줄 수도 있다. 위기가 오면 주가 폭락, 경기후퇴, 실업 증가 등의 어려움은 항상 따른다. 여기에 수많은 ELS 투자자들의 원금 손실까지 가중된다면 국민의 고통은 훨씬 커진다. 한국의 투자자들이 위기의 보험자 역할을 해야 하는지, 그리고 현재 받고 있는 보험료 성격의 약간의 이익이 위기 시 예상되는 손실에 비해 적절한지 알기 어렵다. 한국의 금융기관, 기업, 개인이 평상시에는 보험료 형태로 조금씩 비용을 지급하더라도 위기 시에는 큰 손실을 피하는 형태의 투자를 하는 것이 국민경제를 위해서는 바람직하다.

경기와 위험관리

경기는 생산, 소비, 투자, 수출입 등 실물경제와 금융 상황까지 포괄하는 국민경제의 총체적인 움직임이다. 이렇다 보니 경기는 개인, 기업, 금융기관, 정부 등 모든 경제주체에게 광범위한 영향을 미치는 공통적인 위험요인이기도 하다. 개인에게는 일자리와 투자수익, 기업에는 매출과 수익성, 금융기관에는 대출 수요와 보유자산의 건전성, 정부에는 재정수입과 재정지출 등 각 경제주체의 핵심적 경제활동이 경기와 밀접히 연결되어 있다. 경기의 움직임을 조금 알고 이에 대해 미리 대비하고 나타날 수 있는 위험을 관리하는 것은 정책당국뿐 아니라 모든 경제주체에게 의미가 있다.

경기를 영어로 비즈니스 사이클business cycle이라고 하듯이 경기의 핵심은 장기 추세를 중심으로 끊임없이 상승과 하강을 반복하는 사이클,

즉 순환성이다. 경기의 순환성을 크게 2단계로 구분해보면 저점에서 정점까지의 확장 국면, 그리고 정점에서 저점까지의 수축 국면이 있다. 즉, 경기순환은 경기가 좋아지는 확장 국면과 경기가 나빠지는 수축 국면이 반복되는 과정이다. 그리고 한 저점에서 다음 저점까지의 기간을 순환 주기라 하며, 저점에서 정점까지의 높이는 진폭이라 한다.

경기의 순환 요인으로는 생산·소비·투자의 불균형, 화폐와 신용 공급량의 변화, 태양 흑점 활동이나 기상 변화, 기술 변화, 인간 심리 변화, 자산거품 발생 및 붕괴 등 다양하게 지적되고 있으며 이에 관한 이론과 학설도 많다. 그리고 경기순환은 순환주기에 따라 단기파동, 중기파동, 장기파동으로 구분하기도 한다. 단기파동은 2~6년을 주기로 하는 기본적 경기순환이고, 중기파동은 설비투자의 내용연수(사용 가능 햇수) 등과 관련해 10년 정도를 주기로 나타나며, 장기파동은 기술혁신, 신자원 개발 전쟁 등에 따라 40~60년을 주기로 순환하는 파동이다. 우리가 느끼는 현실 세계의 경기는 단기·중기·장기 파동이 동시에 진행되는 것이고 거기에는 여러 가지 경기순환 요인이 복합적으로 작용한다. 따라서 경기 국면의 변화와 정점·저점의 파악 등은 쉽지 않은 일이다.

그래도 경기 국면별로 위험이 어떻게 변하고 또 그 대응책은 무엇인지를 알아볼 필요가 있다.* 경기와 위험에 대한 일반적인 생각은 경기 정점 부근인 호경기 시기에는 위험이 감소하고 저점 부근인 불경기 시기에는 증가한다는 것이다. 호경기 시기에는 기업의 수익성과 현금 흐름 개선, 가계의 소득 증가, 금융기관의 건전성 개선, 자산가격의 상승, 정

---

* 　정대영, 『신위험관리론』, 400~403쪽을 기초로 재구성했다.

부의 세입 증가 등으로 대부분 경제주체가 부담하는 위험은 감소한다. 불경기에는 반대 상황이 나타나 위험이 증가한다. 무디스나 스탠더드앤드푸어스 등 세계적인 신용평가기관의 신용평가 결과도 이러한 방향과 일치한다. 경기 상황이 좋을 때는 기업이나 금융기관 신용등급이 상승하거나 안정적으로 유지되고 경기가 안 좋을 때는 신용등급이 하향 조정되는 경우가 많다.

그러나 경기와 위험과의 관계를 장기적·동태적 관점에서 보면 일반적인 생각과는 많이 다를 수 있다. 경기 순환주기는 경기의 기본파동인 단기파동을 기준으로 2~6년이고 우리나라는 4.5년 내외다. 즉, 수축 국면과 확장 국면이 각각 2년 정도의 기간으로 반복된다는 것이다.

이렇게 경기가 순환될 때 경기의 정점 부근에서 기업의 높은 수익성이나 높은 자산 가치 등을 기준으로 주식 투자나 대출이 이루어진 경우 대출의 회수나 주식 투자의 수익은 경기가 수축 국면으로 들어간 다음 발생할 수 있다. 즉, 대출이나 투자의 회수 시점에는 처음 예상보다 대출의 부실이 늘어나고 투자수익이 줄어 실제 부담하는 위험이 예상보다 커진다. 반대로 경기가 나쁜 저점 부근일 때는 통상 보수적인 투자 지침과 엄격한 대출 기준을 적용한다. 이렇게 이루어진 투자와 대출은 시간이 좀 지나 경기가 확장 국면으로 들어가면 기대했던 것보다 좋은 결과를 얻을 수 있다.

결국 경기가 좋은 정점 부근에서는 예상되는 손실이 적어 위험이 적어 보이지만 위험의 본질인 예상외 손실이 오히려 크고, 경기가 나쁜 저점 부근에서는 그 반대가 된다. 경기의 핵심인 순환성을 고려하면 세계적 신용평가기관들의 신용평가와 같이 경기가 좋을 때 위험이 작고 경기가 나쁠 때 위험이 커진다는 일반적 생각은 실제 위험을 제대로 평가하지 못하는 것이다. 즉, 경기가 좋을 때는 위험을 실제보다 과소평가하고 반대로 경기가 나쁠 때는 위험을 실제보다 과대평가하는 경향이 발생한다. 이렇게 경기에 대해 위험을 거꾸로 평가하고 이루어진 대출과 투자는 경기진폭을 확대하고 지나치면 금융불안이나 금융위기의 원인이 될수 있다.

일반적으로 경기의 정점 부근에서는 금리나 임금 상승, 기업 이윤율 하락 등이 나타나 경기의 폭발적 확대를 방지하고 자율적인 경기 하강을 유도하는데 위험을 잘못 평가하면 이러한 경기의 자율 조정 기능이 작동하지 못한다. 경기 정점 부근에서 위험을 과소평가하고 낙관론이 확산되면 과다 대출, 과다 차입, 과다 투자로 이어지면서 호경기는 조금 더 지속되겠지만 거품이 발생하고 결국 경제가 버티지 못하고 거품이 터지면 위기가 발생한다. 반대로 경기 저점 부근에서 지나친 비관론으로 위험이 계속 과대평가되면 임금과 금리가 하락하는데도 신용 경색이 초래되고 투자가 부진해 경기침체의 골이 깊어진다.

이렇게 위험평가나 금융기관의 대출 등이 경기진폭을 확대하는 방향으로 작용하는 것을 경기순응성procyclicality이라 하고 반대로 위험평가 등이 경기진폭을 축소하는 방향으로 작용하는 것을 경기대응성counter-cyclicality이라 한다. 경기의 과열과 과도한 후퇴를 방지하는 것은 거시경제정책의 일차적 목적이다. 금융과 경기의 관계에서도 경기순응성을 줄이고 경기대응성이 커지도록 정책을 운용해야 한다. 경기진폭이 작은 나라가 불확실성이 작고 성장 잠재력은 크기 때문이다. 또 경기의 과열 이후 급격한 위축은 기업과 금융기관의 경영을 심각하게 위협하고 개인의 생활도 어렵게 한다.

각 경제주체가 장기적·동태적 시각에서 위험을 평가하고 경제활동이 경기대응적으로 작동하게 하는 것은 국민경제의 지속 성장과 각 경제주체의 건전성 유지에 필수적이다. 이를 위해서는 경기가 정점 부근에서 한창 좋을 때 대출과 투자를 줄이는 등 보수적으로 결정하고 경기 저점 부근에서 모두 나쁘다고 할 때 대출과 투자를 늘려야 하는데 양쪽 모두 쉽지 않다. 경기가 계속 좋아 많은 사람이 사업이 잘되고 돈을 벌고 있는데 혼자 사업을 줄이고 투자금을 회수하는 것은 여간 어려운 일이 아닐 것이다. 금융기관의 경영층이나 대출 결정자도 경기후퇴나 신용등급 하락 등 나쁜 결과가 현재화되기 전에 거래처에 대한 대출을 줄이거나 신규 대출을 억제하기 쉽지 않다.

특히 경기가 좋을 때면 이번 호경기가 예전과 달리 오래갈 것이라는 그럴듯한 주장이나 논리가 나타난다. 나아가 경제의 기본 틀이 바뀌어 지금부터는 경기순환 자체가 사라질 것이라는 이론도 등장한다. 1990년대 말에서 2000년까지 유행했던 신경제 New Economy 론이 대표적이다.

신경제는 미국 경제가 1991년 3월 저점을 통과한 IT산업의 발전과 함께 10년 가까이 호경기와 물가 안정이 동시에 지속되자 나타난 이론이다. 신경제는 다양한 분야에서 논쟁을 불러일으켰지만 경기순환과도 관련이 있다. 즉, 경기순환이란 농업경제사회에서 산업경제사회로 전환되면서 나타난 현상이므로 당시 경제가 산업경제사회에서 신경제인 지식경제사회로 전환되고 있기 때문에 경기순환이 더는 존재하지 않을 수 있다는 주장이 나온 것이다. 그러나 2001년 4월부터 미국 경제가 급격히 나빠져 10년간의 확장 국면이 막을 내리고 2001년 3/4분기에는 마이너스 성장까지 했다. 1991년 이후 미국의 장기 호황은 경기의 순환성이 사라졌다는 것이 아니고 단지 경기의 순환주기가 좀 길어졌다는 것을 의미한다.

경기에 대응해서 위험을 관리하는 것은 어렵다 하더라도 포기해서는 안 된다. 각 경제주체는 이를 통해 위기를 넘겨 살아남거나 큰돈을 벌 수도 있기 때문이다. 특히 정책당국자는 경기대응적 조치로 경기의 과열과 거품의 발생을 막아야 한다. 2008년 세계 금융위기 이후 금융기관에 대한 새로운 자기자본 규제체계인 바젤 III에 경기에 대응한 위험관리 개념이 도입되었다. 호경기 시 위험을 과소평가해 대출이 지나치게 늘어나는 것을 막기 위해 GDP 등 실물경제에 비해 금융기관 대출이 과다한 경우 경기대응 완충자본countercyclical buffer capital이라는 이름으로 자본금을 추가 적립하거나 대손충당금을 더 쌓게 했다. 더 쌓은 자본금이나 충당금으로 불경기를 대비하는 것이다.

일반인의 입장에서는 경기가 언제까지 계속 좋을지, 또 경기가 언제 바닥을 탈출할지 알기 어렵다 하더라도(이는 뛰어난 전문 인력의 지원을 받았던 그린스펀 같은 대가에게도 쉽지 않은 일이었다.) 경기의 순환성이 계속될 것이라는 생각은 꼭 해야 한다. 즉, 오르막이 있으면 내리막이 있다는 평범한 진리처럼 경기도 좋았다가 언젠가 나빠진다는 생각을 하는 것이 중요하다. 그리고 경기가 좋을 때 경기대응 완충자본 제도처럼 위험을 미리 대비하고, 경기가 나쁠 때에는 너무 움츠리지 말고 새로운 기회를 찾아야 한다.

금융위기의 종류와 역사

금융위기는 이제 일반인에게도 꽤 익숙한 말이다. 1997년 IMF 사태라고 불리는 한국의 금융위기는 많은 국민에게 큰 고통을 주었다. 양극화, 괜찮은 일자리 부족, 과도한 개방 등 그 후유증이 지금도 계속되고 있다. 그리고 2008년 세계 금융위기는 미국과 같은 선진국에서도 금융위기가 일어난다는 것을 알게 해주고 마음 한편으로 조금 위안(?)을 주기도 했다. 반면에 다른 나라에서 발생한 금융위기도 우리에게 심각한 영향을 줄 수 있다는 것과 한국 경제가 외부 충격에 얼마나 취약한 구조인지 알게 된 계기가 되었다.

금융위기의 종류와 형태는 다양하고 역사도 오래되었다. 금융위기는 광의로 보면 화폐가치가 폭락하는 인플레이션위기와 국가부도 사태 등의 재정위기도 포함한다. 통상 좁은 의미의 금융위기는 외환시장에서 문제가 생기는 외환위기와 은행 등 금융기관의 부실로 발생하는 은행위기를 말한다.

인플레이션위기는 화폐 남발 등으로 물가가 장기간 크게 상승하면서 나타난다. 물가가 연 20% 이상 상승하면 인플레이션, 40% 이상 상승하면 고인플레이션, 500% 이상이면 초고인플레이션이라고 분류하기도 한다. 인플레이션은 경제의 불확실성을 높여 소비와 투자를 위축시키고 소득 분배 구조 악화 등의 부작용이 있다. 조금 더 심해지면 중산층이 붕괴하고 국가와 사회체제가 불안해진다.

재정위기는 늘어난 정부 빚 때문에 정상적인 재정수입으로 일상적인 재정지출과 국채의 원리금 상환이 불가능해지는 상황이다. 국채의 원리금 상환 유예(모라토리엄), 국채의 만기 및 이자율 재조정 등과 같은 직접적인 국가부도 사태 이외에도 한 국가의 국채 금리가 다른 나라에 비해 지나치게 높아지는 것도 재정위기에 포함될 수 있다. 재정위기는 경기 후퇴, 실업 증가, 물가 상승, 주가 폭락, 소득 분배 구조 악화 등의 부작용을 초래한다.

외환위기는 대규모 자본 유출 등으로 외환시장의 수급 불균형이 커지면서 환율 급등이나 고정환율제의 붕괴로 나타난다. 이는 외환보유액 고갈과 대외 채무 지급 불능 상태로 이어져 외채위기로 이어지기도 한다. 외환위기는 주식과 채권시장의 불안, 금융기관 경영 악화 등과 함께 소비·투자 위축과 실업 증가 등 실물경제의 심각한 침체를 초래한다.

은행위기는 은행 등 금융기관의 부실화와 유동성 부족 등으로 금융기관의 자금 중개 기능이 크게 훼손되면서 나타난다. 자금 중개 기능 훼손은 신용 경색과 시장금리 급등을 초래하고 나아가 기업 연쇄 도산, 주가 폭락, 실업 증가 등 경제 전반에 큰 어려움을 가져온다.

먼저 인플레이션위기와 재정위기의 역사*를 살펴보자. 인플레이션 위기와 재정위기는 뿌리가 대부분 과다한 국가부채라는 면에서 같지만 해결 방안이 다르게 나타난 것으로 볼 수 있다. 일반적으로 인플레이션 위기는 주화의 귀금속 함량 감축, 지폐 남발 등을 통해 화폐가치를 하락시켜 국가부채 부담을 줄이는 과정에서 나타났다. 그 피해 대상은 화폐나 화폐자산을 소유한 사람들로 광범위하다. 반면 과다 국가부채를 국가부도 형태로 해결하면 일차적 피해는 국가에 대출해준 은행이나 국채를 보유한 사람으로 한정된다.

인플레이션을 통해 국가부채를 해결하려는 것은 역사가 오래되었고 사례가 아주 많으며 일부 개발도상국의 경우 지금도 진행 중이다. 역사에 남아 있는 가장 오래된 사례는 기원전 4세기 그리스에서 찾을 수 있다. 그리스 시라쿠스의 왕 디오니시우스는 유통되는 모든 주화를 강제로 회수했다. 그리고 드라크마(당시 화폐 단위)당 2드라크마를 찍어내 그 차익으로 왕의 부채를 상환했다. 우리나라 대원군 때 당오전, 당백전을 발행해 물가를 올린 것도 유통 주화를 몰수하지 않았을 뿐 이와 비슷한 사례다.

귀금속의 함량(돈의 실물 가치)을 줄여 인플레이션을 유발하는 사례는 영국, 프랑스, 독일, 스페인 등 유럽 전역에 걸쳐 1200년대에서 1800년대까지 사례가 너무 많아 다 언급하기 어려울 정도다. 귀금속 함량은 국가가 발행 시에 줄이기도 했지만 유통 과정에서 소지자들이 조금씩 줄

---

* 인플레이션위기, 재정위기, 외환위기, 금융위기의 역사와 관련한 내용은 로고프·라인하트, 『이번엔 다르다』, 최재형·박영란 옮김(다른세상, 2010)을 많이 참조했다.

이는 경우도 많았다. 이에 따라 악화(가치가 낮은 화폐)가 양화(가치가 좋은 화폐)를 몰아낸다는 그레셤의 법칙Gresham's law이 탄생했다.

귀금속의 함량을 줄이는 것보다 본격적인 인플레이션위기는 지폐를 사용하면서 나타났다. 유럽에서는 1800년대 이후 1940년대까지 연간 500%를 넘는 초고인플레이션이 발생한 경우만 보아도 독일 2회, 오스트리아 2회, 그리스 4회, 헝가리 2회, 폴란드 2회, 러시아 8회로 나타난다. 아르헨티나, 브라질 등 남미 국가는 1990년대 초까지 최대 연간 3,000%를 넘는 초고인플레이션위기를 수차례 겪었다. 짐바브웨, 앙골라 등의 아프리카 국가는 최근까지도 초고인플레이션위기를 겪고 있다. 아시아에서는 1947년 중국(1,579.3%), 1946년 일본(568%), 1966년 인도네시아(939.8%) 등이 초고인플레이션을 겪었다. 한국은 초고인플레이션을 겪지 않았지만 1970년대 말까지 연 20%를 넘는 만성적인 인플레이션을 장기간 겪었다.

재정위기도 역사가 오래되었고 광범위한 지역에서 발생했다. 유럽 국가 대부분에서도 1300년대부터 1800년대 말까지 국가부도나 채무 재조정과 같은 재정위기가 자주 발생했다. 프랑스는 1558년부터 1812년 사이에 9회, 스페인은 1557년부터 1882년까지 14회의 국가부도를 겪었다. 그러나 1800년대 말부터 미국과 유럽 선진국에서는 독일, 오스트리아의 제1차 세계대전 전쟁 배상금과 관련한 국가채무 재조정을 제외하고는 국가부도 등의 재정위기가 발생하지 않고 있다. 반면 중남미, 아프리카, 동남아시아, 동유럽에서는 1990년대와 2000년대 초까지 외채위기 형태의 재정위기가 계속 발생했다.

다음으로 좁은 의미의 금융위기인 외환위기와 은행위기의 역사를 알아보자. 외환위기는 독자적으로 발생하는 경우도 있지만 인플레이션위기, 재정위기, 은행위기와 같이 발생하는 경우가 많다. 기축통화국이나 자급자족형 국가가 아닌 한 다른 위기가 발생하면 외환위기도 같이 발생하기 쉽다.

1900년대 이전의 재정위기는 대부분 국가의 대외 채무 지급 불능 같은 외채위기 성격이 강했다. 또한 1990년대 초까지 중남미와 아프리카 국가에서 자주 발생한 재정위기와 인플레이션위기는 거의 다 외환위기로 연결되었다. 1997년 한국을 포함한 태국, 인도네시아 등 동남아시아 외환위기는 은행위기와 같이 발생했고 은행위기가 외환위기의 원인으로 작용했다. 2008년 세계 금융위기 시 아이슬란드도 외환위기와 은행위기가 동시에 발생했는데 인과관계를 보면 은행위기가 외환위기의 원인이었다. 그러나 영국과 아일랜드도 2008년 세계 금융위기 시 심각한 은행위기 상황에 빠졌지만 외환위기를 겪지는 않았다. 영국은 미국과 중앙은행 간 통화스와프계약을 통해 필요한 달러를 공급받을 수 있었고, 아일랜드는 유럽 단일통화인 유로를 사용해 외환위기를 피할 수 있었다.

이렇게 본다면 1992년 영국, 스페인, 이탈리아, 포르투갈 등에서 발생한 유럽 통화위기는 특별한 성격의 외환위기였다. 이는 1950년대 이후 선진국에서 발생한 대표적인 외환위기이고, 외환위기가 다른 위기와 연결되지 않고 외환위기만으로 끝났기 때문이다.

은행위기는 사례가 너무 많아 은행이 생겨난 이후 주기적으로 발생했다고 볼 수 있다. 그리고 은행위기는 선진국, 후진국을 가리지 않고 은행산업의 발달 정도나 은행의 크기 및 숫자와 관계없이 나타났다. 금융선진국이라고 볼 수 있는 영국과 미국에서 1800년대 이후만 봐도 거의

10년 단위로 크고 작은 은행위기가 발생했다. 프랑스, 독일, 네덜란드, 이탈리아 등 유럽 국가도 1800년대 이후 10~20년 단위로 은행위기를 겪었다.

미국, 유럽 등 세계 많은 국가가 공통으로 큰 은행위기를 겪은 것은 바로 1929년 10월 29일 발생한 대공황 때였다. 대공황으로 미국에서만 수천 개의 은행이 도산하고 실업률이 27%까지 상승했으며 주가는 3년 정도 계속 하락해 최고점의 10% 수준으로 떨어졌다. 1929년 대공황 이후 미국, 유럽 등 선진국에서 발생한 은행위기는 주기와 규모 등이 나라별로 차이를 보인다.

미국은 1980년대 초 저축대부조합 사태라는 큰 금융위기를 겪었고, 2008년에는 세계 금융위기의 진원지가 되었다. 독일, 프랑스, 네덜란드, 벨기에 등은 제2차 세계대전 후 2008년 세계 금융위기 이전까지 큰 문제가 없었으며, 영국은 위기까지는 아니었지만 몇 번의 은행불안 사태가 있었다. 그러나 덴마크, 스웨덴, 노르웨이, 핀란드 등 북유럽 국가는 부동산 버블 등으로 말미암아 1989년부터 1994년까지 심각한 은행위기를 겪었다.

일본은 1990년대 초 부동산 및 주식시장 버블 붕괴 이후 은행위기 조짐이 나타났으나 구조조정을 지연하는 방법으로 은행위기의 부정적 효과를 뒤로 미루면서 장기화시켰다. 이것이 1990년대 중반 이후 잃어버린 20년이라고 불리는 일본의 장기 불황의 주요 원인의 하나가 되었다. 아르헨티나, 멕시코 브라질 등 중남미 국가, 태국 인도네시아 필리핀 등 동남아 여러 국가, 동유럽 국가, 아프리카 등 대부분의 개발도상국에서는 최근까지 사례를 들기 어려울 정도로 많은 은행위기가 발생했다.

이러한 금융위기의 발생 사례를 종합해보면 인플레이션위기는 1950년대 이후부터는 미국, 유럽, 일본 등의 주요 선진국에서는 발생하지 않고 있으며, 1990년대 후반 이후에는 아프리카 일부 국가를 제외하고는 개발도상국에서도 발생 빈도가 줄고 있다. 외환위기와 재정위기는 개발도상국에서는 최근까지 계속되고 있지만 선진국에서는 1950년대 이후 거의 발생하지 않고 있다.

다만 1992년의 유럽 통화위기와 2011년의 유럽 재정위기는 투기세력의 공격과 제도적 문제가 결합한 조금 예외적인 사례다. 이 때문에 음모론을 좋아하는 사람들은 1992년 위기가 유럽 단일통화의 출범을 막기 위해, 2010년 위기는 단일통화제도를 붕괴시키기 위해 음모세력이 공격한 것이라고도 한다. 음모는 있었을지 모르지만 음모세력의 뜻대로 되지는 않은 것 같다. 1992년의 위기를 극복하고 단일통화는 도입되었고, 재정위기를 이겨내면 유럽 통합은 더 강해질 것이기 때문이다.

은행위기는 2008년 세계 금융위기에서 보듯 선진국과 후진국을 가리지 않고 지금까지 계속되고 있는 대표적인 금융위기다. 현재로서는 은행위기가 가장 생명력이 강한 위기인 셈이다. 그리고 위기 발생 사례를 기준으로 선진국과 후진국을 나누어본다면 흥미로운 결과를 찾을 수 있다. 즉, 인플레이션위기에서는 자유롭고 재정위기의 가능성은 거의 없으며 외환위기의 가능성도 크게 낮은 나라가 선진국인 것 같다.

finance

6

m o n e y

금융위기의 발생 원인

앞으로도 발생 가능성이 크며 좁은 의미의 금융위기인 외환위기와 은행
위기의 발생 원인을 간단히 알아보자. 한국에서 인플레이션위기와 재정
위기가 없어진 것은 아니지만 이상한 정부가 들어서 막가는 정책을 쓰지
않는 한 발생 가능성은 크지 않아 보인다.

먼저 외환위기의 발생 원인에 관해서는 그 유형에 따라 몇 가지 모형
이 제시되어 있다. 첫 번째 모형은 1970년대 중남미 국가의 외환위기를
연구 대상으로 하여 체계화되었다. 환율이 고정되어 있거나 관리되는
상태에서 경상수지 적자, 물가 상승, 재정 적자 등이 누적되어 외환위기
가 발생하는 경우로 환율 수준과 경제 기초여건 간의 괴리를 외환위기의
주요 원인으로 보았다.

두 번째 모형은 1992년의 유럽 외환위기를 사례로 하여 이론화되었
다. 경상수지, 물가, 재정 등 경제 기초여건에 큰 문제가 없더라도 현행

환율 수준을 유지하는 데 고금리, 실업 증가 등 큰 비용이 들 것으로 투자자들이 기대하고 외환시장을 공격한다면 외환위기가 발생한다는 것이다. 즉, 경제 상황에 앞서 투기세력의 자기실현적 기대와 공격 그리고 정책당국의 대응 능력이 외환위기의 중요한 원인이라는 것이다. 그리고 금융시장의 변동성이 실물 부문보다 훨씬 높은 것도 이처럼 투기세력의 기대가 자의적인 요인에 따라 갑작스럽게 변동하기 때문으로 보고 있다.

세 번째 모형은 1997년 태국, 인도네시아, 한국 등 동아시아 금융위기를 설명하기 위해 나온 이론이다. 당시 동아시아 국가는 재정 적자, 실업률 등 거시경제 상황에는 큰 문제가 없었으나 기업 및 금융기관의 취약한 건전성이 외환위기의 원인이 되었다. 해외 투자자들이 차입자인 동아시아 국가의 기업과 금융기관의 채무상환 능력을 의심하게 되고 빌려준 자금을 급격히 회수하면서 외환위기가 발생했다는 것이다.

네 번째는 아직 이론화되지는 않았지만 2008년 세계 금융위기 시 한국, 중남미 국가, 동유럽 국가 등과 2013년 미국의 양적완화 축소 가능성 제기 시 인도, 인도네시아 등의 외환위기 상황을 설명할 수 있는 모형일 것이다. 세 번째 모형과는 달리 주변국은 자국의 금융기관이 건전한데도 선진국 금융기관의 부실화와 정책 변경 등으로 해외자금이 급격히 빠져나가는 데다 신규 차입이 어려워 심각한 외환 부족을 겪은 것이다. 외환 부족은 금융 등 경제의 개방도가 높을수록 경제 기초여건이 나쁘고 신뢰가 떨어질수록 크게 나타난다.

외환위기의 핵심 발생 원인을 네 가지 모형에 따라 종합해보면 경상수지 적자 등 경제 기초여건 취약, 환율 등 경제정책에 대한 낮은 신뢰성, 금융기관·기업·정부·가계 등 경제주체의 건전성 악화, 금융 등 경제의 지나친 개방 등이라고 볼 수 있다.

다음은 은행위기 발생 원인이다. 은행위기는 일반적으로 개별 은행의 도산으로부터 시작되지만 개별 은행의 도산이 항상 은행위기로 이어지는 것은 아니다. 개별 은행 또는 2~3개 은행의 도산이 해당 은행의 문제로 끝나고 시장 전체의 자금 중개 기능이 크게 위축되지 않는다면 은행위기가 아니다. 즉, 개별 은행의 도산이 금융시스템 전체의 불안으로 이어지지 않는 경우에는 시스템 리스크가 없는 것이며, 이는 자본주의 경제에서 항상 일어나는 시장의 선택 과정이 정상적으로 작동하는 것으로 볼 수 있다. 다만 위기 발생 초기에는 개별 은행의 도산으로 끝날지 시스템 리스크로 번질지 판단하기 어렵다는 것이 문제다.

개별 은행의 도산 원인은 기업이 망하는 이유처럼 다양하다. 은행은 신용위험이나 유동성위험 등 앞에서 설명한 여러 가지 위험 중의 하나라도 크게 잘못 관리하면 도산 상황에 빠진다. 그리고 개별 은행의 도산이 늘 시스템 리스크인 은행위기로 이어지지는 않지만 다음과 같은 경우에는 그럴 가능성이 커진다.

첫째, 은행이 서로 유사한 영업을 하고 있어 많은 은행이 동일한 위험요인에 노출된 경우 은행위기의 가능성이 커진다. 즉, 은행들이 공통적으로 부동산에 대한 대출이 많다든지, 특정 산업이나 기업 또는 특정 지역에 대출과 투자가 몰리는 경우, 즉 쏠림 현상이 커지면 시스템 리스크도 커지는 것이다.

둘째, 은행산업의 집중도도 은행위기와 관련이 있다. 은행산업이 몇 개의 대형 은행으로 집중되어 있으면 대형 은행의 도산이 바로 시스템 리스크로 이어져 은행위기가 발생할 가능성이 크다. 또한 대형 은행은 잘못되면 정부가 구제해주겠지 하는 대마불사too big to fail의 도덕적 해이에 빠져 지나치게 높은 위험을 추구하게 되고 이는 은행위기의 가능성을 키운다.

셋째, 부적절한 감독정책이나 거시경제정책, 예금보험제도와 같은 금융안전망 부족 등과 같은 제도적·정책적 요인도 은행위기의 원인이 된다. 은행 대부분이 호황이 지속되리라 보고 경쟁적으로 대출을 확대할 때 성장률을 높이기 위해서 건전성 규제를 완화하거나 확장적인 거시 경제정책을 추진하는 것은 은행위기의 씨를 뿌리는 일이다.

또한 정책당국의 위기관리 능력이나 의지 부족도 한두 개 은행의 도산으로 끝낼 일을 큰 위기로 증폭시킬 수 있다. 좋은 예가 2011~2012년 상호저축은행 사태다. 상호저축은행의 부실화는 2007~2008년부터 시작되었으나 감독당국이 이를 방관하면서 부실 규모가 커져 재정 부담이 늘어나고 많은 피해자가 발생했다. 2008~2009년 무렵부터 부실 상호저축은행을 정리해나갔다면 시장규율이 강화되어 사소한 문제로 끝날 수 있는 일이었다.

금융위기는 이러한 여러 가지 위험요인이 조금씩 모양을 바꾸어가면서 장기간 축적되다가 일시에 분출되는 과정이다. 그리고 금융위기는 금융에 대한 지식이 많아지고 경제가 발전해도 앞으로 계속 발생할 것 같다. 인간이 탐욕을 억제하기란 매우 어렵고, 미래를 정확히 알 수 없다는 것이 인간의 근본적 한계이기 때문이다. 그리고 금융위기가 반복될 수밖에 없는 또 다른 원인은 시장참가자나 정책당국자가 지닌 다음과 같은 현실적 제약 때문이기도 하다.

시장참가자의 무분별한 군집행동의 결과인 쏠림 현상이 위험요인 축적의 핵심 고리인 것은 알려진 사실이다. 그러나 쏠림 현상은 비합리적 행동으로도 보일 수 있지만 정보가 불완전하고 투자 성과가 다른 투자자와 비교·평가되는 현실에서는 어쩔 수 없는 선택인 경우가 많다.

정보가 불완전하고 미래가 불확실하면 시장참가자 대다수는 정보 면에서 우위를 점한 선도투자자의 패턴을 모방하는 것이 합리적이다. 특히 중소 규모의 투자자는 투자 실패 시 자신의 평판이 실추될 것을 염려해 선도투자자의 투자패턴과 크게 다른 투자전략을 선택하기 어렵다. 또한 독자적인 정보력을 갖추고 다른 판단을 하는 대형 기관투자자라 하더라도 결국 군집행동에 참여하는 쪽을 택한다. 호황이 장기화되는 상황에서 다른 투자자와 비슷한 방식으로 투자했다가 같이 실패했을 경우에는 비난도 같이 받아 견딜 만하지만, 만약 호황이 더 장기화되어 다른 투자자만큼 이익을 내지 못하면 자리를 보전하기 어렵기 때문이다. 특히 부동산 등 자산시장에서 이러한 쏠림 현상이 나타나고 이것이 대출 확대와 연결되는 것은 금융위기의 대표적 원인이었다.

다음으로 금융위기를 막는 데 꼭 필요한 정책당국자의 선제적 대응도 기대하기 어렵다. 정책당국자의 선제적 대응이 성공하려면 정책당국이 위기 가능성을 예측할 수 있어야 하고 선제적 대응에 대해 시장과 국민의 지지를 얻어야 한다. 그러나 두 가지 모두 쉽지 않다. 미래를 정확히 예측하는 것은 신의 영역이다. 어떤 위기를 예측했다고 언론 등에서 유명한 학자도 알고 보면 '곧 위기가 온다'거나 '머지않아 대재앙이 올 것이다'는 등 여러 번 틀린 예측을 내놓다가 어쩌다 한 번 맞힌 것이다.

선제적 조치에 대해 시장의 지지를 받기란 더 어렵다. 정책당국이 금융위기 발생 가능성이 있다고 선제적 대응 조치를 통해 위기를 예방했다고 가정해보자. 시장참가자 대부분은 정책당국의 적절한 조치로 위기를 피할 수 있었다고 생각하기보다는 선제 조치 없이도 위기를 넘길 수 있거나 아예 위기의 가능성조차 없었다고 여기기 쉽다. 선제 조치는 대부분 예방 백신과 같아서 국민에게 미리 거품을 빼는 고통을 준다. 한창 좋을 때 즐거움을 빼앗고 작은 고통을 미리 주기란 쉽지 않다. 따라서 정책당국은 불확실한 미래에 대해 인기 없는 선제 조치보다는 위기가 발생한 다음 위기를 효율적으로 수습하는 쉬운 길을 선택한다.

좋은 예의 하나가 2008년 세계 금융위기의 위험요인이 한창 축적되어가던 2006년경 당시 금융 상황을 평가하던 국제결제은행의 중앙은행 총재회의일 것이다. 이때 관심 주제의 하나가 2005년 이후 시장참가자가 위험을 계속 과소평가해 위험 스프레드(안전자산과 위험자산 간의 수익률 차이)가 역사상 최저 수준으로 떨어진 것에 대한 평가였다.

시장에서는 위험관리 기법의 발달로 금융시스템의 위험 수용 능력이 향상되었기 때문에 감내할 수 있다고 했고, 이에 대한 반론은 현재의 위험 추구 행위가 과도한 것으로서 지속 가능할 수 없다는 것이었다. 토론 결과 어느 쪽이 맞는지 확실한 결론을 내지 못하고 문제를 검토하는 수준에서 끝났다. 중앙은행은 정책당국 중에서도 파티가 한창 물이 오를 때 분위기를 깨는 역할을 해야 하는 기관인데 그렇게 하지 못했다.

여기에다 시장참가자들은 자신의 위험관리 능력만을 믿고 낙관적 기대하에 공격적인 고위험·고수익 추구를 세계 금융위기 직전인 2007년까지 이어갔다. 결국 2008년 세계 금융위기 때도 정책당국자와 시장참가자 모두 과거 위기 때와 비슷하게 행동한 것이다. 앞으로도 크게 바뀔 것 같지는 않다.

금융위기의 관리와 대응

외환위기와 은행위기 등 금융위기는 앞으로 한국에서 발생할 수도 있고 다른 나라에서 발생해 우리에게 영향을 줄 수도 있다. 특히 은행위기는 선진국이 되어도 계속 발생할 수 있다. 금융위기는 예방하면 좋겠지만 현실적으로 불가능한 목표일지 모른다. 미국, 유럽 등에서도 금융위기의 예방이라는 말보다 금융시스템의 복원력resilience 강화라는 말을 많이 쓰고 중요시한다. 국민경제나 금융시스템을 충격에 강하고 정상적인 상태로 복귀하는 힘, 즉 복원력이 강한 체제로 만드는 것이 일차적 과제인 것이다.

복원력이 강한 금융시스템을 만들려면 앞의 금융위기 발생 원인에 비추어볼 때 기본적으로 금융기관, 기업, 가계, 정부 등 각 경제주체의 건전성이 뒷받침되어야 한다. 그리고 경상수지 흑자 기조, 물가 안정 등 경제 기초여건이 튼튼하고 정책의 신뢰성이 높고 경제의 개방도가 지나치게 높지 않아야 한다. 또한 부동산, 주식 등 자산시장의 거품이 없어야 하는데 특히 대출에 의한 부동산시장의 거품은 은행위기의 연결고리이기 때문에 항상 조심해야 한다.

금융위기 또는 금융시스템의 복원력과 관련한 여러 가지 요인을 분석하고 평가하는 작업은 금융시스템 안정성 분석 또는 거시건전성 분석이라 하고 중앙은행의 핵심 역할의 하나다. 한국을 포함한 주요국 중앙은행은 이러한 분석·평가 결과를 1년에 두 번 정도 금융안정보고서라는 이름으로 발간한다. 한국 금융시스템의 안정성과 관련한 종합적인 분석은 한국은행에서 발간하는 금융안정보고서를 참고할 수 있다. 여기서는 금융안정의 핵심 요소인 각 경제주체의 건전성만을 2013년 상황을 중심으로 간단히 점검해보자.

1997년 IMF 금융위기의 핵심은 대기업이 과다 차입에 의한 과다 투자로 부실해지고 이에 따라 금융기관도 부실해져 은행위기가 촉발된 것이다. 여기에다 경상수지 적자가 누적되고 있어 바로 외환위기로 이어진 것이다. IMF 사태 당시 정부와 가계 부문은 상대적으로 건전하여 공적 자금 투입, 정리해고 감내, 금 모으기 운동 등을 통해 위기를 조기 극복하는 데 큰 힘이 되었다.

그러나 가계는 2000년대 초반의 신용카드 사태와 2000년 중반 이후 급증한 주택담보대출로 건전성이 크게 악화되었다. 이에 따라 가계 부문의 과다 부채는 한국 경제의 큰 짐이 되고 있고, 앞으로 금융불안의 원인이 될 가능성이 커지고 있다. 정부 부문도 IMF 사태 극복을 위한 공적 자금 투입, 이후의 경기부양과 무리한 토목사업 등으로 조금씩 건전성이 나빠지고 있다. 아직 공식 지표상으로는 크게 나쁘지는 않으나 공기업

부채, 기금과 연금의 준비금 부족 등에 숨어 있는 정부부채가 아주 많은 데다 조세수입의 증가세도 둔화되고 있어 조심해야 할 상황이다.

기업 부문과 금융 부문은 IMF 사태 이후 구조조정과 정부 지원 등으로 재무 건전성이 좋아졌으나 내부적으로는 문제가 있다. 한국 상장기업(금융업 제외)의 평균 부채비율은 100% 정도로 미국이나 일본 등보다는 양호하나, 한국 기업은 그룹 내 상호출자와 순환출자로 실제 부채비율이 더 높을 수밖에 없다. 또 기업 부문 내부에서도 양극화가 심해 일반 중소·중견기업은 상장기업보다 재무구조가 훨씬 나쁘다.

금융 부문은 2000년대 중반 이후 상당 기간 한국 대형 은행의 수익성, 건전성 등이 세계 우량 은행과 비슷한 수준으로 좋아져 외형적으로 건실해 보였다. 그러나 이는 경쟁을 통한 은행의 자체 노력으로 이룬 것이 아니라 은행 부문에 대한 정부의 보호정책으로 독과점적 수익을 향유할 수 있어서 가능한 것이었다. 1990년대 중반 이후 은행은 신규 설립 없이 인수·합병 등을 통한 퇴출만 있었다. 은행과 비슷한 예금·대출 금융기관인 상호저축은행, 신협 등도 마찬가지였다. 한국의 은행산업은 몇 개 안 되는 은행이 최소한의 고용만을 하면서 국내에서 주택담보대출, 우량 중소기업 및 대기업 대출 등 안전한 대출을 통해 쉽게 돈을 벌었던 것이다.

그러나 세상에 항상 안전한 투자자산은 없듯이 은행의 이러한 쉬운 돈벌이도 계속될 수는 없을 것이다. IMF 사태 때 그전까지 안전하다고 생각되었던 대기업 대출이 부실화되었듯, 지금까지 안전했던 주택담보대출도 과잉 가계부채로 조금씩 위험해지고 있다. 또한 한국의 은행은 국제화와 업무 다각화도 되어 있지 않아 경쟁력이 없고 외부 충격에 취약한 구조다. 여기에다 한국의 주요 은행은 모두 자산구조가 비슷한 붕어빵식 경영을 하고 있어 금융시스템의 분산 효과도 거의 없다.

　종합해보면 가계 부문은 외형적·실질적으로 모두 건전성이 아주 취약하며, 정부의 재정은 계속 나빠지고 있고, 기업과 은행은 외형적으로 괜찮아 보이나 실질적으로 불안 요인이 잠재되어 있는 상황이다. 결국 한국 경제나 금융시스템은 복원력 측면에서 강하지 못하고, 오히려 위기의 가능성이 숨어 있는 상태인 것이다.

　금융위기가 일단 발생하면 위기의 충격을 최소화하기 위해 효율적으로 관리하는 것이 중요하다. 은행위기는 선진국에서도 많이 있었기 때문에 기본적 관리 방법은 IMF나 국제결제은행, Fed 등에서 매뉴얼로 잘 정리해놓았다. 큰 줄기는 첫째로 위기가 가능한 한 확산되지 않게 봉쇄 조치를 취하고, 둘째로 문제 은행에 대해 구조조정을 실시하며, 셋째로 부실자산을 정리하고 부실기업을 구조조정하는 것이다.*

　첫째, 은행위기는 대부분 유동성 문제로 시작되기 때문에 위기가 확산되는 것을 막기 위한 일차적 과제는 충분한 유동성을 공급하고 자금의 이탈을 막는 것이다. 위기 시 비상 유동성 지원은 중앙은행의 최종대부자 기능에 의해 주로 수행된다. 대규모 예금 인출과 결제시스템의 유동성 부족 등이 발생했을 때 합법적으로 유동성을 즉시 공급할 수 있는 기관은 중앙은행밖에 없기 때문이다. 중앙은행은 독점적인 화폐 발행 권한을 가지고 있고 일반적으로 금융기관의 예금준비금과 외환보유액을

---

* 　이 부분은 David S. Hoelscher and Marc Quintyn, "Managing Systemic Banking Crisis"(IMF, 2003)을 많이 참조했다.

관리하고 있어 바로 유동성을 공급할 수 있다.

그리고 자금 이탈을 막는 데 정부가 은행 부채에 대해 포괄적인 보증을 선언하는 방식도 사용할 수 있다. 이는 포괄보증제도라 하며 은행시스템 전체의 신뢰가 상실되어 대규모 예금 인출 현상bank-run이 일어날 가능성이 있을 때 국가가 자본금과 후순위 채권을 제외한 예금과 차입금 등 은행의 부채에 대해 지급보증을 선언하는 방식이다. 포괄보증제도는 1993년 핀란드, 1996년 일본, 1997년 한국, 2008년 독일, 프랑스 등과 같이 금융위기나 금융불안 시기에 일시적으로 사용하는 정책이다.

이러한 위기의 봉쇄 과정에서 비상 유동성 지원과 포괄보증제도보다 현실적으로 중요할 수 있는 것은 정책당국에 대한 시장의 신뢰다. 그러한 신뢰를 얻으려면 위기관리 기본전략에 대한 정치권의 합의와 위기관리 업무의 명확한 분담, 정보의 투명하고 일관된 공표 등이 중요하다.

둘째, 은행의 구조조정은 문제 은행의 수익성과 건전성을 회복시켜 은행시스템을 정상화하는 것으로서 은행위기 관리의 핵심이다. 은행 구조조정의 기본전략은 생존 가능한 은행과 그렇지 못한 은행을 구분해 생존 가능한 은행의 경쟁력을 높이고 그렇지 못한 은행을 가능한 한 빠르게 정리하는 것이다. 은행 구조조정은 문제 은행의 청산 및 합병 전략 수립과 집행, 생존 은행의 자본 확충과 수익성 제고 등 장기 과정을 거치는 작업으로 국민의 세금인 공적 자금이 많이 소요되는 것이 일반적이다.

셋째, 부실자산 정리와 기업 구조조정은 은행위기 관리의 마지막 단계로 이해관계가 복잡하게 얽혀 있고 시간이 가장 많이 걸린다. 부실자산 정리와 기업 구조조정의 목적은 은행의 현금 흐름을 개선하고 부실자산의 가치를 최대화하여 은행의 손실을 최소화하는 것이다. 일반적으로 은행 부실자산 정리는 은행이 직접 구조조정을 하는 방식, 부실자산을 청산하는 방식, 구조조정 전문기관에 부실자산을 매각하는 방식 등 세 가지로 나뉜다. 그리고 기업 구조조정 방식으로는 파산 등 법원 감독하 채무조정, 기업 개선 작업work-out, 법원의 채무조정 등이 사용된다.

다음은 외환위기에 대한 관리다. 외환위기는 일단 발생하고 나면 효율적인 사후 관리 수단이 별로 없다는 것이 문제다. 시장 개입은 외환보유액에 한계가 있어 위기 시에는 무력할 수 있으며, 자본 통제는 실물 및 금융 면의 개방도가 큰 국가에서 시행할 시 경제 위축 등 부작용이 더 클 수 있다.

다만 2008년도 세계 금융위기 시 사용되었던 주요국 중앙은행 간의 통화스와프는 외환위기 관리와 대응에 효과적이었다. 한국이 기축통화국인 미국, 안정성이 높은 유럽이나 일본, 또는 외환보유액이 아주 많은 중국 등과 통화스와프를 체결하면 외환보유액을 추가로 확보하는 효과가 있기 때문이다. 예를 들어 미국과의 통화스와프는 한국은행이 미 달러화가 필요한 경우 원화를 계좌이체 등을 통해 미국 중앙은행에 맡기고 정해진 한도 내에서 적은 비용으로 미 달러화를 사용할 수 있는 것이다.

그리고 자본거래에 대해 세금을 매기는 토빈세도 자본 유출입의 진폭을 줄이는 데 의미가 있다. 예를 들어 브라질은 2009년부터 유입 자금에 최대 6%의 세금을 부과해 과도한 자본 유입을 방지했다. 반대로 2013년 6월에는 자본 유출 조짐이 보이자 토빈세를 폐지해 자본 유입을 촉진했다.

이러한 금융위기에 대한 대응과 관리는 주로 정책당국의 몫이다. 그렇다면 개인이나 기업, 금융기관은 어떻게 대응해야 할까? 많은 기업이나 금융기관은 금융위기 시 망하거나 구조조정 대상이 될 수 있다. 개인도 직장을 잃거나 투자자산 및 보유자산에서 큰 손실이 발생할 수 있다. 개인이나 기업, 금융기관은 자신에게 이렇게 큰 영향을 미치는 금융위기에 대응해 할 일은 많지 않다고 생각해왔다. 그래도 찾아보면 조금은 있을 것 같다.

먼저, 쉽지는 않겠지만 금융위기의 조짐을 느낄 수 있다면 자신의 건전성을 강화해 충격에 강하게 만들어야 한다. 고금리에 대비해 채무를 조기에 정리하거나 투자금을 회수하고 유동성을 확보하는 등 위기에 미리 대비하면 위기가 왔을 때 생존하는 데 훨씬 유리하다. 경기의 변화나 위기의 조짐은 통계 숫자나 경제지표 분석을 통해 알 수 있는 것만은 아니다. 어떤 면에서는 사람들의 행태 변화를 살피는 것이 쉬울 수도 있어 일반인도 위기의 조짐을 감지하는 것이 가능하다. 이와 관련해 재미있는 이야기가 두 가지 있다.

하나는 1987년부터 2006년까지 미국 중앙은행 총재를 지낸 앨런 그린스펀 이야기다. 그린스펀은 경기 변화를 알기 위해 수많은 분석 자료를 검토하는 이외에 수시로 쓰레기 집하장에 나가봤다고 한다. 쓰레기의 양이 많고 버려지는 것 중에서 쓸 만한 것이 꽤 있을 때에는 경기가 좋은 것이고 쓰레기의 양이 줄고 쓸 만한 것이 사라지면 경기가 나쁘다고 판단한 것이다.

또 하나 재미있는 이야기는 미국의 35대 대통령인 존 F. 케네디의 아버지 조지프 P. 케네디에 관한 것이다. 조지프 P. 케네디는 미국 주식시장의 큰손으로 작전 등을 통해 큰돈을 벌었고 루스벨트 대통령 시기에 초대 미국 증권관리위원장을 역임하기도 했다. 1929년 세계대공황 직전에 조지프 P. 케네디가 증권거래소 근처에서 구두를 닦는데 구두닦이가 자기도 있는 돈을 모두 모아서 주식 투자를 시작했다고 자랑하는 말을 듣고 이건 아니다 싶어 가진 주식을 모두 처분했다고 한다. 위기 발생의 조짐, 즉 쏠림 현상이 끝까지 가서 거품이 터지기 직전의 상황을 경제지 표가 아닌 시장의 분위기로 느낀 것이다.

이와 반대로 1929년 당시 어빙 피셔Irving Fisher* 등 유명 경제학자들은 다양한 경제 분석을 통해 경기의 호황은 계속되고 주가도 높은 상태가 장기간 지속permanently high plateau될 것이라고 주장하고 있었다. 많은 경제 지식은 지난 과거를 설명하는 데 유용하지만 미래 예측에는 큰 역할을 하지 못한다. 자신만의 감이 더 중요할 수 있다. 그리고 작은 재산은 열심히 일하고 저축하는 것만으로 쌓을 수 있지만, 아주 많은 재산은 실력인지 운인지는 알 수 없지만 미래의 변화를 느낄 수 있어야 얻을 수 있는 것 같다.

---

* 어빙 피셔(1867~1947)는 신고전주의 경제학자로서 유명한 화폐교환방정식(PT =MV)과 화폐수량설 등을 통해 밀턴 프리드먼 등 통화주의자에게 큰 영향을 주었다. 또한 이 책 '금리에 대한 이해' 장에서 설명하는 명목금리와 실질금리, 금리와 물가의 관계에 관한 이론을 체계화하기도 했다.

여섯 번째 이야기
생활 금융

/

금리에 대한 이해
예금과 대출
신용카드
채권, 주식, 펀드
보험

금리에 대한 이해

금리와 이자는 경제활동과 경제학뿐 아니라 종교적·윤리적인 면에서도 오랫동안 많은 관심과 논란의 대상이었다. 단테의 『신곡』 '지옥' 편 11곡에서는 7번째 지옥에서 고생하고 있는 사람들로 동성애자와 함께 고리대금업자를 들고 있다. 돈은 돈을 낳지 않는다는 생각과 이자 수취를 금지하는 성경(구약)의 내용을 반영한 것으로 보인다. 현재도 이슬람교는 이자 수취를 엄격히 금지한다. 금리가 실물적 현상이냐 화폐적 현상이냐, 대부시장에서 결정되느냐 화폐시장에서 결정되느냐, 또는 이자를 받아야 하느냐 등의 학문적이고 근본적 논의는 다른 사람의 몫으로 남겨두고자 한다.

금리는 앞서 은행업의 뿌리를 설명한 장에서 살펴봤듯이 신석기시대 이후 씨앗이나 농기구를 빌려서 사용한 다음 늘어난 생산물 일부를 이자로 지급하면서 생겨났고 지금까지 여러 가지 형태로 존재한다. 여기서는 현실을 받아들여 일상 경제생활과 관련한 금리 이야기를 해보고자 한다. 이야기는 크게 세 가지로, 첫째는 현실 경제에서 금리의 의미와 역할, 둘째는 우리 주변에 존재하는 여러 가지 금리에 대한 간단한 설명, 셋째는 금리의 흐름과 방향에 대한 이해다.

첫째, 금리는 국민경제 전반뿐 아니라 각 경제주체의 경제활동 구석 구석까지 강하고 광범위한 영향을 미친다. 금리는 저축과 소비, 투자 그리고 자금의 국내외 흐름을 결정하는 기본 요소다. 금리가 오르면 일반적으로 저축의 이득은 커지고 소비나 투자의 비용을 늘어나기 때문에 저축은 늘고 소비나 투자는 줄어든다. 반대로 금리가 내리면 저축이 줄고 소비와 투자가 늘어난다.

국가 간 자금 흐름은 금리 수준보다 각국 간 금리 차이의 영향을 받는다. 일반적으로 국내 금리가 해외 금리보다 높으면 돈이 해외에서 국내로 들어오고, 반대로 국내 금리가 해외 금리보다 낮으면 돈이 해외로 나간다. 이 과정에서 환율도 변동하여 금리가 환율에 영향을 준다. 경제 현상은 여러 가지 요인이 복합되어 나타나므로 금리만으로 소비, 투자, 자금 이동이 결정되지는 않지만 다른 특별한 요인이 없다면 그렇게 움직인다는 것이다.

개별 경제주체의 움직임은 더 명확하다. 개인은 당연히 금리가 오르면 저축 유인이 커지고 소비 유인이 작아질 뿐 아니라 주택담보대출 등의 이자 부담이 늘어난다. 반대로 금리 생활자는 이자 소득이 늘어나 소비 여력이 커질 수 있다. 기업으로서는 금리가 비용 요인의 하나여서 수익이나 생산하는 제품 가격에 바로 영향을 준다. 차입에 의한 과다 투자는 금리가 크게 오르는 경우 기업의 운명을 바꿀 수도 있다. 금융기관은 금리 변동에 따라 예금·대출의 비용과 수익이 바로 변하고 이와 관련한 위험, 즉 금리위험을 잘못 관리하면 1980년대 미국의 저축대부조합 사태 때처럼 많은 금융기관이 망할 수 있다.

둘째, 여러 금융상품이 있듯이 현실 세계에서 우리가 접하는 금리는 종류가 많고 표현하는 방식도 단리, 복리, 월리, 연리, 수익률, 표면금리, 실질금리 등 다양하다. 이러한 여러 가지 금리를 여기서 모두 설명할 수는 없고 기본적인 내용만 간단히 알아보자.

먼저 금리는 명목가치로 보느냐 물가 변동을 고려한 실질가치로 보느냐에 따라 명목금리, 실질금리로 나뉜다. 예금금리 3%, 대출금리 5% 등과 같이 우리가 일상적으로 사용하는 금리가 명목금리다. 실질금리는 구매력 감소분을 반영하기 위해 일반적으로 명목금리에서 소비자물가 상승률을 빼서 계산한다.

월리는 월 단위로, 연리는 연 단위로 이자를 계산하는 것이다. 단순히 연리가 월리의 12배라면 월리로 이자를 받아 그 이자를 활용할 수 있기 때문에 이자를 받는 사람에게는 월리가 더 유리하다. 그리고 단리는 원금에 대해서만 이자를 주는 것이고 복리는 이자에 대해서도 이자를 주는 것이다. 예를 들어 월 복리로 1년 단위로 이자를 지급한다면 매월 이자 발생분을 원금에 가산해 1년간의 이자를 계산하는 것이다.

또 금리는 겉으로 표시된 금리인 표면금리와 실제로 지급되는 금리인 실효금리로 나눌 수 있다. 표면금리가 같은 금융상품이라도 단리, 복리 등의 이자 계산 방법이나 과세 여부, 이자 지급 시기 등에 따라 실효금리가 달라진다. 실효금리의 대표적 사례가 국공채나 회사채 등의 시장 수익률이다. 채권은 발행 시에 연 3%, 4% 등과 같이 금리(표면금리)와 연 2회 지급, 만기 시 지급 등 이자 지급 방법이 정해져 있다. 이러한 채권이 시장에서 거래될 때는 채권의 표면금리와 이자 지급 조건 그리고 시장금리 상황에 따라 가격이 결정된다. 이 가격을 기준으로 채권에서 얼마만큼의 수익이 생기느냐가 시장 수익률이다.

그리고 통화당국인 중앙은행이 정해서 다른 수많은 금리의 기준이 되는 정책금리가 있다. 한국의 정책금리는 한국은행이 금융기관으로부터 7일물 환매조건부채권repurchase agreement: RP 매입 시 적용하는 최저입찰금리다. 좀 더 쉽게 설명하면 한국은행이 금융기관에 국공채 등을 담보 형태로 하여 7일짜리 대출을 할 때 적용하는 최저금리라 할 수 있다. 정책금리가 변경되면 금융기관 초단기대출금리인 콜금리에 즉각 반영되며 양도성예금CD, 환매조건부채권RP 등 단기시장금리와 예금·대출 금리에 영향을 주고 시차를 두고 채권 등 장기 시장금리를 변동시킨다.

이러한 여러 금리는 그 나름의 구조와 위계를 지니고 서로 영향을 주고받으며 변한다. 금리 구조에 가장 큰 영향을 주는 것이 만기와 신용도다. 만기가 길수록 불확실성, 즉 위험이 크기 때문에 일반적으로 장기금리가 단기금리보다 높지만 가끔 예외도 있다. 금융위기 등의 충격으로 단기적으로는 시장이 매우 불확실하지만 장기적으로 볼 때 시장이 안정될 것이라고 본다면 장기금리가 단기금리보다 낮을 수 있다. 그리고 국채보다는 회사채가, 회사채 중에서도 우량 기업보다는 비우량 기업이 신용도가 떨어져 더 높은 금리를 부담한다. 이렇게 어떤 금리를 기준으로 만기나 신용도 등에 따라 추가되는 금리를 가산금리 또는 스프레드spread라고 부른다.

셋째, 이러한 금리는 어떻게 결정되고 어떤 방향으로 움직일까? 먼저 정책금리는 일반적으로 중앙은행이 물가를 우선 목표로 놓고 고용과 성장, 경상수지, 금융 상황, 자산가격 등을 종합적으로 검토해 결정한다. 물가가 오르고 성장세가 너무 빠르면 정책금리를 올려 경기를 진정시킨다. 반대로 물가가 너무 떨어지고 고용과 성장 등이 나쁘면 금리를 내려 경기를 부양한다. 이러한 금리정책은 현재의 상황을 기준으로 삼는 것이 아니라 6개월이나 1년 뒤를 내다보고 선제적으로 시행해야 의도했던 정책 효과를 기대할 수 있다. 이는 수많은 전문 인력을 보유한 중앙은행으로서도 쉬운 일이 아니다. 인간의 미래 예측 능력은 근본적으로 한계가 있기 때문이다. 따라서 일반인이 금리의 움직임을 정확히 예측한다는 것은 더욱 어려운 일이다.

그래도 어떤 방법이 없을까? 우리가 일상생활에서 매일 접하고 있는 금리는 명목금리로 앞에서 언급한 대로 물가 상승률과 실질금리의 합이다. 이는 물가 상승률과 실질금리의 움직임을 통해서 금리의 흐름을 예측해볼 수 있다는 것이다.

$$명목금리(i) = 물가 상승률(\pi) + 실질금리(\gamma)$$

명목금리는 물가가 오르면 오르고 물가가 내리면 떨어진다. 이는 피셔 효과라 하며 물가 상승률이 높은 국가의 금리가 높게 나타나는 등 많은 나라에서 실증적으로 증명되고 있다. 따라서 물가의 움직임을 예상할 수 있다면 금리 움직임의 반 정도는 알 수 있다. 그렇다면 나머지 반인 실질금리는 무엇이고 어떻게 알 수 있을까? 실질금리는 명목금리에서 물가 상승률을 빼서 사후에 계산하기는 간단하지만 사전에 관측하기는 어렵다. 실질금리의 움직임을 간접적으로라도 알 수 있는 경제지표를 찾아보자.

실질금리는 화폐가 없던 시절, 신석기시대에 씨앗이나 농기구를 빌려주고 늘어난 생산 일부를 이자로 받던 상황을 생각하면 개념을 잡을 수 있다. 이때 씨앗이나 농기구를 빌리는 데 제약이 없다면 얼마까지 빌리고 얼마 정도의 이자를 주는 것이 합리적일까? 빌린 씨앗이나 농기구를 사용해서 늘어난 추가적인 생산물이 이자 지급분보다 크다면 계속 빌려서 생산을 늘리는 것이 합리적이다. 즉, 씨앗이나 농기구 등을 이용한 추가적 생산물(현대적 의미로는 자본의 한계효율 또는 기업의 투자 성과)이 실질금리를 결정한다. 그리고 경제가 잘 돌아가 경제성장률이 높을 때는 일반적으로 자본의 한계효율과 기업의 투자 성과도 높아진다. 따라서 실질금리는 경제성장률이 높으면 오르고 떨어지면 낮아진다.

결국 우리가 접하는 일상의 금리는 크게 보면 물가와 경제성장률에 좌우된다고 볼 수 있다. 일본에서 제로금리 상황이 장기간 유지되는 것도 이것으로 설명할 수 있다. 일본은 물가가 떨어지는(소비자물가 상승률이 마이너스) 디플레이션이 지속되고 있는 데다 경제성장률이 1% 내외이기 때문에 제로금리는 당연한 결과다. 일본의 양적완화의 목표가 물가를 올리는 것이므로 양적완화에 성공해 일본의 물가가 오른다면 일본의 금리도 오를 것이다. 이러한 금리 상승은 정부부채가 GDP 대비 200%가 넘는 일본 경제에 또 다른 큰 위험요인이 될 것이다. 이 때문에 일본의 양적완화가 성공할 수 없다고 보는 사람이 많다.

물가와 경제성장률 이외에 일상적 경제활동 과정에서도 금리 수준에 큰 문제가 없는지 느낄 수 있는 방법이 또 있다. 금리는 돈을 빌리는 사람과 빌려주는 사람, 그리고 저축과 투자가 연결되는 고리로서 소나 말의 고삐와 같은 역할을 한다. 고삐가 너무 팽팽하면 소나 말이 아파 저항하고 너무 느슨하면 소나 말이 제멋대로 움직인다. 고삐는 적당한 긴장감을 유지하면서 사람과 소나 말 사이에 연결되어 있어야 하듯이 금리도 빌리는 사람과 빌려주는 사람 사이에 균형을 유지해야 한다. 돈을 너도 나도 빌려 투자에 나서고 금리가 물가 상승률보다도 낮아 이자 생활자의 고통이 크다면 금리는 낮은 것이다. 반대로 좋은 투자 기회가 많은 데도 돈을 빌리기 너무 어렵다거나 대출받은 사람이 열심히 돈을 벌어도 이자 내기가 심하게 어려운 경우에는 금리가 너무 높은 것이다.

경제나 금융에 대한 깊은 지식이 없더라도 물가와 경기가 어떻게 될지 이에 따라 금리가 어떻게 움직일지 생각해보는 것은 좋은 일이다. 또 현재의 금리 수준이 적당한 긴장감과 균형감이 있는지 느껴보는 것도 크게 어려운 일은 아닌 것 같다. 그리고 이러한 연습은 경제와 금융에 대한 관심을 높이고 나아가서는 지식도 깊어지게 한다.

finance

2

money

예금과 대출

예금과 대출은 많은 사람에게 오랫동안 익숙한 금융 업무다. 한국에서 1997년 IMF 금융위기 이전까지 개인은 주로 예금을 하고 기업은 대출을 받았다. 개인은 저축 주체로서 소득의 일부를 예금 등으로 저축해 기업의 투자를 뒷받침해왔다. IMF 금융위기 이후 개인대출에 대한 규제 완화와 금융기관의 기업대출에 대한 위험관리 강화로 개인대출이 크게 늘어났다. 이에 따라 개인도 마이너스통장 대출, 신용카드 관련 대출, 주택담보대출 등 다양한 대출을 접할 수 있게 되었고, 오히려 2010년 무렵부터는 가계의 과다한 금융부채가 문제가 되고 있다.

먼저 예금부터 알아보자. 예금은 거치 기간, 성격, 취급 기관 등에 따라 여러 가지로 나누어볼 수 있다.

첫째, 가장 고전적인 분류 방식으로 수시 입출금이 가능한 요구불예금과 정해진 기간 이후 인출해야 이자 손실이 없는 저축성예금이 있다.

요구불예금은 기업이 수표나 어음 결제에 사용하는 당좌예금과 일반 자금거래에 사용하는 보통예금이 대표적이다. 개인이 신용카드 등의 결제 계좌로 많이 사용하는 저축예금도 이름은 저축예금이지만 수시 입출금이 가능한 예금이다.

저축성예금은 3개월, 1년 등과 같이 일정 기간 이후 찾을 수 있는 정기예금과 일정 기간 정기적으로 예금하여 목돈을 만드는 정기적금이 대표적이다. 금융기관은 정기예금과 정기적금의 이자 지급 방식, 적립 방법 등을 조금씩 바꾸어 다양한 상품을 만들고 있다. 정부가 세금우대를 해주거나 아파트 분양 우선권이 주어지는 재형저축 또는 주택청약예금도 정기적금이나 정기예금의 한 형태다. 일반적으로 예금금리는 수시 입출금식보다는 저축성예금이, 그리고 저축성예금 중에서도 예치 기간이 긴 것일수록 높다.

그리고 금융기관별로는 신용도가 떨어지거나 점포망이 적을수록 더 높은 금리를 주는 경향이 있다. 상호저축은행은 거의 모든 예금의 금리가 은행보다 꽤 높다. 또 저축예금은 은행 간에도 금리 차이가 크다. 과거 1990년대까지 저축예금은 개인의 은행 이용도를 높이고 은행의 예금 경쟁력을 향상시키기 위해 수시 입출금식이면서도 금리가 꽤 높았다. 이후 저축예금은 금리가 0.1% 수준까지 낮아졌다가 최근 들어 점포망이 적은 은행의 경우 정기예금보다는 다소 낮지만 상당히 높은 금리를 적용하는 사례가 늘고 있다.

둘째, 예금은 비증권적 예금과 증권적 예금으로 나눌 수 있다. 비증권적 예금은 우리가 일반적으로 접하는 당좌예금, 저축예금, 정기예금, 정기적금 등이고 일반적으로 예금증서나 예금통장으로 거래한다. 증권적 예금은 어음이나 채권 등 유가증권의 매매 형태로 이루어지는 예금으로 양도성예금CD, 표지어음, 환매조건부채권RP이 있다. 그리고 법적 성격은 예금이 아니지만 경제적 의미가 예금과 유사한 은행채 등 금융채도 있다. 이러한 증권적 예금이나 금융채도 고객의 편의를 위해 통장식으로 발생되는 경우가 많은데 주의해야 한다. 증권적 예금과 금융채는 금리가 높은 경우가 많지만 대부분 중도 해지가 안 되고 예금자 보호 대상도 아니기 때문이다.

셋째, CMA cash management account, MMF money market fund, MMDA money market deposit account 등과 같은 예금과 비슷한 성격의 금융상품이 있다. 이러한 금융상품은 취급 기관과 법적 성격이 조금씩 다르지만 고객의 자금을 단기우량채권, CD, 금융기관 콜 등에 운영해 단기시장금리 수준의 금리를 지급하고 수시 입출금이 가능하다. 따라서 CMA, MMF, MMDA는 단기 여유 자금을 운용하기 좋은 금융상품이다.

이 중 MMDA는 은행에서 취급하고 예금자 보호 대상이지만 MMF나 CMA보다 금리가 조금 낮고 예치 금액이나 예치 기간에 따라 금리 차이가 있다. MMF는 은행 증권사 등에서 가입할 수 있고, CMA는 주로 증권사에서 취급하며 신용카드 발급 등 일부 지급결제 기능도 가지고 있다. MMF와 증권사 CMA는 예금자 보호 대상은 아니지만 단기 우량채권에 투자해 평상시에는 안전성에 별문제가 없다. 다만 금융위기 등으로 투자한 채권의 가격이 급격히 하락하는 경우에는 드물지만 원금 손실도 발생할 수 있기 때문에 장기 예치할 때는 조금 조심해야 한다.

이러한 여러 예금상품 중에서 어떤 것을 골라야 할까? 예금은 주식, 펀드, 채권 등의 투자상품과는 달리 안전성과 유동성이 중요하다. 안전

▮ 2103년 기준 예금자 보호 금융상품 및 비보호 금융상품

	보호 금융상품	비보호 금융상품
은행	• 보통예금, 당좌예금, 기업자유예금, 별단예금, 정기예금, 정기적금, 주택청약예금, 주택청약부금, 상호부금 등 • 외화예금 • 표지어음 • 원금이 보전되는 금전신탁 • 예금자 보호 대상으로 운영되는 퇴직연금 등	• CD, RP • 수익증권, 뮤추얼펀드, MMF 등 금융투자상품 • 특정금전신탁 등 실적배당형신탁 • 은행발행채권 • 주택청약저축, 주택청약종합저축 등
금융투자업자 (증권사)	• 증권 매수용 고객예탁금 • 신용거래계좌 보증금 등 • 원금이 보전되는 금전신탁 • 예금자 보호 대상으로 운영되는 퇴직연금 등	• 수익증권, 뮤추얼펀드, MMF 등 금융투자상품 • 선물, 옵션거래 매수금, 청약자 예수금 • RP 및 증권사발행채권 • 종합자산관리계좌(CMA), 주가지수연계증권(ELS), 특정금전신탁 등
보험사	• 개인이 가입한 보험계약 • 예금자 보호 대상으로 운영되는 퇴직연금 • 원금이 보전되는 금전신탁 등	• 보험계약자 및 보험료 납부자가 법인인 보험계약 • 보증보험계약, 재보험계약 • 변액보험계약 주계약 등
종합금융사	• 발행어음 표지어음 • 어음관리계좌(CMA)	• 수익증권, 뮤추얼펀드, MMF 등 • RP, CD, 기업어음(CP) • 종금사 발행채권 등
상호저축은행	• 보통예금, 저축예금, 정기예 · 적금 • 신용부금, 표지어음 등 • 상호저축은행중앙회 발행 자기앞수표 등	• 저축은행 발행채권(후순위채권) 등

주: 단, 정부, 지방자치단체(국공립학교), 한국은행, 금융감독원, 예금보험공사, 예금자 보험 대상 금융기관이 가입한 금융상품은 보호 대상에서 제외.

성과 유동성이 확보된 다음 높은 금리와 점포망, 인터넷뱅킹 등 편의성을 고려하는 것이 바람직하다. 예금의 안전성은 거래 금융기관의 건전성과 예금자 보호 대상에 포함되느냐가 핵심이다. 금융기관의 건전성은 은행의 경우 2013년 기준으로는 거의 모두 양호하기 때문에 장기예금이 아닌 한 문제가 되지 않아 보인다. 다만 은행업이 지닌 본질적인 위험성을 고려할 때 대형 은행이라도 예금자 보호 한도인 5,000만 원을 초과해 아주 장기간 예치하는 것은 안전하지 못하다.

상호저축은행은 대부분 경영 투명성이 떨어지고 부실 위험이 높기 때문에 1인당 예금 금액이 이자를 포함해 예금자 보호 한도인 5,000만 원을 넘지 않게 해야 한다. 그리고 상호저축은행의 정기예금보다 높은 금리를 주는 금융상품은 일단 모두 위험하다고 생각하는 것이 좋다. 예를 들어 상호저축은행의 후순위 채권, 특정금전신탁, 기업어음CP, 회사채 등은 금리가 높지만 예금자 보호 대상이 아니기 때문에 통장식으로 거래하고 창구에서 안전하다 하더라도 원금 손실 위험이 크므로 조심할 필요가 있다.

신협, 새마을금고, 농·수협 단위조합의 경우 소액 자금 대출을 주로 하고 있어 분산 효과가 크기 때문에 부실 위험성은 상대적으로 낮은 편이다. 그래도 규모가 영세하고 예금보호가 예금보험공사에 의한 것이 아니고 자체 보호제도로 운영되므로 5,000만 원 이상 예금하는 것은 조심해야 한다. 그리고 신협, 새마을금고 등은 기본적으로 상호부조 조직이기 때문에 예금만 하지 말고 조합원으로 가입해 경영에도 관심을 기울이는 것이 좋다.

다음으로 대출에 관해 조금 알아보자. 대출에도 대출 방식, 기간, 담보 유무 등에 따라 여러 종류가 있다.

첫째는 어음할인, 어음대출, 증서대출과 같이 대출 방식에 따른 구분이다. 어음할인은 상거래 과정에서 물품 대금으로 받은 어음을 금융기관이 만기까지의 이자를 미리 제하고 사주는 방식으로 대출하는 것이다. 어음대출은 금융기관이 대출할 때 차입자로부터 어음을 받는 방식이고 기업에 대한 단기대출에 많이 사용된다. 증서대출은 금융기관이 대출 시 차입자와 대출증서를 작성하는 방식의 대출로 장기대출이나 개인대출에 많이 사용된다.

둘째는 담보대출과 신용대출이다. 담보대출은 주택 등 부동산, 기계 등 공장설비, 원자재나 상품 등의 재고, 정부기관 등의 지급보증서, 차입자의 예금, 연대보증 등의 인적보증 등을 담보로 하여 이루어지는 대출이다. 신용대출은 담보 없이 차입자의 신용만으로 이루어지는 대출이다. 한국에서는 물적담보 없이 연대보증 등 인적보증만으로 이루어지는 대출도 신용대출이라 부르는데 엄밀하게 보면 맞지 않는 말이다.

셋째는 원화대출과 외화대출이다. 원화대출은 대출 금액이 한국 돈인 원화로 표시되고 원금과 이자가 원화로 상환되는 대출이다. 외화대출은 미 달러화나 일본 엔화처럼 외국 돈으로 대출이 표시되고 외국 돈으로 상환되는 것이다. 외화대출은 해당 통화의 국제금리를 기준으로 대출금리가 결정되므로 제로금리 통화인 엔화대출의 금리는 매우 낮다. 그러나 원리금 상환이 엔화로 이루어지기 때문에 대출 시 엔화 가치가 오르면 상환 부담이 늘어나는 위험이 있다. 실제 엔화 가치는 1~2년 사이에 30~40%씩 오르기도 하고 떨어지기도 한다. 엔화나 달러화의 수입이 정기적으로 있는 사람이나 기업이 아닌 경우 외화대출을 받을 때는 환율 변동 위험을 깊이 고려해야 한다.

이러한 여러 가지 대출에서 중요한 것은 대출금리다. 대출금리는 기본적으로 금융기관의 조달금리에 예금·대출 등의 취급 비용, 예상 손실, 예상되지 않는 손실, 적정 마진 등을 합해서 산정된다. 예상 손실은 신용 상태와 담보 유무 등에 따라 대출에서 발생할 것으로 보이는 손실이며,

예상되지 않는 손실은 예상 손실 이외에 추가적으로 더 발생할지도 모르는 손실이다. 예상 손실과 예상되지 않는 손실은 차입자의 신용도 등에 따라 달라진다. 적정 마진은 금융기관의 경영 목표나 경쟁 상황 등에 따라 결정된다.

이렇게 본다면 낮은 금리로 대출할 수 있는 금융기관은 저금리 예금이 많아 자금 조달 비용이 낮으며, 경영 효율성이 높아 취급 비용이 적고, 위험관리를 잘해 예상 손실과 예상외 손실이 적은 곳이다. 금융기관 종류별 대출금리는 대략 은행이 가장 낮고, 신협·새마을금고·보험사 등이 조금 더 높으며, 신용카드사·상호저축은행·캐피털사 등이 그 뒤를 잇고, 대부업체가 가장 높다.

다음으로 대출금리와 관련해 중요한 것이 변동금리대출이냐, 고정금리대출이냐 하는 것이다. 일반적으로 고정금리는 대출 신청 시 정해진 금리로 만기까지 지속되고, 변동금리는 3개월, 6개월 등의 단위로 CD금리 등과 같은 기준금리에 맞추어 대출금리가 변동한다. 고정금리는 금리 변동 위험을 금융기관이 부담하고 변동금리는 금리 변동 위험을 차입자가 부담하므로 고정금리대출의 금리가 변동금리대출보다 조금 높은 것이 일반적이다. 차입자에게는 금리가 오를 것 같으면 고정금리가 유리하고 금리가 내릴 것 같으면 변동금리가 유리하다. 다만 금리를 전망하기가 어렵다는 것이 문제다.

일반 개인이나 영세기업이 금융기관으로부터 적절한 금리로 대출을 받기도 쉽지 않지만 자신의 경제 상황에 맞는 대출을 찾기는 더 어렵다. 금융기관마다 대출금리, 상환조건, 수수료 등이 다르기 때문이다. 부동산중개사처럼 특정 금융기관에 속하지 않은 독립된 대출중개사(상담사)

제도를 도입해 차입자에게 최적의 대출을 찾아줄 수 있게 하는 방안을 마련하는 것도 괜찮을 것 같다.

마지막으로 일반인이 대출을 받을 때 꼭 주의해야 할 것이 몇 가지 있다. 첫째, 대출중개사 제도가 없으므로 자신이 직접 몇 개 금융기관을 비교해봐야 하고 특히 주택담보대출과 같은 장기대출은 더 꼼꼼히 살펴야 한다.

둘째, 대출약정서는 모든 설명이 끝난 다음 서명하고 서명한 서류 한 부는 차입자가 가지고 있어야 한다. 금융기관에서 차입자가 서명한 후 대출약정서에 금융기관에 유리한 내용을 보충하는 경우가 가끔 있기 때문이다.

셋째, 변동금리대출일 때는 추후 정책금리나 시장금리가 인하되면 대출받은 금융기관에 방문하거나 전화를 해서 인하된 대출금리가 적용되었는지 확인해야 한다. 드물지만 인하된 금리를 적용해주지 않는 경우도 있다.

넷째, 대출 실행 후 중도상환 수수료 부담 기간(예를 들어 3년)이 경과한 경우 다른 금융기관과 대출조건을 비교해 대출받은 금융기관에 대출금리 등 조건 변경을 요구할 필요가 있다. 대출 금융기관이 대출조건을 바꾸어주지 않으면 번거롭더라도 다른 금융기관으로 대출을 옮기는 것도 고려해야 한다.

다섯째, 차입자의 소득이나 재산 증가, 직업 변화 등으로 신용등급이 상승했을 때에도 대출 금융기관에 금리 인하 등을 요구해야 한다.

신용카드

금융과 관련해 많은 사람이 가장 자주 접하는 것은 신용카드다. 신용카드는 물건 구매, 외식, 영화 관람뿐 아니라 버스나 지하철 이용, 보험료나 세금 납부 등 일상적 지출에 대부분 사용된다. 또한 돈이 없을 때 물건을 할부로 살 수 있고, 금리는 높지만 현금서비스나 신용카드 대출을 통해 급전을 융통할 수도 있다. 이러한 신용카드를 여러 장 가지고 필요에 따라 골라 쓰는 사람도 많다.

물건을 사거나 대금을 결제할 때 사용되는 카드는 크게 세 가지로 신용카드 이외에 선불카드prepaid card와 직불카드debit card가 있다.

첫째, 선불카드는 일정 금액이 저장되어 있는 카드로 신용카드사로부터 매입할 수 있다. 신용카드를 사용할 수 있는 곳에서는 물품이나 서비스 구매에 제한 없이 쓸 수 있으며 이용 대금은 사용할 때마다 자동으로 차감된다. 선불카드는 미리 사용 대금을 받은 것이기 때문에 예금 성격을 띠며 발급 대상에 제한이 없고 카드 발급 수수료와 연회비도 없다. 선불카드는 신용카드사가 발행하는 범용카드 이외에도 교통카드, 고속도로통행카드, 국제전화카드, 주유카드 등 특정 용도에만 사용되는 카드도 있다.

둘째, 직불카드 또는 체크카드*는 물품이나 서비스 구매와 동시에 구매 대금을 카드 소유자의 예금계좌에서 판매자의 예금계좌로 이체하는 지급결제 수단이다. 직불카드는 예금상품의 부가서비스 형태이며 일반적으로 예금계좌 소지자에게 무료로 발급되고 신용카드를 사용할 수 있는 곳에서 쓸 수 있다. 사용 즉시 구매 대금이 인출되므로 예금계좌 범위 내에서만 사용할 수 있다. 따라서 사용자는 과소비를 하지 않게 되고 발급 금융기관은 신용 제공 등의 위험 부담이 없어 가맹점 수수료 등 취급 비용이 저렴하다.

셋째는 우리가 많이 사용하는 신용카드다. 신용카드는 카드회사가 신청인의 소득이나 재산 상태 등을 근거로 상품이나 서비스를 현금을 내지 않고 구매할 수 있게 하는 지급결제 수단이다. 신용카드는 카드 소지자에게는 일정 기간 외상으로 물건이나 서비스를 구매할 수 있게 해주고 판매자(가맹점)에게는 판매 대금을 미리 주기 때문에 신용카드회사가 자금 지원과 함께 판매 대금 미회수 위험을 부담하게 된다. 신용카드는 선불카드나 직불카드보다 취급 비용이 높을 수밖에 없다. 신용카드의 발

---

* 「여신전문금융업법」에서는 직불카드라는 이름으로 통일되어 있으나 관행적으로 은행 발행 카드는 직불카드, 신용카드사 발행 카드는 체크카드라고 불린다. 은행 발행 직불카드는 은행과 신용카드사의 소극적인 자세 탓에 취급 비용이 저렴한데도 가맹점의 부족, 사용 시간 제약 등으로 신규 발급이 중단된 상태다.

급 기준과 이용 한도는 신용카드회사가 고객의 신용도 등에 따라 차등 운용한다. 그리고 신용카드사들은 신용카드에 항공 마일리지 적립, 통신 요금 할인 등 여러 가지 특화된 서비스를 부가해 많은 종류의 카드를 발급하고 있다.

한국에서는 선불카드, 직불카드, 신용카드 중 신용카드의 비중이 압도적으로 높아 GDP 대비 신용카드 사용 실적, 1인당 신용카드 사용 건수 등이 거의 세계 최고 수준이다. 이렇게 된 데에는 자영업자의 세금 탈루 방지 등을 위해 신용카드 사용액에 대한 소득공제 도입(1999년), 신용카드 영수증 복권제(2000년), 신용카드 사용액의 소득공제 한도 확대(2001년) 등 정부에서 신용카드 사용을 장려했고 신용카드회사들도 신용카드 사업의 수익성이 높아 적극 참여했기 때문이다.

2000년부터 신용카드 발급 장수와 사용 실적이 급격히 늘어나면서 신용카드사의 수익도 늘었으나 2002년부터 길거리 모집 등 신용카드의 무분별한 발행으로 신용불량자가 급증하고 결국 신용카드회사의 수익은 악화되었다. 2000년 초 200만 명 정도이던 신용불량자는 2004년 3월 390만 명 수준까지 증가해 심각한 사회문제가 되고 지금까지 후유증이 남아 있다. 그리고 LG카드, 삼성카드, 국민카드, 외환카드 등의 카드회사도 대부분 도산 상태에 빠졌다. 이러한 신용카드 사태로 2004년부터 신용카드 사용 금액, 발급 장수 등이 크게 줄었으나 신용카드 사업의 수익성이 여전히 높은 데다 사용자의 혜택도 커 2007년부터 다시 사용액이 늘고 있다.

신용카드회사의 경우 가맹점으로부터 받는 수수료가 많고 현금서비스 등의 금리도 높아 부실이 커지지 않는 한 수익은 좋아지는 구조다. 신용카드 사용자도 사용 금액의 소득공제 혜택 이외에 포인트 적립, 구매 대금 할인, 무이자 할부, 사용 실적에 따른 캐시백 cash back, 항공 마일리지 적립 등 다양한 혜택을 받을 수 있어 가능한 한 신용카드를 쓰는 것이 유리한 상황이다.

　신용카드 사용자의 이러한 혜택은 가맹점 수수료를 기초로 한 신용카드회사의 높은 수익에서 나오고, 가맹점 수수료는 결국 상점의 물건 가격, 음식 가격, 영화 관람비 등 소비자가 부담하는 가격에 반영된다. 따라서 신용카드회사가 주는 여러 가지 혜택을 잘 찾아 물건이나 서비스 구매에 적극적으로 신용카드를 쓰는 사람은 그나마 늘어난 소비자 부담을 어느 정도 돌려받을 수 있다. 그러나 현금으로 결제하거나 신용카드를 써도 신용카드회사가 주는 혜택을 잘 챙기지 못하는 사람은 늘어난 부담을 고스란히 떠안는 것이다. 한국에서는 「여신전문금융업법」에 의거해 신용카드 가맹점은 판매 대금의 신용카드 지급을 거절할 수 없고, 다른 결제 수단과 가격 차별을 할 수 없게 되어 있다. 이는 경쟁과 효율이라는 경제논리에 맞지 않는다.

　세금계산서나 현금영수증 발행을 통해 거래 투명성을 유지하면서 신용카드를 안 받고 현금이나 직불카드만 받으면서 판매 가격을 낮출 수 있는 상점도 있어야 한다. 신용카드는 직불카드보다 취급 비용이 훨씬 크며 과소비를 조장할 수 있고 잘못하면 2003~2004년 신용카드 사태 때처럼 신용불량자를 양산할 수 있다. 국민경제 전체 측면에서 사회적 비용을 낮추고 경쟁력을 높이려면 신용카드보다는 직불카드를 사용하는 것이 바람직하다.

　이를 위해서는 경제적 의미는 동일하면서 발급 주체에 따라 직불카드(은행 발행)와 체크카드(신용카드사 발행)로 이원화된 직불카드 시스템을 효율성이 높은 쪽으로 통일해 취급 비용을 더 낮춰야 한다. 그리고 직불카드에 대해 정책적으로 좀 더 강하게 지원해야 한다. 이렇게 한다 해도 한국에서 신용카드 대신 직불카드가 주도적인 지급결제 수단으로 자리 잡는 데는 많은 시간이 걸릴 것이다. 많은 국민이 외상이나 할부 구매 등 신용카드가 주는 혜택에 익숙해져 있는 데다 신용카드사들이 고수익을 바탕으로 비대해져 있어 구조조정이 쉽지 않기 때문이다. 이러한 문제를 해결하면서 지급결제제도의 효율성을 높이는 것은 일차적으로 정책당국의 몫이다.

일반 국민의 입장에서는 주어진 제도 내에서 자신에게 가장 유리한 방법을 찾는 것이 합리적이다. 신용카드 사용자는 외식, 할인점 이용, 문화 레저, 의료비 등 자신의 소비지출 패턴에 맞춰 혜택이 가장 큰 카드를 골라야 한다. 신용카드 발급 후 자신의 소비지출 패턴이 변하고 혜택이 더 큰 카드가 나오면 번거롭더라도 사용 카드를 교체하는 것도 나쁘지 않다. 또한 신용카드 사용 시 주어지는 혜택은 포인트 적립보다는 카드 대금 청구 시 할인해주거나 현금으로 돌려주는cash back 방식이 유리할 수 있다. 포인트는 사용 대상이 제한되어 있는 경우가 많고 유효기간이 있어 일정 기간 사용하지 않으면 소멸되기 때문이다. 따라서 카드 사용 시 포인트로 적립되는 경우 포인트를 되도록 빨리 쓰거나 여러 가지 포인트를 모아서 관리해주거나 현금처럼 쓸 수 있게 해주는 인터넷 사이트에 가입하는 것도 좋다. 그리고 신용카드 포인트로 복지단체에 기부할 수도 있기 때문에 이를 적극 활용해 포인트가 소멸하지 않게 하는 것도 좋은 방안이다.

이렇게 정리해보니 물건이나 서비스를 구매하고 대금을 잘 치르고 나서도 머리를 쓸 일이 많이 생겼다. 세상사는 것이 그만큼 복잡해진 것이다. 바쁘다고 금액이 많지 않다고 신용카드 포인트를 무시해버리면 신용카드회사들은 그만큼 돈을 더 쉽게 많이 벌고 국민경제의 효율성도 떨어진다. 포인트는 각 신용카드 사용자에게는 작은 금액이지만 모이면 예전에 공중전화 낙전 수입 이상의 큰돈이 된다. 이렇게 신용카드 사용자들이 신경 쓰고 살아야 한다는 것도 또 다른 사회적 비용이다. 신용카드 사용자가 사용하지 않아서 소멸되는 포인트가 신용카드회사의 수입이 되지 않고 공공 목적에 사용되게 한다면 마음이 덜 불편할지 모른다.

채권, 주식, 펀드

채권은 정부, 공공기관, 기업 등이 통상 장기로 거액의 자금을 조달하기 위해 발행하며 원금과 이자를 정해진 조건에 따라 상환하기로 약속한 증권fixed-income securities이다. 채권은 발행 기관에 따라 정부가 발행하는 국채(국고채권), 한국은행이 발행하는 통화안정증권, 지방자치단체가 발행하는 지방채, 주식회사가 발행하는 회사채, 은행·증권사 등이 발행하는 금융채, 예금보험공사·LH공사 등이 발행하는 특수채가 있다. 또한 원리금에 대한 지급보증 유무에 따라 보증채권과 무보증채권, 발행자의 담보 제공 여부에 따라 담보부채권과 무담보부채권으로 나뉘기도 한다. 이자 지급 방법에 따라서는 만기까지의 이자를 뺀 금액으로 발행하는 할인채, 일정 기간 단위로 이자를 지급하는 이표채, 만기에 이자를 복리로 주는 복리채가 있고, 금리 변동 여부에 따라 고정금리채권과 변동금리채권이 있다. 그리고 회사채의 경우 발행 회사의 주식으로 바꿀 수 있는 권리를 부여하는 전환사채, 발행 회사가 보유한 다른 유가증권과 교환할 수 있는 교환사채, 발행 회사의 신주를 일정 조건으로 매입할 수 있는 신주인수권부사채 등이 있다.

채권은 원금과 이자 상환이 정해져 있어 주식보다는 위험이 적지만 두 가지 큰 위험이 있다. 하나는 발행자가 원리금을 정해진 대로 상환하지 못할 신용위험이다. 국채나 통화안정증권, 정부보증채권 등은 신용위험이 거의 없고 지방채나 특수채도 신용위험이 높지 않다. 하지만 금융채와 회사채는 발행자의 신용도에 따라 신용위험에 큰 차이가 난다. 금융채는 우량 은행인 경우 후순위채권도 위험성이 아주 크지는 않지만 신용등급이 낮은 상호저축은행의 경우 후순위채권을 포함해 발행 채권의 신용위험이 매우 높다. 회사채도 마찬가지로 신용 상태에 따라 차이가 크다.

두 번째 위험은 만기 전에 팔아야 할 때 시장금리 상황에 따라 채권의 가치가 변동하는 금리위험이다. 금리가 오르면 기존에 발행된 채권값은 떨어지고 금리가 내리면 채권값은 오른다. 예를 들어 연 5%의 이자를 지급하는 조건으로 발행된 채권은 시장금리가 7%가 되면 시장금리보다 더 적은 이자를 지급하기 때문에 가치가 그만큼 떨어진다. 반대로 시장금리가 3%로 떨어지면 5%짜리 채권은 시장금리보다 더 많은 이자를 지급하기 때문에 가치가 오른다. 이는 5%짜리 정기예금에 가입했는데 뒤에 정기예금 금리가 7%가 되면 상대적으로 손해를 보고 정기예금 금리가 3%로 떨어지면 상대적으로 이익을 보는 것과 같다.

금리 변동에 따른 채권값의 변동은 채권의 만기가 길수록 더 커진다. 금리가 5%에서 3%로 떨어지면 만기 10년짜리는 19% 정도, 만기 30년짜리는 44% 정도 가격이 오른다. 이렇게 본다면 금리 하락이 예상되는 시기에 장기국채에 투자하면 안정적으로 큰 수익을 낼 수 있다. 국채는 신용위험이 거의 없어 만기에는 정해진 원리금을 받을 수 있는 데다 채권 가격의 상승에 따른 자본이득도 기대할 수 있기 때문이다. 그러나 현실적으로 금리 전망이 쉽지 않은 데다 개인이 채권을 사고팔 때는 주식과 달리 수수료가 비싸 채권 투자가 대중화되지 못하고 있다. 채권 투자도 주식 투자와 같이 증권사에서 채권을 직접 사고팔 수 있고, 펀드 형태(채권형 펀드)에 투자하거나 ETF^exchange traded fund라고 불리는 채권가격지수연동형 펀드에 투자할 수도 있다.

주식은 유한책임회사인 주식회사의 주주권을 표시하는 유가증권으로 보통주와 우선주로 나뉜다. 보통주는 정상적인 의결권을 갖는 표준적인 주식이고 우선주는 이익 배당과 잔여 재산 분배 등에서 우선적 지위가 인정되나 의결권이 제한된다. 「상법」에 따라 주식회사를 설립하면 주식을 발행하거나 소유할 수 있다. 그러나 주식이 공식적인 시장에서 거래되려면 주식회사가 일정 기준을 갖춰야 한다. 한국에서 공식적인 주식시장은 유가증권시장^KOSPI, 코스닥시장^KOSDAQ, 제3시장(프리보드, 코넥스 등) 등 세 가지가 있다.

주식을 유가증권시장이나 코스닥시장에서 매매할 수 있도록 등록하는 것을 상장이라 하며 상장 요건은 유가증권시장의 경우 일정 규모 이상의 자기자본 보유, 주식의 분산, 양호한 경영 성과 등 엄격한 기준이 적용된다. 코스닥시장은 유가증권시장보다는 완화된 상장 요건을 적용해 유망한 중소기업과 벤처기업 등에 자본시장을 통한 자금 조달 기회를 제공하려고 만들어진 주식시장이다. 제3시장은 유가증권시장 및 코스닥시장에서 상장되지 못한 기업의 주식을 거래하기 위한 시장으로 매매거래 질서 유지를 위한 기본적인 요건과 최소한의 경영 성과 등을 거래 조건으로 하고 있다.

그리고 주식시장은 신규로 발행한 주식이 투자자에게 팔리는 발행시장과 이미 발행된 주식이 매매되는 유통시장으로 구분하기도 한다. 발행시장은 새로운 주식이 최초로 출시되는 시장이라는 점에서 제1차 시장primary market 이라고도 하고 유통시장은 제2차 시장secondary market 이라고도 한다. 발행시장에서 주식은 일반적으로 기업공개Initial Public Offering: IPO, 유상증자, 무상증자 등의 형태로 공급된다.

한국 주식시장의 가장 큰 특징은 외국인 투자자의 영향력이 아주 크다는 것이다. 2013년 6월 유가증권시장의 경우 시가총액 기준 33%를 외국인이 소유하고 있고, 특히 삼성전자, 현대자동차, 포스코, 국민은행 등 대형 우량 기업 주식은 50% 내외를 외국인이 소유한다. 여기에다 주식 가격도 외국인 투자자가 좌우하여 외국인이 사면 오르고 팔면 내린다. 이렇게 된 데에는 여러 가지 이유가 복합되어 있다. 첫째는 한국인이 투자자산으로 주식 등 금융자산보다는 부동산을 우선시한다는 것이고, 둘째는 원화가치가 저평가(환율이 높은 상태)된 경우가 많아 외화로 주식을 사는 외국인 입장에서는 한국 주식을 싸게 살 기회가 많았다는 것이다. 셋째는 금융투자업 등 한국 금융산업이 낙후해 경쟁력이 없기 때문이다. 이러한 세 가지 문제는 쉽게 해결될 가능성이 없어 보여 당분간 한국 주식시장은 외국인의 영향에서 벗어나기 어려울 듯하다.

한편 한국 금융시장의 큰손인 국민연금(2012년말 총자산 392조원)이 주식 투자를 늘리는 데에는 양면성이 있다. 국내 기관투자가의 비중을 높여 외국인의 영향을 줄인다는 점에서는 긍정적이다. 그러나 아주 장기적으로는 국내 주식시장에 큰 악재가 될 수 있다. 국민연금은 2040년경까지 규모가 늘다가 이후 빠르게 줄게 되어 있어 언젠가는 국민연금이 주식을 사지 못하고 계속 팔 수밖에 없기 때문이다.

이러한 상황에서 개미라고 불리는 개인투자자는 어떻게 해야 주식 투자에서 돈을 적게 잃고 많이 벌 수 있을까? 앞서 '주식시장에서 돈을 벌 수 있을까' 장에서 설명했듯이 주식시장에서 돈 벌기는 쉽지 않고 일반 투자자의 경우는 더 어렵다. 그래도 주식 투자를 통해 돈 버는 방법과 원칙 등에 관한 정보와 책자는 넘쳐난다. 재테크 관련 책, 전문 케이블 TV, 경제신문, 증권가 찌라시(사설뉴스지) 등 수없이 많다.

이렇게 많은 주식 투자의 원칙, 방법 중에서 필자의 생각으로는 다음의 세 가지가 중요하다. 첫째, 신기술개발이나 대형 사업 수주, 외자 유치 등 증시 주변에 떠도는 투자 정보에 현혹되지 말아야 한다. 사실과 다른 경우가 많고 사실이라 하더라도 개인투자자 귀에까지 올 정도면 이미 돈 되는 정보로서의 가치는 거의 없다고 봐야 한다. 정보에 앞선 대주주 등이 이미 써 먹은 정보인 것이다.

둘째, 주식 투자의 기본은 가치 투자이기 때문에 투자 기업의 수익성과 자산가치 등을 깊이 분석한 다음 투자해야 한다. 자신에게 이러한 분석 능력이 없을 때에는 주변에 신뢰할 만한 사람의 도움이라도 받아야 한다.

셋째, 주식시장에서 돈을 벌려면 상승기에는 과욕을 자제하고 하락기에는 공포를 이겨낼 수 있어야 한다. 즉, 모두가 파는 공포의 하락장에서 매입하고 모두가 사려고만 하는 상승장에서 팔 수 있어야 한다. 이렇게 하려면 경기의 변화와 금융불안의 조짐 등을 남보다 앞서 느낄 수 있고 행동으로 옮길 수 있어야 한다. 쉬운 일은 아니고 많은 노력이 필요한 일이다. 주식 투자는 좋은 기업에 대한 투자이기도 하지만 시기와 시간에 대한 투자이기도 하다.

펀드도 이제는 많은 국민에게 익숙해져 있다. 2000년 중반의 주식형 펀드 열풍에 이어 중국 펀드, 베트남 펀드, 유전 펀드 등에 이르기까지 한때 펀드 바람이 요란했었기 때문이다. 한국에서 펀드는 공식 명칭이 '집합투자기구'이고 다수의 투자자로부터 자금을 모아 증권 등에 투자해 수익을 배분하는 기구이다. 펀드는 수익증권을 발행하는 투자신탁 방식(계약형)과 명목상 회사를 만드는 투자회사 방식(회사형)이 있으며 한국에서는 대부분 투자신탁 방식으로 운영된다. 펀드, 즉 집합투자기구는 투자 대상에 따라 증권, 부동산, 특별자산, 단기금융·MMF, 혼합자산 등 다섯 가지로 구분된다. 이 중 증권 집합투자기구는 다시 주요 투자 대상 증권에 따라 채권형(채권 투자 60% 이상), 주식형(주식 투자 60% 이상), 혼합주식형(주식 투자 50% 이상), 혼합채권형(주식 투자 50% 이하) 등으로 나뉜다. 우리가 접하는 주식형 펀드, 채권형 펀드 등이 여기에 해당한다. 펀드 관련 조직은 기본적으로 투자자산운용회사(집합투자업자, 즉 자산운용사), 투자자산보관관리회사(은행 등), 펀드판매회사(은행, 증권사, 보험사 등)가 분리되어 있다.

이러한 펀드 관련 조직의 복잡화는 판매채널의 다양화, 투자자산의 안전관리 등의 장점이 있으나 필연적으로 관리 비용을 높인다. 펀드 관련 수수료는 펀드 종류에 따라 조금씩 많이 다르지만 판매회사가 가져가는 판매수수료 1% 정도, 자산운용사가 받는 운용 및 매매 수수료 1.5%

내외, 기타 보관관리수수료 0.1% 정도다. 여기에 때에 따라서는 환매수수료도 있어서 수수료 합계가 연 2%를 넘는 경우도 많다. 고금리 시대에는 몰라도 저금리 시대에 연 2%의 수수료는 매우 높은 수준이다. 장기적으로 보면 금융자산에 대한 투자수익을 은행의 정기예금 금리보다 크게 높이기는 어렵다. 은행의 정기예금 금리가 연 2.5%인 상황에서 펀드수수료가 연 2%이면 투자 성과 대부분이 수수료로 나갈 수 있다.

그리고 펀드의 실제 운용 상황을 보아도 수익이 높은 것도 있지만 정기예금 수익률에 못 미치는 것이 수두룩하다. 이는 주식시장이나 채권시장에서 돈 벌기가 쉽지 않다는 점 이외에도 펀드매니저의 자질과 노력 부족, 자산운용사 관리 능력 부족 등에도 기인한다. 따라서 펀드 투자도 주식 투자 못지않게 꼼꼼히 살펴야 겨우 들인 비용 이상의 수익을 낼 수 있다.

첫째, 펀드수수료를 잘 비교해서 지나치게 비싼 펀드는 피해야 한다. 싼 것이 비지떡일 수도 있지만 수수료가 비싸다고 운용 수익이 높을 것이라는 보장은 더 없다.

둘째, 증권사나 은행에서 투자 대상 펀드를 추천할 때 통상 현재까지의 수익률이 높은 것을 추천하는 경향이 있다. 그러나 지금까지 수익이 좋은 펀드가 앞으로도 계속 그럴 가능성은 크지 않다. 오히려 펀드 운용 수익률이 장기적으로 평균에 수렴하는 것을 고려하면 향후 수익률은 떨어질 가능성이 크다. 따라서 과거 실적보다는 펀드의 변동성, 향후 전망, 자산운용사 평판 등을 우선 고려해야 한다.

셋째, 주식시장이 안 좋아 정부가 장기 주식형 펀드 등에 세액공제 등의 세금혜택을 주는 경우 세금혜택을 받을 수 있는 사람은 이러한 펀드에 가입하는 것도 괜찮다. 앞서 '어떤 투기가 국민경제에 도움이 될까' 장에서 살펴본 사례처럼 개인투자자가 시장의 안정에 기여하면서 돈도 벌 가능성은 있다. 또 세금혜택으로 인해 펀드수수료도 부담이 되지 않는다. 단, 이때도 펀드는 신중하게 골라야 한다.

　채권, 주식, 펀드 등의 투자는 위험을 감수하면서 고수익을 추구하는 것이므로 단기적으로는 손실도 발생할 수 있다는 것을 받아들여야 한다. 하지만 장기적인 투자수익이 금융기관의 정기예금 금리보다 어느 정도 높아야 한다. 그렇지 못한 경우 채권, 주식, 펀드 등의 투자를 접고 예금 보호 한도 내에서 금융기관에 정기예금을 하는 것이 좋다. 따라서 투자자는 안전하고 마음 편한 투자인 금융기관 정기예금 금리를 기준으로 자신의 투자자산 수익을 평가하는 습관을 들여야 한다. 그리고 채권, 주식, 펀드 등 증권사에서 판매하는 투자상품은 거의 원금 보장이 안 된다는 것을 명심해야 한다.

보험

보험은 사고, 질병, 재난 등으로 경제적 손실이 발생했을 때 미리 일정 비용을 낸 사람에게 정해진 만큼 보상해주는 금융 수단이다. 보험의 역사도 대출 등 금융의 역사만큼 오래되었다. 고대사회에서 생존을 위해 주택의 파손이나 굶주림 등을 서로 도와주던 상부상조의 행위가 보험의 기원이라고 볼 수 있다. 우리나라에서도 이런 상부상조의 전통이 두레나 계 등의 형태로 존재했다. 이러한 보험의 원형은 협동조합이나 직능 공동체 등의 보험(공제)사업으로 이어지고 있다. 좀 더 제도화된 형태의 보험은 고대 페르시아와 그리스, 중세의 북부 이탈리아, 근대의 영국 등에서 무역과 해상교역 관련 위험을 분산하는 방식으로 발전해왔다.

현대의 보험은 크게 사망, 상해, 질병, 노후 등에 대비한 생명보험과 화재, 자동차나 해상 사고 등과 관련한 손해보험으로 나뉜다. 이 외에 손해보험의 한 형태로 제3자에 대해 보증업무를 하는 보증보험과 보험회사가 위험분담을 위해 다시 보험을 드는 재보험이 있다. 일반인이 많이 접하는 보험은 자동차보험을 제외하고는 대부분 생명보험이다. 생명보험은 보험회사별로 많은 종류의 상품이 있지만 기본 성격에 따라 다음의 세 가지 기준으로 나누어볼 수 있다.

첫째는 정액보험과 변액보험이다. 정액보험은 보험금 지급 사유가 발생하면 가입 시 정해진 보험금을 받는 보험이고, 변액보험은 글자 그대로 납입한 보험료를 보험사가 어떻게 운용했느냐에 따라 보험금이 변동하는 보험이다. 정액보험이 정기예금과 같은 성격이라면 변액보험은 펀드와 비슷해서 주식이나 채권시장 상황에 따라 받는 보험금이 변동한다.

둘째는 배당보험과 무배당보험이다. 보험계약의 배당이란 보험사가 납입한 보험료를 운용해 정해진 보험금을 지급 또는 적립하고 남은 돈의 일정 부분을 보험계약자에게 환원하는 것이다. 배당보험은 이런 배당 조건이 있는 보험이고 무배당보험은 배당 조건이 없는 보험이다. 배당 규모는 보험사의 경영 능력에 따라 차이가 나고 배당보험의 납입보험료가 무배당보험보다 조금 비싸다.

셋째는 정기보험과 종신보험, 그리고 연금보험이다. 정기보험은 1년, 5년, 10년과 같이 정해진 기간 내에 사망, 장애 등이 발생하면 보험금을 지급하고 정해진 기간이 지나면 보험이 사라진다. 종신보험은 죽을 때까지 보험계약이 유지되고 사망할 때 보험금이 나온다. 또 종신보험은 일정 연령에 도달하면 납입보험료를 연금보험으로 전환할 수도 있다. 연금보험은 일정 연령 이후 정해진 기간 동안 또는 사망 시까지 연금 형태로 보험금을 받는 것이다. 종신보험은 보장 기간이 길고 연금보험으로의 전환 등 신축성이 있지만 보험료가 정기보험보다 상당히 비싸고 연금으로 전환 시에는 연금보험보다 지급액이 적다.

이러한 보험업무를 취급하는 금융기관은 생명보험사나 손해보험사 이외에 우체국과 신협, 새마을금고, 농·수협의 단위조합 등이 있다. 우체국은 소액의 생명보험만 취급한다. 신협, 새마을금고, 농·수협 단위조합의 보험업무는 공제라고 부르며 조합원의 상부상조에 바탕을 두고 생명보험과 손해보험 모두 취급한다. 우체국과 공제기관의 보험은 일반보험사에 비해 상품의 다양성이 떨어지나 보험료가 상대적으로 저렴하고 우체국의 보험금 지급은 국가가 보장한다.

보험상품은 저축 기능이 있기도 하지만 기본적으로 위험에 대한 보장 성격이 강하므로 다른 금융기관의 예금·적금과는 많이 다르다. 대표적인 것이 중도 해지 시 환급금이 적다는 것이다. 사망보험과 같은 보장성보험은 중도 해지 시 보험료를 거의 돌려받지 못하고, 연금보험과 같은 저축성보험도 납입 초기에는 낸 보험료를 상당 부분 돌려받지 못한다. 이는 모집수당 등 보험사의 사업비를 대부분 초기에 부과하는 데다 연금보험이라 하더라도 보장성이 조금 포함되기 때문이다. 보험상품은 초기 사업비 부담이라는 약점이 있지만 계약을 10년 이상 유지하면 비과세라는 혜택이 주어진다.

따라서 보험에 가입할 때 첫 번째로 주의할 점은 보험 가입 초기에 보험을 해약할 가능성이 있으면 보험에 아예 가입하지 말아야 한다는 것이다. 저축성보험도 10년 이상 계약을 유지해 비과세 혜택을 받아야 은행예금을 1년 단위로 10년 재예치한 것보다 수익이 조금 높은 것이 대부분이다. 10년 이상 돈이 묶일 것을 고려하면 실질 수익은 예금보다 낮다고 볼 수도 있다.

두 번째로 주의할 점은 보험도 받을 보험금* 기준 5,000만 원까지만 예금보험공사가 보호한다는 것이다. 즉, 보험사가 도산하면 예금자 보호 대상 보험이라도 1인당 5,000만 원 한도 내에서 보상을 받는다. 보험사가 은행보다는 도산할 위험이 크지는 않지만 1990년대 후반 일본 보험사들의 도산 사태를 떠올릴 때 보험사도 안전한 금융기관은 아니다. 2012년 말에 있었던 금융종합과세 대상 확대 조치로 거액 자산가들이 비과세 혜택을 받기 위해 5,000만 원이 넘는 뭉칫돈을 보험사의 장기 연금보험 등에 예치했다. 앞으로 위험관리 실패 등으로 보험사가 부실화되면 사회문제가 될 수 있다. 일반인은 보험 가입 시 번거롭더라도 보험이 장기인 경우 받을 보험금이 5,000만 원이 넘지 않도록 여러 개의 보험사에 나누어 가입하는 것이 좋다.

세 번째로 주의할 점은 보험도 펀드의 수수료와 마찬가지로 보험사와 보험상품에 따라 사업비가 다르기 때문에 비슷한 보험이라면 사업비가 가능한 한 적은 것을 골라야 한다는 것이다. 보험 사업비는 펀드 수수료보다 체계가 더 복잡하고 잘 알려주지도 않는다. 그래도 보험 모집인 등에게 자세히 물어봐 가능한 한 많은 정보를 얻어야 한다. 그리고 저축성보험의 경우 조기 해약 시(가입 후 1개월, 6개월 등) 납입보험금 대비 환급금 비율이 높은 보험이 사업비가 적은 것으로 볼 수 있다.

보험은 개인별로 보장받아야 할 위험도 다르며 관련 용어가 어렵고 복잡해 자신에게 적합한 상품을 고르기 쉽지 않다. 그리고 때로는 과다한 보험료를 부담하거나 불필요한 보험에 드는 경우도 있다. 예를 들어

---

* 해지환급금 또는 만기 시 보험금이나 사고보험금에 기타 지급금을 합한 금액.

종신보험은 보험료가 비싸므로 종신보험에 들기보다는 활동기에는 사망 정기보험과 연금보험에 같이 들고 은퇴할 무렵이 되면 연금보험만 유지하는 것이 효율적일 수 있다. 또한 실손건강보험은 수술비, 입원비 등 실제 지급한 비용만 보장하므로 보험에 여러 개 드는 것은 의미가 없다.

이처럼 보험상품을 잘 고르는 것은 일반인에게 쉽지 않은 일이다. 그리고 보험회사 영업사원은 고객보다는 자신과 소속 회사의 이익을 우선하는 것이 대부분이다. 따라서 특정 보험사에 전속되지 않은 독립 영업조직을 활성화하는 것이 고객에게 도움이 될 것이다. 그리고 이러한 판매조직은 영국의 독립금융상담사independent financial advisor와 같이 보험과 펀드 판매, 대출상담 등 종합적인 금융상품 정보 제공과 판매상담 조직으로 발전시킬 필요가 있다. 독립금융상담사가 각 금융기관에 전속된 영업사원보다 도덕적이라는 보장은 없고 때에 따라서는 독립금융상담사가 시장질서를 어지럽힐 수도 있다. 그러나 경쟁을 통해서 좀 더 다양한 서비스를 제공할 수 있는 것과 괜찮은 일자리 창출에 도움이 될 수 있다는 것은 확실하다.

특히 한국은 교육을 많이 받은 고급 유휴인력이 풍부한 데다 금융산업이 낙후해 있고 국민의 금융지식 수준이 높지 않아 독립금융상담사 제도를 도입하면 큰 효과를 볼 수 있을 것이다. 세상의 어떤 제도든 부작용은 있다. 긍정적 효과가 크다면 부작용을 최소화할 수 있는 보완 장치를 만들어가면서 도입하면 된다. 한국은 곳곳에 부동산중개사 사무실이 너무 많다. 조그만 상가 건물 하나에 몇 개씩 들어선 곳도 있다. 그런 곳에 독립금융상담사 사무실도 가끔 있다면 국민이 금융에 좀 더 관심을 기울이며 금융과 부동산 산업이 균형적으로 성장하는 데 도움이 될 것이다.

에필로그

이 책을 마무리하면서 필자가 안전한 자금관리, 안전한 예금에 관해 조언해준 사례를 소개해보고자 한다. 남편과 사별한 60대 중반 여성의 경우로 그분은 건물 청소 등을 하며 생활한다. 남편이 죽은 후 금융자산을 정리해보니 3억 5,000만 원 정도였다고 한다. 적은 돈이 아니다. 이 돈을 아주 안전하게 죽을 때까지 관리하면서 쓰다가 남으면 자식들에게 주겠다고 했다. 그렇다면 안전하면서도 괜찮은 수익을 내고 유동성도 확보되는 방식으로 금융상품을 구성해야 했다.

먼저, 우체국 즉시연금 상속형으로 1억 원에 가입하게 한다. 우체국 즉시연금 상속형은 죽을 때까지 매월 이자(금리는 조금씩 변동)를 받고 죽으면 원금이 자식에게 상속된다. 그리고 10년 이상 유지하면 비과세이며 중도에 해지할 수도 있고(단, 조기 중도 해지 시 원금 손실 가능) 원리금은 국가가 지급을 보장한다.

둘째, 주변 상호저축은행 세 군데를 정해서 각 상호저축은행에 4,000

만 원씩 1~2년 정기예금을 한다. 정기예금은 이자를 매월 받는 단리식으로 하고 이자는 월급 등이 들어오는 은행결제통장으로 자동 이체한다. 상호저축은행 세 곳 중에 이자가 가장 높은 곳의 4,000만 원 중 3,000만 원은 비과세인 생계형저축으로 가입하고, 두 번째 높은 상호저축은행의 4,000만 원 중 3,000만 원은 이자소득세를 깎아주는 세금우대종합통장으로 가입한다. 상호저축은행도 부실 위험이 있으나 정기예금의 경우 은행보다 금리가 조금 높고 원리금 5,000만 원까지는 예금보험공사가 보장해주기 때문에 일반인에게는 괜찮은 투자 대상이다. 이때 예금보장 한도 조정, 비과세제도 변경 등의 제도 변경에 관해서는 예금 만기를 연장할 때마다 확인해야 한다.

셋째, 결제통장이 있는 거래은행에 4,000만 원을 정기예금으로 넣고 1,000만 원은 수시입출금이 가능해 비상금으로 쓸 수 있는 MMF에 가입한다. 정기예금은 상호저축은행 정기예금과 마찬가지로 1~2년 정도 만기로 하고 이자는 매월 결제통장으로 입금되게 한다. 그리고 가능하다면 후불교통카드 기능이 있는 신용카드를 사용한다.

넷째는 거래은행 이외에 주변에 있는 은행 중 정기예금 금리를 높게 주는 은행을 골라 4,900만 원의 정기예금을 하고 이자는 월급결제통장으로 자동 이체한다. 또 주변에 있는 신협이나 새마을금고, 또는 농협단위조합 중에서 하나를 골라 3,000만 원의 정기예금을 비과세 저축으로 가입한다. 이자는 다른 정기예금처럼 월급통장으로 매월 이체한다.

그리고 상호저축은행, 은행, 신협 등의 정기예금은 예치 기간을 조정해 각 정기예금의 만기가 2개월 정도에 하나씩 돌아오게 한다. 이 여성은 일하는 동안은 수입이 있고 혼자 살기 때문에 금융자산이 늘어날 가능성이 크다. 결제통장의 예금 잔고가 어느 정도 늘어나 매월 결제금액을 넘으면 적당히 찾아 MMF로 옮기고 MMF 금액도 더 늘어나면 1,000만 원 정도만 남기고 상호저축은행이나 은행에 정기예금을 추가로 들면 된다.

일을 그만두거나 특별한 일로 급히 돈이 필요해지면 소액은 MMF에서 찾아 쓰면 되고 큰 금액이라면 가장 최근에 만기 연장을 한 것부터 해약해서 쓰면 된다. 그리고 가능하다면 비과세나 세금우대 혜택이 있는 것은 해약하지 않는 것이 좋다. 우체국 보험은 세금혜택 때문에 최소 10년 이상을 유지해야 한다.

이 방식은 나이 드신 여성에게는 다소 복잡할 수 있지만 한두 개 은행이나 증권사, 보험사 등에 모두 돈을 맡기는 것보다 훨씬 안전하고 수익도 높다. 이런 조언은 은행이나 보험사의 영업사원은 하기 어렵다. 누군가에게서 이런 조언을 편하게 얻을 수 있어야 하고, 성인이라면 이런 정도의 금융 업무는 스스로 할 수 있어야 한다. 우리 국민의 금융에 대한 이해 정도를 생각할 때 아직은 시간이 많이 필요할 것 같다. 이 책이 이런 분을 포함해 금융에 관심이 있는 분들에게 작게나마 도움이 되고 나아가 좋은 은행, 좋은 금융이 많아지는 데 조그마한 보탬이라도 되었으면 한다.

참고문헌

로고프·라인하트(Kenneth Ragoff and Carmen M. Reinhart). 2010. 『이번엔 다르다』. 최재형·박영란 옮김. 다른세상.

맨큐, 그레고리(Mankiew N. Gregory). 2003. 『거시경제학』(5판). 이병락 옮김. 시그마프레스.

모턴, 프레더릭(Frederic Morton). 2008. 『250년 금융재벌 로스차일드 가문』. 이은종 옮김. 주영사.

번스타인, 피터 L.(Peter L. Bernstein). 2007. 『(세계 금융시장을 뒤흔든) 투자 아이디어』. 강남규 옮김. 이손.

벨스키·길로비치(Gary Belsky and Thomas Gilovich). 2006. 『돈의 심리학』. 노지연 옮김. 한스미디어.

비케리히, 볼프람(Wolfram Bickerich). 2007. 『독일 마르크화(Die D-Mark: Eine Biographie)』. 정대화 옮김. 미발행.

윤평식. 2011. 『파생상품의 원리』. 탐진.

이강남. 1994. 『유럽의 통화통합』. 법문사.

이석륜·이정수. 1994. 『은행개론』. 박영사.

이찬근. 2011. 『금융경제학 사용설명서: 금융의 탄생에서 현재의 세계 금융 지형까지』. 부키.

정대영. 2005. 『신위험관리론』. 한국금융연수원.

_____. 2011. 『한국 경제의 미필적 고의: 잘사는 나라에서 당신은 왜 가난한가』. 도서출판 한울.

정대영·장광수·김용국·고중언. 2002. 『(신용분석을 위한) 시장환경분석: 경기분석·산업분석·경영진단』. 한국금융연수원.

정약용. 2005. 『정선 목민심서』. 다산연구회 편역. 창비.

정운찬·김홍범. 2007. 『화폐와 금융시장』(3판). 율곡출판사.

주경철. 2008. 『대항해시대: 해상 팽창과 근대 세계의 형성』. 서울대학교출판부.

한국은행. 2003. 『한국은행 50년사』. 한국은행.

_____. 2005. 『한국의 통화정책』. 한국은행.

_____. 2009. 『우리나라의 금융시장』. 한국은행.

_____. 2010. 『알기 쉬운 경제지표』. 한국은행.

_____. 2011a. 『국제금융기구』. 한국은행.

_____. 2011b. 『한국의 금융제도』. 한국은행.

호머·실러(Sidney Homer and Richard Sylla). 2011. 『금리의 역사』. 이은주 옮김. 리딩
리더.

Basel Committee on Banking Supervision. 2010. "Basel III: A Global Regulatory
Framework for More Resilient Bank and Banking System." BIS. retrieved from
http://www.bis.org/publ/bcbs189_dec2010.pdf

Financial Times, March 15, 2013.

Greider, William. 1987. *Secrets of the Temple: How the Federal Reserve Runs The Country*.
New York: Simon and Schuster.

Hoelscher, David S. and Marc Quintyn. 2003. "Managing Systemic Banking Crisis."
IMF.

Jean-Baptiste, Duroselle. 1990. *Europe: a History of its Peoples*. Translated by Richard
Mayne. London and New York: Viking.

McCallum, Bennett T. 1989. *Monetary Economics*. New York: Macmillan.

McKinsey Global Institute. 2013. 3. "Financial Globalization: Retreat or Reset —
Global Capital Market 2013." retrieved from http://www.mckinsey.com/insi
ghts/global_capital_markets/financial_globalization

Mishkin, Frederic S. 2000. *Financial Markets and Institutions*, 3rd ed. Mass.: Addison
-Wesley.

Patrick, Balton et al. 2013. "Relationship and Transaction Lending in a Crisis." BIS.
retrieved from http://www.bis.org/publ/work417.pdf

찾 아 보 기

지은이 ┃ **정대영**

서울대학교를 졸업하고 1978년부터 한국은행에서 근무했다. 한국금융연수원 교수, 한국은행 금융안정분석국장, 프랑크푸르트 사무소장 등을 지냈고, 현재는 송현경제연구소를 운영하면서 경제와 관련한 연구와 저술, 강연 등의 활동을 하고 있다.

저서로는 『시장환경분석: 경기분석』(공저, 2002), 『신위험관리론』(2005), 『한국 경제의 미필적 고의: 잘사는 나라에서 당신은 왜 가난한가』(2011)가 있으며, 『한국 경제의 미필적 고의』는 2011년 알라딘·시사인 선정 올해의 책으로 꼽히기도 했다.

동전에는 옆면도 있다
정대영의 금융 바로 보기

ⓒ 정대영, 2013

지은이 ┃ 정대영
펴낸이 ┃ 김종수
펴낸곳 ┃ 도서출판 한울
편집책임 ┃ 최규선

초판 1쇄 인쇄 ┃ 2013년 10월 30일
초판 1쇄 발행 ┃ 2013년 11월 20일

주소 ┃ 413-756 경기도 파주시 파주출판도시 광인사길 153 (문발동 507-14)
전화 ┃ 031-955-0655
팩스 ┃ 031-955-0656
홈페이지 ┃ www.hanulbooks.co.kr
등록 ┃ 제406-2003-000051호

Printed in Korea.
ISBN 978-89-460-4783-9 03320 (양장)
ISBN 978-89-460-4784-6 03320 (학생용)

* 이 책은 강의를 위한 학생용 교재를 따로 준비했습니다.
  강의 교재로 사용하실 때에는 본사로 연락해주십시오.
* 책값은 겉표지에 표시되어 있습니다.